JN409958

白姓官話

白姓官話

| 袁曉鵬, 郭小明, 박유빈, 서진현, 박지숙, 麻曉緯 | 역주
BK21 PLUS 韓・中문화「和而不同」연구 창의인재 양성사업단

전북대학교 출판문화원

역자 서문

《論語》〈子罕〉편에 "譬如爲山, 未成一簣, 止, 吾止也 ; 譬如平地, 雖覆一簣, 進, 吾往也(흙을 쌓아 산을 만든다 해보자. 겨우 한 삼태기 분량의 흙을 채우지 못한 채 일을 그만둔다면 그것은 바로 내가 그만둔 것이다. 땅을 평평하게 고른다 해보자. 비록 한 삼태기의 흙을 가져다 부었을 뿐이라도 일을 진척시킨 것은 바로 내가 한 것이다)"라는 말이 있습니다. '처음'이라는 단어와 함께 그다지 익숙하지 않았던 학술자료 번역을 어렵사리 시작하게 되었던 이들이 한 삼태기 그리고 또 한 삼태기 흙을 쌓아가며 꾸준히 함께 시간과 노력을 공유하며, 끝내는 조그마한 산을 이뤄냈습니다. 이 과정에서 많은 분들의 도움으로 중간에 낙오되거나 포기하는 이 하나 없이 '끝맺음'을 할 수 있었습니다. 함께 완성한 '끝맺음'이 또 누군가에게는 새로운 '처음'이 되어, 개인 혹은 다수 연구자들의 연구기초 참고자료가 되길 기대해 봅니다. 미흡한 점이 많으리라 생각합니다. 많은 질정을 부탁드립니다.

일러두기를 대신하여 본 역서에 대해 몇 가지를 소개하자면 다음과 같습니다.

1. 본 역서는 天理大學 附屬圖書館藏 寫本《白姓官話》를 저본으로 하였다.
2. '原文'에서는 최대한 원본에 가깝게 옮겨 실었고, '對話'에서는 이 원본의 원문을 화자별로 구분하여 단락을 나누어 실었다. '번역'에서는 이 원본의 내용을 한국어로 번역하였다.
3. 원본 중 맨 앞의 몇 장을 제외하고는 '問', '答'이 표기되어 있지 않다. 역서에서는 역자가 문장 내용을 보고 판단하여 화자를 삽입하였다.
4. 원본에서 화자가 바뀌거나 대화 내용이 바뀔 때, 일정 간격이 띄어쓰

기 되어 있다. 이에 따라 이 책에서도 '原文'에서 한 칸을 띄어쓰기 하였다.

5. 원본에서 문장의 왼쪽과 오른쪽에 'o'가 표기되어 있다. 본 역서에서는 오른쪽의 'o'만 표기하였다. 원본 문장의 왼쪽에 표기된 'o'는 고유명사, 인명, 관직명, 기타 단어 등등에 대한 표시인 것으로 사료되나 본 책에서는 따로 표기하지 않는다.
6. 본 역서의 각주 내용은 《現代漢語詞典》, 《王力古漢語字典》, 《古代漢語虛詞詞典》 그리고 네이버 중국어 사전, 百度, 漢典 등의 인터넷 사이트를 주로 활용하였다. 이의 출처를 일일이 기재하지 않음에 대해 양해를 구한다.
7. 각주에서 품사를 표기할 때 [개사], [양사] 등을 사용하였다. 여기서 [개사]는 '전치사'를, [양사]는 '단위명사'를 일컫는 중국식 품사 분류 방법이다.
8. 본 역서의 마지막에 '今譯'이라는 장을 따로 두어, 원본의 원문을 현대 중국어로 번역하여 실었다.
9. 天理大學 附屬圖書館藏 寫本《白姓官話》에는 二十丁裏, 二十一丁表가 누락되어 있으므로, 본 역서에서도 이 부분은 번역되지 않았다.

끝으로 이 책이 완성되기까지 열정과 사랑으로 많은 시간 이끌어 주시고 도와주신 최남규 교수님, 진명호 교수님, 박용진 교수님께 감사의 인사를 올립니다. 그리고 부족한 저희들의 이러한 성과를 책으로 엮을 기회를 주신 BK플러스사업단 김병기 단장님께도 감사드립니다.

2014년 역자 일동

《白姓官話》 개략

《백성관화(白姓官話)》[1]는 일본에서 발견된 중국어 교본으로서 19세기 말경에 사용했던 것으로 추정된다. 이 교본에 쓰인 중국어는 현재 사용하는 중국어 백화문과 다소 차이가 있어서 당시의 중국어와 현대 중국어의 차이를 분석해 볼 수 있는 중요한 근거 자료가 된다. 또한 사실을 바탕으로 한 역사적 사건을 주제로 하여 실제 인물들의 일상적인 대화를 기록한 것이므로 《白姓官話》는 언어 교재일 뿐 아니라, 당시의 문화, 민속, 방언 등을 이해할 수 있는 중요한 참고자료가 되기도 한다.

1. 시대 배경

유구(琉球, りゅうきゅう)는 중국의 남동쪽에 위치한 군도(群島)로, 현재 일본 충승현(沖繩縣)에 속해 있다. 중국의 명대(明代) 즈음, 유구에 중산국(中山國), 산남국(山南國), 산북국(山北國) 세 왕국이 세워졌는데, 그 가운데 중산국이 가장 컸다. 역사 자료에 따르면 중국의 명(明) 태조(太祖) 주원장(朱元璋)이 홍무(洪武)5년(1372년)에 양재(楊載)를 파견하여, 유구의 여러 왕국에 명 왕조를 건립한 일을 알렸다고 한다. 중산국의 국왕은 즉시 사람을 파견하여 주원장을 알현케 했고, 그후 산남국과 산북국도 주원장을 알현하고 조공하였다. 이로부터 명 왕조와 유구의 여러 왕국은 무역 왕래를 하게 되었고 이외에도 책봉(册封)이나 조공과 같은 정치적 관계를 맺게 되었다.

이러한 관계는 청대 말기까지 약 460여 년 동안 이어졌다. 500여년에 가까운 기간 동안 유구의 여러 왕국은 중국과의 교역을 넓히기 위해서 중국의 문화와 기술을 배우고 관생제도(官生制度)를 설립하였다. 관생(官生)이란 관비 유학생을 말한다. 유구의 관생들은 주로 당시 중국의 공통어-관화(官話)를 배우기 위하여 중국에 갔다. 명 조정에서는 유구에

1) 官話란 당시 중국의 남방지방에서 널리 통용되던 중국어를 가리킨다.

서 유학 온 관생들에게 당시 중국의 최고 학부인 남경(南京) 국자감(國子監)에서 공부할 수 있도록 안배해 주었다. 훗날 명 왕조가 북경(北京)으로 도읍을 옮긴 후에도 그들은 북경의 국자감에서 계속해서 중국어를 배울 수 있었다(이러한 상황은 청 왕조까지 이어졌다.).

이들 관비 유학생 외에도 자비로 중국에 유학 온 '근학인(勤學人)'이라는 학생들도 있었다. 이미 명(明) 홍무(洪武)25년(1392년)에 명 태조는 조선(造船)에 능한 "민중주공(閩中舟工)" 36호를 유구에 보내 그 곳 사람들이 배를 만드는데 도움을 주게 한 적이 있었다. 명・청 시기에 중국에 유학 온 학생들 중에는 이러한 민인(閩人)의 후예가 상당히 많다. 중국에서 중국 문화와 예의, 관화를 배우고 유구에 돌아간 이들은 관리가 되거나 통사(通事)가 되었다. 그들은 관화를 가르치기도 하여 당시 유구 사회의 발전에 공헌을 했다.

2. 내용 특징[2)]

1) 주요 내용

우리가 사용하는《白姓官話》초본(抄本)은 천리대학(天理大学) 도서관 수장본으로(八重山博物館), 산동성(山東省) 등주부(登州府)의 상인이었던 백세예(白世艺, 字：瑞臨) 고용선이 황두(黄豆)를 팔러 강남(江南)에 가는 중에 불행히도 태풍을 만나 유구국에 표류했던 이야기를 기록

---

2) 유구관화(琉球官話) 교과서는 네 가지 형식이 있다.
(1) 문답집(問答集) 형식：문답집 형식이란 말 그대로 대화로 이루어져 있으며, 주요 내용에 따라 크게 두 종류로 나눌 수 있다. 하나는 중국 복주(福州) 관리들 간의 대화로, 이러한 교과서로는 대표적으로《학관화(學官話)》,《관화문답편어(官話問答便語)》등을 들 수 있다. 다른 하나는 중국에서 온 중국인과의 대화로,《白姓官話》가 대표적이다..
(2) 분류어휘집(分類語彙集)형식：이런 형식의 교과서는 주로 어휘와 구를 수집해 놓았다.《광응관화(廣應官話)》,《유구관화집(琉球官話集)》등이 있다.
(3) ~자관화(~字官話)형식：이러한 형식은《(유구관화집(琉球官話集)》의 뒤 55쪽 정도에 집중되어 있다. 즉 "이자관화(二字官話)", "삼자관화(三字官話)" 등이 이에 속한다.
(4) 부독본(副讀本)：《인중화(人中畵)》가 대표적인 이러한 형식의 교과서는 서로 다른 판본이 있다.

하고 있다.

그들은 유구에 머물 당시 유구 국왕과 통사(通事)들의 융숭한 대접과 도움을 받고 일 년 후에 공선(貢船)을 타고 복주(福州)로 돌아왔다. 이 회화 교본은 이야기의 성격을 띠고 있어서 재미있다. 유구국의 정치와 법률제도, 전통 명절, 풍속 습관 그리고 유구와 중국 간의 교류에 대해 대화체 형식으로 소개하면서 당시 유구 사회의 전체적 모습을 기술하고 있다.

이 책은 다른 초본(抄本)도 있다. 천리대학 도서관에 수장된 초본(抄本) 외에도 세토구치 리츠코(瀨戶口律子) 교수가 초본 네 종류를 더 발견하였다.[3)]

2) 작품 내 인물의 언어[4)] 배경[5)]

---

3) 吳麗君(2003)의 <《琉球官話課本硏究》評述> 참조.

4) 중국어의 방언은 일반적으로 북방방언(北方方言), 오방언(吳方言), 상방언(湘方言), 공방언(贛方言), 객가방언(客家方言), 월방언(粵方言), 민북방언(閩北方言), 민남방언(閩南方言)의 8가지로 나눌 수 있다.

① 북방방언(北方方言) : 습관적으로 '관화(官話)'라 한다. 동북관화(東北官話), 서북관화(西北官話), 진화(晋話), 서남관화(西南官話) 등이 있으며, 북경방언이 대표적이다. 강남(江南) 북쪽, 진강(鎭江) 위쪽, 구강(九江) 아래쪽 강변일대, 사천성(四川省), 운남(雲南), 귀주(貴州)와 호북성(湖北省), 호남성(湖南省)의 서북부, 광서성(廣西省) 북부 일대 등에서 사용하는 방언으로, 한족의 70% 이상이 이 언어를 사용한다.

② 오방언(吳方言) : '오농세어(吳儂細語)'라고도 한다. 상해방언이 대표적이다.(일설에는 소주방언을 대표로 한다고도 한다) 강소성(江蘇省) 장강 남쪽, 진강(鎭江) 동부, 절강성(浙江省) 대부분 지역에서 사용하는 언어로, 한족의 8.4% 정도가 이 언어를 사용한다.

③ 상방언(湘方言) : 장사방언이 대표적이다. 호남성(湖南省)의 거의 전지역에서 사용하는 언어로, 한족의 5% 정도가 이 언어를 사용한다.

④ 공방언(贛方言) : 남창방언이 대표적이다. 주로 강서성(江西省)(동부의 연강(沿江) 지대와 남부는 제외)과 호북성(湖北省) 동남부 일대에서 사용하는 언어로, 한족의 2.4% 정도가 이 언어를 사용한다.

⑤ 객가방언(客家方言) : 광동매현방언을 대표로 한다. 주로 광동성(廣東省) 동부, 남부, 북부와 광서성(廣西省) 동남부, 복건성(福建省) 서부, 강서성(江西省) 남부, 그리고 호남성(湖南省)과 사천성(四川省) 몇몇 지역에서 사용하는 언어로, 한족의 4% 정도가 이 언어를 사용한다.

⑥ 월방언(粵方言) : 광주방언이 대표적이다. 광동성(廣東省) 전지역과 광서성(廣

(1) 오(吳) 방언 배경 : 선주(船主)인 구장순(瞿張順) 등 선원 9명은 상숙현(常熟縣) 사람이다. 객(客) 고개미(顧介眉)도 상숙현(常熟縣) 사람이다. 연문산(連文山), 양서륙(楊書六)은 진양현(鎭洋縣) 사람이다.(구장순과 주삼관(朱三官) 외의 다른 사람들은 이 책에 언급되어 있지 않다)

(2) 교료관화(胶辽官話) 배경 : 객 백서임(白瑞臨)은 산동성(山東省) 래양현(萊陽縣) 사람이다.

(3) 복건(福建) 방언의 색채를 띠는 관화(官話) : 유구의 통사(通事), 구미촌(久米村)의 후예들은 복주(福州)에 가서 관화를 배운 적이 있다. 《白姓官話》에서는 임(林) 통사(通事) 한 사람이 언급되어 있다.

3) 언어 특징

《白姓官話》에 사용된 언어는 방언의 영향을 받았다. 사토 하루히코(佐藤晴彦)는 《白姓官話》, 《學官話》 그리고 《官話問答便語》 세 종류의 유구 교과서에 사용된 언어 특징에 대해서 "하강관화(下江官話)의 특징이 강하고 북방화(北方話)의 특징도 약간 보인다. 어떤 현상은 아마도 복건방언(福建話)의 영향을 받은 것 같다."고 하였다.

이후에 학자들이 잇따라 다음과 같은 의견을 제시하였다.

첫째, 《白姓官話》는 남경관화(南京官話)를 기초로 한 언어이지만, 결코 남경 방언은 아니며, 북방(北方)의 관화(官話)에 가깝다.

둘째, 이들 자료에 보이는 복건방언(福建話)의 특징을 규명하였다. 세토구치 리츠코(瀨戶口律子)는 《白姓官話》에 '爐頭, 月尾, 做什麼, 打濫,

---

西省) 동남부, 홍콩과 호주 그리고 외국에 거주하는 화교들이 사용하는 언어로, 한족의 5% 정도가 이 언어를 사용한다.

⑦ 민북방언(閩北方言) : 복주방언이 대표적이다. 복건성(福建省) 북부와 대만의 몇몇 지역에서 사용하는 언어로 한족의 1.2%가 이 언어를 사용한다.

⑧ 민남방언(閩南方言) : 하문방언이 대표적이다. 복건성(福建省) 남부와 광동성(廣東省) 동부, 해남성(海南省) 일부, 대만의 대부분 지역에서 사용하는 언어로, 한족의 3% 정도가 이 언어를 사용한다.

5) 張全真(2009)의 〈《白姓官話》所記錄的南京方言及山東方言現象發微〉 참조.

拘禮, 討魚, 載, 起煙, 起(蓋房子), 壹堆, 造, 忘記去了, 吃不去了, 不會救得來'가 있음을 지적하고, 아울러《白姓官話》에서의 복주화(福州話) 특징이《學官話》나《官話問答便語》보다는 약하다고 지적하였다. 키즈 유우코(木津右子)는《白姓官話》에 有+VP"(有出去外面玩玩姐們沒有呢), 능원동사 '愛', 부사 '滿', 'VP+去'(這裏替我賣去)와 같은 민방언(閩方言) 색채가 보이는 구절이 약간 있다고 지적하였다.

셋째, 이들 자료에 오 방언과 하강관화(下江官話)의 색채가 있음을 지적하였다. 또《白姓官話》에 보이는 부정(否定) 부사와《學官話》,《官話問答便語》의 차이점 및 '替' 등의 용법에 대해서 고찰하고,《白姓官話》를 대표로 하는 관화 이외에도 하강관화(下江官話) 혹은 오어(吳語)의 색채를 띠는 어법 특징이 있음을 지적하였다.

3. 현재 연구 현황

1) 일본 : 일본에서는 특히 충승(沖繩)에서《白姓官話》와《광응관화(廣應官話)》등에 대한 연구가 활발하였다.

六角恆廣. 1995 <琉球官话的研究>. 中国语文通讯, 第36期

瀨戶口律子. 1994.《琉球官話課本研究》. 吳多泰中國語文研究中心. 香港中文大學中國文化研究所.

1996. <日本琉球的中國語課本《廣應官話》>.《中國語文》第4期.

2) 중국 : 중국에서의 연구 성과는 그다지 많지 않다.

董　明. 1996. <明清兩代漢語在琉球的傳播>.《世界漢語教學》第4期.

馬壹虹. 1999. <古代東亞的"通事"與"譯語"> 日本 :《旅遊學》第3期.

郭芹納. 2000. <對日本琉球的中國語課本《廣應官話》壹文的壹點商榷>. 巴蜀書社.

吳麗君. 2003. <《琉球官話課本研究》評述>,《世界漢語教學》第3期.

張全真. 2009. <《白姓官話》所記錄的南京方言及山東方言現象發微》>.《長江學術》2期.

3) 한국에서는 이러한 관화 교과서에 대한 연구가 없었다. 고대 한국의 중국어 교육에 가장 큰 영향을 미친 중국어 교재로는 《노걸대(老乞大)》와 《박통사(朴通事)》를 들 수 있다. 반면에, 고대 유구 군도의 중국어 교육에 가장 큰 영향을 미친 《白姓官話》는 고대 해외의 중국어 교육에 중요한 교재로, 이 두 교재를 언어적으로 문화적으로 비교 분석하는 일은 학술적 가치가 매우 높다.

4. 연구 의의

동아시아 국가들은 공동적으로 한(漢) 문화권 혹은 한자문화권에 속한다. 한(漢) 문화는 중국 외의 동아시아 국가에서 형성되고 발전되었으며, 한자는 이 국가들에서 사용된 글자이다. 한(漢) 문화가 이들 동아시아 국가의 역사에서 어떻게 전파되고 발전되었는지를 설펴보기 위해서는, 여러 분야별로 연구가 가능하지만, 중국어 교육 분야도 하나의 큰 주제가 될 것이다. 우리는 중국어 교재를 통하여, 중국의 한(漢) 문화가 본국의 문화와 어떠한 연결고리를 가지는지, 한(漢) 문화가 어떤 식으로 본국의 문화에 보존되었고, 혹은 한(漢) 문화가 어떤 식으로 변화되었는지를 살펴볼 수 있다. 그리고 서로 다른 지역의 중국어 교재를 통해 문화의 비교 연구도 가능하리라 생각한다.

목 차

一丁表

原文：

老兄[1]貴[2]處是那[3]裡人o(問) 弟是山東人o(荅) 山東那一府[4]那一縣[5]o(問) 是登州府[6]萊陽縣[7]o (荅)老兄尊[8]姓o(問) 弟賤[9]姓白o(荅) 尊諱[10]o 賤名世芸o(荅) 尊號o(問) 賤字瑞臨o(荅) 寶舟是何處的船o(問) 是江南蘇州府常熟縣的o(荅)兄是山東的人o怎庅在他船上o 因他的船o在弟敝[11]處做買賣o弟僱他的船o儎幾担[12]豆子o要到江南去賣o故此[13]在他船上(荅呵)o 兄們是幾時在那裡開船呢o(問) 是旧年

---

1) 老兄：남자 사이 상호간의 존칭. 동년배 사이에 나이를 더 먹은 사람을 높여서 부르는 말. 그다지 가깝지 못한 사이에 대접하여 부르는 말.

2) 貴：상대방과 관계가 있는 사물을 칭하는 겸사.

3) 那：'어느(哪)'의 뜻이다.

4) 府：관청의 문서나 물품을 수장하던 곳. 당唐대부터 청清대까지의 행정 구역으로, 현縣보다 한 단계 높음.

5) 縣：중국 행정 구획 단위의 하나. 지구(地區)·자치구(自治區)·직할시(直轄市) 등.

6) 登州府：등주登州는 중국 역사상 산동지방에서 중요한 행정구역이다. 산동반도 일대에 위치하고 있으며 당唐 무측천武則天 때 배치되었고 모평牟平(오늘날 산동에 속함)을 다스렸다. 신룡神龍 년간에는 봉래蓬萊로 옮겼다. 기록 문헌의 기재에 따르면, 등주登州 행정구는 621년에 세워졌고 1913년에 폐지되었다.

7) 萊陽縣：래양시萊陽市는 중국 산동성山東省 동부 연태시煙台市의 현縣급 도시이다.

8) 尊：경어(敬語). 상대방을 높이는 데 쓰이는 말.

9) 賤：겸사. 자기와 관계있는 것을 낮추어 이르던 구칭(舊稱).

10) 諱：본문에서 諱는 상대방의 성함을 높여 부르는 말이다.

11) 敝：[형용사] 1. 낡다. 2. 매우 피곤한, 곤란한, 쇠락한. 3. 손상된, 쇠퇴한. 4. 겸손한 표현으로 본인과 관련된 사물을 지칭할 때 사용. 본문에서는 4항의 의미로 사용되었다. '저의'. 자기 또는 자기와 관련된 사물을 낮추는 말. 자기와 관계가 있는 것에 쓰는 겸사.

12) 担：1. 물건을 메는데 쓰는 도구. 대나무나 나무로 많이 만든다. 2. [양사] 중국식 도량형으로 무게를 재는 단위. 100근이 '一担'이다. 본문에서는 2항의 의미로 사용되었다.

13) 故此：그러므로. 그래서. 고로. …한 까닭에. …하기 때문에.

對話：

通事：老兄貴處是那裡人?

難客：弟是山東人。

通事：山東那一府那一縣?

難客：是登州府萊陽縣。

通事：老兄尊姓?

難客：弟賤姓白。

通事：尊諱?

難客：賤名世芸。

通事：尊號?

難客：賤字瑞臨。

通事：寶舟是何處的船?

難客：是江南蘇州府常熟縣的。

通事：兄是山東的人，怎庅在他船上?

難客：因他的船在弟敝處做買賣，弟僱他的船儎幾担豆子要到江南去賣，故此在他船上。

通事：兄們是幾時在那裡開船呢?

번역：

통사：형님은 어디 사람입니까?

객：저는 산동사람입니다.

통사：산동 어느 부府 어느 현縣에서 왔나요?

객：등주부登州府 래양현萊陽縣입니다.

통사：형님 성은 어떻게 되십니까?

객：저는 백씨입니다.

통사：성함은요?

객 : 제 이름은 세운世芸이라고 합니다.

통사 : 호는 어떻게 되세요?

객 : 서림瑞臨입니다.

통사 : 타시던 배는 어디에서 온 배입니까?

객 : 강남江南에 있는 소주부蘇州府 상숙현常熟縣입니다.

통사 : 형님은 산동사람인데, 어찌 그 배를 타셨나요?

객 : 왜냐하면 그의 배가, 제가 있는 곳에서 장사를 하던 배이기 때문입니다. 제가 그 배를 세내어 콩 몇 백 근을 싣고 강남으로 가서 팔려고 했습니다. 그래서 그 배를 탔죠.

통사 : 형님들은 언제 어디서 출발했어요?

一丁裏

原文：

十二月十八日o在本省[14]膠州地方開洋的o 怎庅樣駛到敝[15]國来呢o(問) 不知道駛到半洋o忽然遇着暴風o把大桅[16]杉板o船梢[17]篷[18]舵[19]o盡行[20]打壊o船裡的貨物o都丢吊[21]去o那些沒有丢的o也給海水打濫了o現今船上柴米水o都沒有了o這個時候o總是會死o誰想皇天保佑o十二月二十九日o飄到貴國大島[22]地方o狠蒙地方老爺[23]o可怜我們o天マ賞給柴米[24]o纔淂活命o(荅) 你們既是舊年到大島o怎庅今年四月o纔到這裡呢o(問) 說起来

14) 省：중국의 최상급 지방 행정 단위.

15) 敝：[형용사] 1. 낡다. 2. 매우 피곤한, 곤란한, 쇠락한. 3. 손상된, 쇠퇴한. 4. 겸손한 표현으로 본인과 관련된 사물을 지칭할 때 사용. 본문에서는 4항의 의미로 사용되었다. 즉, '저의'의 의미로, 자기 또는 자기와 관련된 사물을 낮추는 말. 자기와 관계가 있는 것에 쓰는 겸사.

16) 大桅：돛대.

17) 船梢：(가늘고 길쭉한 물건의) 끝 부분.

18) 篷：(배의) 돛.

19) 舵：(배・비행기 등의) 타.

20) 盡行：전부. 모두.

21) 吊：'掉'와 같다. '…해 버리다.'의 뜻. 《老殘遊記》의 "鴉雀無聲, 比皇帝出來還要靜悄淂多呢, 連一根針吊在地上都聽淂見響!"에서 보인다.

22) 大島：清代 周煌의 《琉球國志略》卷四에 따르면, 大島는 이름이 烏父世麻(중국어 음역)이고, 나라(류큐)의 동북쪽 800리에 위치한다. 물길로 가면 3일이면 다다를 수 있었다. 이 섬은 길이가 130리이며, 스스로 '小琉球'라고 칭했다. "大島：土名烏父世麻。在國東北八百里。水行, 三日可達。其島長一百三十里。自稱小琉球"

23) 老爺：귀족, 관원, 부호, 세도가에 대한 옛 존칭.

24) 柴米：땔나무와 쌀, 생활필수품.

對話 :

難客 : 是旧年十二月十八日在本省膠州地方開洋的。

通事 : 怎庅樣駛到敝國来呢?

難客 : 不知道駛到半洋, 忽然遇着暴風把大桅、杉板、船梢、篷、舵盡行打壞。船裡的貨物都丟吊去。那些沒有丟的也給海水打濫了。現今船上柴米水都沒有了。這個時候總是會死, 誰想皇天保佑十二月二十九日飄到貴國大島地方。狠蒙地方老爺可怜我們天々賞給柴米纔淂活命。

通事 : 你們既是舊年到大島, 怎庅今年四月纔到這裡呢?

번역 :

객 : 작년 12월 18일에 우리 성省의 교주膠州라는 지역에서 출발했어요.

통사 : 어떻게 우리나라까지 오게 됐나요?

객 : 잘 모르겠어요. 대양의 한가운데에서 갑자기 폭풍을 만나 돛대, 삼판선, 선미, 조정 손잡이가 모두 부서졌습니다. 배에 실었던 화물도 다 없어졌어요. 남아 있는 것도 바닷물에 젖어 엉망이 되었고요. 지금 배에는 장작, 쌀, 물이 다 떨어졌어요. 그 때는 죽는구나 싶었는데 하늘이 도울 줄 누가 알았겠습니까. 12월 29일에 귀국의 대도大島라는 지역에 표류되었습니다. 그 곳 나리들께서 우리들을 불쌍하게 여겨 매일매일 장작과 쌀을 주셔서 겨우 살아났어요.

통사 : 여러분은 이미 작년에 대도大島에 도착했으면서 어찌 올해 4월에야 여기에 왔어요?

二丁表

原文：

話長講不盡[1]的o(荅) 怎庅样講不盡o請教o(問)弟們舊年在大島o蒙[2]地方老爺o賞下木料等項人工o替□□□理船隻o此恩此德o怎生報荅淂了o到今年二月□□日o北風大作o有一位通事[3]o名字吽做喜保世o他說今日北風狠[4]好o送你們十天伙食o快些開船去罷[5]o弟們肚裡思量o今日受此大恩o不知何日可報o沒奈何[6]只淂[7]収拾[8]放洋[9]o不想命運不好o災

1) 盡：1. [동사] 다 없어지다. 다하다. 끝나다. 2. [동사] 극치에 달하다. 최고에 달하다. 3. [동사] 다 쓰다. 모두 사용하다. 전부 발휘하다. 4. [부사] 완전히. 모두. 다. 전부. 동사, 부사 뒤에 쓰이는 '盡'은 일반적으로 '끝내다. 마치다' 의미의 보어이다.

2) 蒙：mēng：1. 속이다, 기만하다. 2. 혼미하다, 눈이 침침하다, 어른어른하다. 3. 멋대로 추측하다.
méng：1. [형용사] 지식이 없다. 우매하다. 2. [동사] 덮어 가리다. 3. [동사][경어(敬語)(敬語)] (보살핌을) 받다. 입다. 4. [형용사][문어] 빗방울이 가는 모양을 형용하는 말 5. 성씨.
měn：1. 중국 소수민족 중 하나. 2. 몽고의 주요민족.
전후 문장의 의미에 근거하여 볼 때, 본문에서의 '蒙'자는 3항의 '받다'의 의미이다. 겸사로, 마음으로 감사하며 받음을 나타낸다.

3) 通事：통역원의 옛 명칭.

4) 狠：1. [형용사] 흉악하다. 사납다. 2. [형용사] 능력이 있는. 3. [부사] 매우. '很'과 같음. 4. [부사] 꽤. 상당히. 본문에서는 '매우'의 뜻으로 쓰였다.

5) 罷：[조사]'吧'와 같다. 문장의 끝에 쓰여 동의나, 추측, 명령, 부탁 등의 어기를 나타낸다.

6) 沒奈何(mònàihé)：실로 방법이 없다. 어찌할 도리가 없다.

7) 淂(děi)：반드시 …해야 한다.

8) 収拾：収는 '收'와 같다. 収拾 1. 정리하다, 배치하다, 정돈하다. 2. 수리하다, 수선하다. 3. 돌보다, 처리하다. 4. 징벌하다, 처리하다. 5. 삼가다, 조심하다, 수축하다. 6. 요리하다. 7. 준비하다. 8. 소멸하다, 없어지다. 9.회복시키다, 복원하다, 다스리다. 본문에서는 1항의 '정리하다, 배치하다. 정돈하다. 수습하다.'의 뜻으로 쓰였다.

9) 放洋：1. 배가 항구를 떠나 먼 바다를 항해하여 외국으로 나감을 일컫는다. 2. 배로 출항하다. 3. 옛날에는 외국에 사절로 나가거나 유학하는 것을 가리켰다.

難又到o駛到挨晩[10]o忽然又轉西風o要想前去o其勢不能o再想收回大島

對話：

難客：說起来話長講不盡的。

通事：怎庅样講不盡? 請教!

難客：弟們舊年在大島蒙地方老爺賞下木料等項人工替□□□理船隻, 此恩此德怎生報荅浔了?到今年二月□□日, 北風大作, 有一位通事名字띠做喜保世, 他說今日北風狠好, 送你們十天伙食快些開船去罷。弟們肚裡思量今日受此大恩不知何日可報, 奈何只浔收拾放洋。不想命運不好災難又到, 駛到挨晩忽然又轉西風, 要想前去其勢不能, 再想收回大島理又不便

번역：

객 : 말하자면 끝이 없어서 다 말 못해요.

통사 : 어떻게 다 말 못해요? 말해주세요.

객 : 저희가 작년에 대도大島에 있을 때 나리께서 목재와 일꾼을 보내주셔서 (대신해) 배를 수리해주셨습니다. 이 은혜를 어떻게 보답할지요. 올해 2월 □일에는 북풍이 불었는데, 희보세喜保世라는 통사가 오늘 북풍이 좋다면서, 열흘 동안의 식량을 줄 테니 얼른 출항하라고 하였습니다. 우리는 마음속으로 오늘 입은 이 커다란 은혜를 언제 보답할 수나 있을지 모르겠다고 생각하였지만, 짐을 챙겨 떠나는 것밖에는 할 수 있는 게 없었어요. 운이 좋지 않으리라고는 생각지도 못했는데

본문에서는 2항의 의미로 사용되었다.

10) 挨晩 : 저녁 무렵. 해질녘.

또 재난을 당했습니다. 끝까지 가보려고 했는데 갑자기 풍향이 서풍으로 바뀌어 더 이상 앞으로 나아갈 수가 없었습니다. 다시 대도大島로 돌아가려고 했는데

二丁裏

原文：

理又不便o十分不淂己[11]o收到貴國奇界島[12]裡頭o(荅) 你們是幾時o收到奇界島o(問) 弟們是二月二十一日o收到奇界島o蒙那裡老爺o呌[13]小船拉進港裡o这沯[14]弟們船隻o又被風浪打壞o不堪之極o蒙老爺恩典o要替弟們修理o弟們自家看这隻船o傷損狠[15]多o修理不淂o求老爺把这船燒吊o送我們随貢船[16]回去罷了o老爺不放心o親身同通事o到船上看過o委實[17]修理不淂o纔依[18]了弟們的話o老爺見弟們在这破船上o歇宿[19]不便o從

對話：

難客：十分不淂己收到貴國奇界島裡頭。

通事：你們是幾時收到奇界島?

---

11) 不淂(déi)己：'어쩔 수 없다. 그렇게 하지 않을 수 없다'의 의미다. 본뜻에 어긋나더라도 반드시 해야 한다는 의미이다.

12) 奇界島：'竒'는 '奇'의 이체자이다. 清代 周煌의《琉球國志略》卷四에 따르면, 奇界는 東北八島에 속하며, '鬼界'라고도 하였다. 나라(류큐)의 동북쪽 900리에 위치한다. "奇界 ;亦名鬼界。在國東北九百里。"

13) 呌(jiào)：'叫'와 같다. 본문에서는 '…시키다, 하게 하다'의 뜻이다.

14) 沯(pān)：[양사] 번. '番'의 속자이다.

15) 狠：1. [형용사] 흉악하다. 사납다. 2. [형용사] 능력이 있는. 3. [부사] 매우. '很'과 같음. 4. [부사] 꽤. 상당히. 본문에서는 3항의 '매우'의 뜻으로 쓰였다.

16) 貢船：지방 산물을 진공하던 배. 옛날에 지방에서 황제에게 바칠 진상품을 싣던 배를 가리킨다.

17) 委實：확실히. 정말.

18) 依：1. 기대다. 의존하다. 2. …에 따라. 3. 따르다. 승낙하다. 4. 친밀한 모양. 본문에서는 3항의 '따르다', '승낙하다'의 의미이다.

19) 歇宿：'묵다', '숙박하다'의 뜻.《京本通俗小說・志誠張主管》의 "張主管 閒坐半晌, 安排歇宿。"에서 보인다.

難客 : 弟們是二月二十一日収到奇界島。蒙那裡老爺吽小船拉進港裡。这番弟們船隻又被風浪打壞, 不堪之極。蒙老爺恩典要替弟們修理, 弟們自家看这隻船傷損狠多修理不淂。求老爺把这船燒弔, 送我們随貢船回去罷了。老爺不放心, 親身同通事到船上看過。委實修理不淂纔依了弟們的話。老爺見弟們在这破船上歇宿不便

번역 :

객 : 너무 미안하기도 하고 상황도 여의치 않아 부득이하게 귀국의 기계도奇界島로 올 수밖에 없었어요.

通事 : 여러분은 언제 기계도奇界島로 갔어요?

객 : 저희는 2월 21일에 기계도奇界島로 갔어요. 그곳의 나리께서 우리 작은 배를 끌어올리도록 해주셨습니다. 이번에 우리의 배가 또 풍랑을 만나 더 심하게 부서졌습니다. 감사하게도 나리께서 은혜를 베풀어 주셔서, 우리 대신 수리해 주시려고 했는데, 우리는 우리가 탔던 배가 너무 심하게 망가져서, 수리할 수 없다고 생각했어요. 그래서 나리께 이 배를 태워버리고 우리를 공선에 태워 보내만 달라고 부탁했어요. 나리께서는 걱정이 되어, 직접 통사와 함께 배에 올라가서 확인을 한 후, 확실히 수리할 수 없다고 여기고, 우리 말대로 해주셨어요. 나리는 우리가 이 부서진 배에서 제대로 생활할 수 없을 것 같다고 생각하고,

三丁表

原文：

新[1])盖起房屋o給弟們居住o賞下蒲包草绳o把幾担霉[2])豆包好o天マ柴米菜蔬o油鹽醬醋o送来不断o这様恩典[3])o心實不安o到三月二十三日o船纔造好o蒙老爺又撥些夫馬[4])o把弟們的鋪盖行李o霉豆等項東西o都送到寶島[5])船上o因為沒有順風o等到四月初二日o纔有好風開船o初四日o到運天港[6])裡o蒙運天老爺o叫船送来o因為有這悶多[7])的阻隔[8])o故此擔擱到如今(荅呵)o 原来有這些的事故o真マ可怜o 不想[9])我們的運氣不

對話：

難客：從新盖起房屋給弟們居住。賞下蒲包草绳把幾担霉豆包好，天マ

---

1) 從新：1. 새로운 방면을 향해 발전하다. 2. 다시금. 새로이. 처음부터 따로 시작한다는 의미. 3. 다시금. 새로이. 다시 한 번. 전후 문장의 의미로 봤을 때 여기에서의 '從新'은 '다시 한 번'의 의미이다.
2) 霉：변질되다. 곰팡이가 슬다.
3) 恩典：1. 왕이 신하와 백성에게 내리는 은혜. 2. 은혜를 베풂을 널리 일컫는 말.
4) 夫馬：육체노동에 종사하는 사람과 말.
5) 寶島：清代 周煌의《琉球國志略》卷四에서 다음과 같이 언급하였다. "汪楫의「錄」에서 이르기를,『七島는 口島, 中島, 諏訪瀨島, 惡石島, 臥蛇島, 平島, 寶島이다. 사람은 만 명이 되지 않는데 오직 寶島만이 비교적 크다. (汪楫「錄」:『七島者, 口島、中島、諏訪瀨島、惡石島、臥蛇島、平島、寶島也；人不滿萬, 惟寶島較大。)"
6) 運天港：清代 周煌의《琉球國志略》卷四에서는, 山北省 항목에서 運天을 소개하였다. "山北省：今歸仁【在首里北二百里】, 屬村縣十二：今歸仁、親泊、謝名【宜野灣同名】、中城【中城府同名】、運天【亦稱上運天】、崎山【首里同名】、玉城【玉城府同名】、平敷、仲宗根、吳我、天底【林木最茂, 不見天日】、我部。" 현 일본 오키나와섬의 북부, 本部半島(모토부 반도) 동쪽에 있는 항구이다.
7) 悶多：'很多(많은)'의 의미이다.
8) 阻隔：'막혀서 통하지 못하다'의 뜻으로, 본문에서는 '어려움, 장애물'의 의미로 사용되었다.
9) 不想：생각하지 못하다.

柴米菜蔬、油鹽醬醋送来不断。这樣恩典心實不安。到三月二十三日船纔造好。蒙老爺又撥些夫馬把弟們的鋪盖行李、霉豆等項東西都送到寶島船上。因為沒有順風，等到四月初二日纔有好風開船；初四日到運天港裡。蒙運天老爺吽船送来。因為有這悶多的阻隔，故此擔擱到如今。

通事：原来有這些的事故，真マ可怜。

難客：不想我們的運氣不好

번역：

객 ：집을 새로 지어주시고 머물도록 하셨습니다. 우리에게 가마니와 새끼줄을 주며 곰팡이가 슨 콩들을 잘 싸라고 했어요. 그리고 매일매일 우리에게 땔감, 쌀, 채소, 기름과 소금 같은 조미료를 끊임없이 보내주었어요. 이런 은혜를 받고나니 마음이 편하지 못했어요. 3월 23일이 되어 비로소 배가 다 수리되었어요. 나리는 또 우리에게 말과 사람을 보내서, 우리의 짐과 곰팡이 슨 콩 등 물건들을 모두 보도寶島에 있는 배로 가져다주도록 하였습니다. 당시에는 아직 순풍이 불지 않아서 출발하지 못하다가, 4월 2일에서야 바람이 좋아 출발할 수 있었고, 4일에는 여기 운천항運天港까지 왔어요. 운천運天의 나리께서 배를 보내주었습니다. 이런 어려움을 겪었기 때문에 오늘까지 지체되었습니다.

통사：이렇게 많은 일들이 있었군요. 정말 안쓰럽네요.

객 ：우리가 그렇게 운이 안 좋을 거라고는 생각지 못했어요.

三丁裏

原文：

好o偏マ接貢船[10])o又放洋開去了o不淂[11])同去o也不知道幾時纔淂回家替[12])父母妻子相見o這樣苦情o叫人怎不心酸[13])o　老兄請放心o不要急o古人說淂好o聚散離別o莫非前定[14])o又說o大難不死o必有後福[15])o兄們今日遭此兇險[16])o也是命裡造定o何消[17])這樣悲傷o等到十一月o進貢的船o送你們到福建o自有回家替父母妻子相見之日o如今現在這裡o不必掛心[18])o　老兄金玉之言[19])o弟當拜謝[20])o思量[21])起来o弟在這裡o等到十一月o日子好

對話：

難客：偏マ接貢船又放洋開去了。不淂同去，也不知道幾時纔淂回家替父母妻子相見，這樣苦情叫人怎不心酸?

---

10) 接貢船：옛날에 지방에서 황제에게 바칠 진상품을 싣는 배를 가리킨다.
11) 淂(dé)：[조동사]동사 앞에 쓰여 가능을 나타냄.
12) 替：[개사] 1. …을〔를〕 위하여. …때문에. [행위의 대상을 나타냄] 2. …와, 과. 본문에서는 2항의 '…와, 과'의 뜻으로 쓰였다.
13) 心酸：마음이 아프다. 슬프다.
14) 聚散離別 莫非前定：만나고 헤어지는 것은 다 정해져 있다
15) 大難不死 必有後福：큰 어려움을 당하여서도 죽지 아니하면 반드시 나중에 복을 받는다.
16) 兇險：위험하고 무섭다.《水滸傳》의 第四一回 "感謝衆位豪傑, 不避兇險, 來虎穴龍潭, 力救殘生。"에서 보인다.
17) 何消：……할 필요가 없다.
18) 掛心：'挂心'이라고도 한다. 근심하다. 염려하다.
19) 金玉之言：귀중한 말.
20) 拜謝：공경히 감사를 표하다. 공경의 예절(무릎을 꿇고 엎드려 절)로써 감사를 표하다.
21) 思量：생각하여 헤아리다.

通事：老兄請放心，不要急。古人說淂"好聚散離別，莫非前定"，又說"大難不死，必有後福"。兄們今日遭此兇險也是命裡造定，何消這樣悲傷?等到十一月進貢的船送你們到福建，自有回家替父母妻子相見之日。如今現在這裡不必掛心。

難客：老兄金玉之言，弟當拜謝。思量起来弟在這裡等到十一月日子好久

번역：

객：하필 접공선이 또 출항해서 함께 가지 못했어요. 언제쯤이나 집에 돌아가서 부모님과 처자식을 만날 수 있을지 모르겠어요. 이런 괴로움에 어찌 가슴 아프지 않겠어요?

통사：형님, 걱정 마시고 성급해하지 마세요. 옛날 사람이 말한 게 맞아요. "만나고 헤어지는 것은 다 정해져 있다"라고 하지 않았나요. 또한 큰 재난에 죽지 않으면 나중에는 복을 받는다는 말도 있잖아요. 지금 여러분들이 당한 어려움들도 모두 다 운명이에요. 이렇게 슬퍼할 필요가 어디 있나요. 11월이 되면 공선이 여러분들을 복건福建까지 데려다 줄 것이고, 그러면 당연히 여러분들은 집에 돌아가서 부모님과 처자식들을 만날 수 있을 거예요. 지금은 여기에 있으니 걱정 마세요.

객：형님의 귀중한 말씀에 감사를 표합니다. 생각해보니, 저희가 여기에서 11월까지 기다려야 하네요. 너무 긴 시간이군요.

四丁表

原文：

久o費[1)]了國王的钱粮o又費了各位老爺[2)]o併[3)]通事[4)]執事[5)]人等的心力[6)]o這樣高厚深恩o不能報荅o心裡其實不安o　十一月纔去o這是弟們敝國[7)]的規例[8)]o定要到那時候o纔有順風o就是國王如今[9)]要送你回去o不是天時[10)]o也沒有方法o就是接待你們的費用o上下[11)]執事o受些辛苦o也是救災恤患[12)]的道理該當如此o兄們何消[13)]掛意[14)]o總願[15)]兄們放開心懷o不要思量[16)]家裡o保養自家身體o更是要緊o　兄言狠是[17)]o弟敢不遵o其實心裡不

1) 費 : 쓰다, 소비하다.
2) 老爺 : 옛날에 지역 유지 및 세력이 있는 사람에 대한 존칭. 본 책에서는 '나리'로 번역하였다.
3) 併 : '并'과 같다. '함께. 같이'의 뜻.
4) 通事 : 통역원의 옛 명칭.
5) 執事 : 1. 직무를 맡고 있는 사람. 관원. 2. 노역을 제공하는 사람. 하인. 여기서는 '관원'의 뜻으로 쓰였다.
6) 心力 : 정신력과 체력.
7) 敝國 : 본인의 나라에 대한 겸손한 표현.
8) 規例 : 관례, 관행.
9) 如今 : 지금.
10) 天時 : 1. 자연운행의 돌아가는 계절 순서. 2. 공격에 유리한 자연기후 조건. 3. 자연의 법칙, 하늘의 뜻, 운명. 4.적당한 시간, 때. 본문에서는 4항의 의미로 사용되었다.
11) 上下 : 위와 아래, 관직의 위아래 등급.
12) 恤患 : 환난을 당한 자를 보살피다.
13) 何消 : ……할 필요가 없다.
14) 掛意 : 마음에 두다.
15) 願 : 기원하다.
16) 思量 : 근심하다. 걱정하다.
17) 言狠是 : 매우 옳은 말이다.

對話：

難客：費了國王的钱粮，又費了各位老爺併通事執事人等的心力，這樣高厚深恩不能報荅心裡其實不安。

通事：十一月纔去，這是弟們敝國的規例。定要到那時候纔有順風，就是國王如今要送你回去，不是天時也沒有方法。就是接待你們的費用、上下執事受些辛苦也是救災恤患的道理，該當如此。兄們何消掛意。總願兄們放開心懷，不要思量家裡，保養自家身體更是要緊。

難客：兄言狠是，弟敢不遵。其實心裡不淂不想

번역：

객：국왕의 돈과 양식을 썼고, 여러 나리들과 통사, 집사 등의 분들께 폐를 끼쳤습니다. 이런 두터운 은덕을 받았는데, 갚을 길이 없어 사실은 마음이 편치 못합니다.

통사：11월이 되어야만 갈 수 있는데, 이것은 우리나라의 관례입니다. 그 때가 되어야만 순풍이 불 것입니다. 설령 국왕께서 지금 당신들을 돌려보내려고 한다 해도 시기가 맞지 않으니 방법이 없습니다. 여러분에게 쓰는 비용이나 위아래 계신 집사들이 수고하는 것은, 환난을 구제하려는 마땅한 도리이니, 마음에 둘 필요가 없습니다. 여러분께서는 마음을 놓으시기 바랍니다. 고향 생각은 하지 마세요. 스스로의 몸을 잘 돌보는 것이 더욱 중요합니다.

객：형님 말씀이 지극히 옳습니다. 제가 어찌 감히 따르지 않겠습니까. 그렇지만 마음으로는 생각하지 않을 수 없습니다.

四丁裏

原文：

浮不想o　弟又聽見俗語[18]說道o人生在世o常將[19]把那不如己的事来解[20]o断[21]没有個不可解的事o又說o退一步自然寬[22]o老兄你拿那個不如己的事o自家[23]来寬解說o我遭際[24]不好o還有那遭際不如我的哩o這樣想去o心裡自然就會寬了o兄們遭此大难o人都平安庅[25]o　都平安o總是[26]貨物o都丢吊[27]了o寡[28]剩幾担豆子没有丢吊o也給海水打濫上霉了o也是沒幹的o　这也是命運o钱財原是人賺的o俗語說道o留浮青山在o何怕没

對話：

通事：弟又聽見俗語說道“人生在世常將把那不如己的事来解, 断没有個不可解的事”。又說“退一步自然寬”。老兄你拿那個不如己的事自家来寬解說, 我遭際不好, 還有那遭際不如我的哩。這樣想

18) 俗語：민간에서 널리 통용되는 통속 어구. 인생에 대한 교훈이나 경계 등을 간결하게 표현한 정형화된 글귀. 속어, 속담 및 상용되는 성어를 포함한다.
19) 將：장차. 곧. 막.
20) 解：전환하다. 해소하다.
21) 断：반드시, 절대로.
22) 退一步自然寬：'내 눈 앞의 땅이 좁음을 한탄하지 말라. 한발 물러서면 저절로 넓어지리니.'《景行錄》제2장에서 나오는 말이다.
23) 自家：(방언) 자신, 스스로.
24) 遭際：경우. 형편. 상황.
25) 庅：'么'와 같은 글자로 현대 중국어 의문조사 '吗'와 같다.
26) 總是：늘. 줄곧.
27) 吊：'掉'와 같다. '…해 버리다. [자동사 뒤에 쓰여 떠나감을 나타냄]'의 뜻.《老残遊記》의 "鴉雀無聲, 比皇帝出來還要静悄浮多呢, 連一根針吊在地上都聽浮見響!"에서 보인다.
28) 寡：수량이 적음을 나타냄. '단지'.

去心裡自然就會寬了。兄們遭此大难人都平安庅?

難客：都平安。總是貨物都丟吊了。寡剩幾担豆子沒有丟吊，也給海水打濫上霉了，也是沒幹的。

通事：这也是命運，钱財原是人賺的。語說道"留淂青山在，何怕没柴燒?"

번역：

통사：저는 이런 속담도 들었습니다. "사람이 세상에 살면서 자기보다 못한 사람의 처지로 입장을 바꿔서 생각해보면 해결할 수 없는 일은 없다." 그리고 "한 발 물러서면 저절로 넓게 볼 수 있다"라는 말도 있죠. 형님께서는 자기보다 못한 처지의 사람을 생각하며, 스스로 위로하며 말해보세요. "내가 어려움을 만났지만, 내 처지보다도 못한 사람도 있는데." 이렇게 생각하시면 마음이 자연스레 편안해집니다. 형님들이 이런 큰 재난을 당했는데, 사람들은 모두 무사합니까?

객：모두 무사합니다. 화물은 모두 잃어버렸습니다. 단지 몇 백 근의 콩은 잃어버리지 않았지만, 바닷물에 젖어 곰팡이가 생겼습니다. 게다가 아직 마르지 않았습니다.

통사：이것도 운명입니다. 돈은 사람이 버는 것이지요. 속담에 '청산이 남아있는데 땔나무가 걱정이랴!'라는 말이 있습니다.

五丁表

原文：

柴燒[1]o兄們大家都淂[2]平安o日後[3]到家o這些東西都賺淂[4]来的o愁他做什庅o 雖是這樣講o只是弟們在貴國費用[5]的東西o多蒙[6]王爺[7]賞賜o怎當[8]淂起o等到福建的時候o又聽見說o福建到蘇州還有三千餘里[9]o到登州还有五千多里o弟們如今貨物o一點都沒有了o身邊盤纏[10]一厘也沒有o怎庅會回淂到家o就是做花子[11]o千山萬水o路塗遙遠o奔走艰难o想来總是他鄉餓鬼[12]o呌[13]人怎不心傷o 老兄放心o弟聽見福建的官府o也

對話：

通事：兄們大家都淂平安, 日後到家這些東西都賺淂来的, 愁他做什庅?

---

1) 留淂青山在 何怕没柴燒：청산이 있는데 땔나무가 걱정이랴! 明나라 凌蒙初의 《初刻拍案惊奇》 22권에서 나오는 말이다.
2) 淂(děi)：[조동사] …해야 한다.
3) 日後：나중에.
4) 淂(de)：[조사] 동사나 형용사 뒤에 쓰여 결과나 정도를 나타내는 보어와 연결시킴.
5) 費用：소비하다. 사용하다.
6) 蒙：1. [형용사] 지식이 없다. 우매하다. 2. [동사] 덮어 가리다. 3. [동사][경어(敬語)] (보살핌을) 받다. 입다. 4. [형용사][문어] 빗방울이 가는 모양을 형용하는 말 5. 성씨. 전후 문장의 의미에 근거하여 볼 때, 여기에서의 '蒙'자는 '받다'의 의미이다. 겸사로, 마음으로 감사하며 받음을 나타낸다.
7) 王爺：왕의 작위에 봉해진 사람에 대한 옛 존칭.
8) 當：담당하다. 감당하다.
9) 里：길이의 단위로, 1리(里)는 500미터이다.
10) 盤纏：비용. 특히 여행비용을 가리킨다.
11) 花子：거지.
12) 餓鬼：아귀, 굶어죽은 귀신.
13) 呌：'叫'와 같다. '~하게 하다'의 뜻.

難客 : 雖是這樣講, 只是弟們在貴國費用的東西多蒙王爺賞賜, 怎當淂起?等到福建的時候, 又聽見說福建到蘇州還有三千餘里, 到登州还有五千多里。弟們如今貨物一點都沒有了, 身邊盤纏[14]一厘也沒有怎庅會囬淂到家? 就是做花子, 千山萬水、路塗遙遠、奔走艰难, 想来總是他鄉餓鬼吽人怎不心傷?

通事 : 老兄放心, 弟聽見福建的官府

번역 :

통사 : 형님들이 모두 무사해야만 합니다. 나중에 집에 돌아가서 이것들은 다시 벌면 되는데 무슨 걱정이십니까.

객 : 이렇게 말은 하지만, 우리들이 귀국에서 사용하는 물건들은 나리께서 하사해 주신 것인데, (이 은혜를) 어찌 감당할 수 있겠습니까. 또한 이런 말도 들었어요. 복건福建에 가게 되면, 복건福建에서 소주蘇州까지 3000여 리이고, 등주登州까지 가는데 5000여 리나 됩니다. 지금 저희들에게는 조금의 물건도 남지 않았습니다. 수중에 여비 하나 없는데, 어떻게 집으로 돌아갈 수 있겠습니까. 거지가 된다고 쳐도, 갈 길이 험난해서 아무리 생각해도 타향에서 굶주린 귀신이 될 것 같은데, 어찌 마음이 속상하지 않겠습니까.

통사 : 형님 안심하세요, 제가 듣기에 복건福建의 관청이 여비를 줄 수도 있을지도 몰라요.

14) 盤纏 : 비용. 특히 여행비용을 가리킨다.

五丁裏

原文：

有盤纏相[15]賞[16]o料想[17]不妨[18]o 這個話o不過是寬觧[19]的話o那裡[20]會算淂定的o做官府的事情o由不淂我们o有許多擔擱的日子o怎庅會等淂[21]o 有什麽擔擱[22]等不淂呢o 老爺要發盤纏o也不敢自專[23]o定要寫個文書[24]o詳到[25]上司去o上司看了動[26]個本章[27]o奏聞萬歲爺[28]知道o再等旨意下来o行文[29]轉過多少衙門[30]o纔給盤纏o打發起身o這個不是擔擱日久等不淂的o況且一路o又要撥[31]人解送[32]o一路関口[33]o逢府逢縣o又

---

15) 相：동작이 한쪽에서 발생하여 오며 그 동작을 받는 대상이 있다.
16) 賞：지위가 높은 사람이나 연세가 있으신 분이 지위가 낮은 사람이나 손아랫사람에게 재물을 주다.
17) 料想：기본적으로 '예상하다, 미리 생각하다'로 해석한다. '추측하다, 짐작하다'의 의미.
18) 不妨：'(…하는 것도) 괜찮다. 무방하다'. 추측 또는 불확정을 나타낸다.
19) 寬觧：마음을 풀어 주다. 안심시키다. 위로하다. 위안하다.
20) 那裡：반어문에 사용될 때 부정의 의미를 나타난다. 현대 중국어에서 '어디 ~하는가'로 쓰인다.
21) 淂(dé)：[동사] 얻다. 획득하다.
22) 擔擱：지연되다. 지체되다.
23) 自專：독단적으로 결정하다.
24) 文書：공문.
25) 詳到：상세하게 보고하다.
26) 動：어떤 동작, 행위를 하다. 본문에서는 '쓰다'로 번역할 수 있다.
27) 本章：상서. 옛날에 신하가 황제에게 올린 상소문.
28) 萬歲爺：당나라부터 중국인들은 '萬歲'라는 말을 씀으로써 황제에 대한 축복을 표현했다. 훗날 이것이 파생되어 황제에 대한 대명사가 되었다.
29) 行文：어떤 기관에서 다른 기관으로 보내는 문서를 가리킨다. 上行文, 下行文, 平行文이 있다.
30) 衙門：급이 높은 관청을 통틀어 이르던 말.
31) 撥：조달하다.
32) 解送：재물을 호송하다. 범인을 압송하다.
33) 関口：관문의 입구. 왕래할 때 반드시 거치는 요로(要路). 중요한 길목.

要投文候文o还不知

對話：

通事：也有盤纏相賞，料想不妨。

難客：這個話不過是寬觧的話，那裡會算淂定的？做官府的事情由不淂我们，有許多擔擱的日子怎庅會等淂？

通事：有什麼擔擱等不淂呢？

難客：老爺要發盤纏也不敢自專，定要寫個文書詳到上司去，上司看了動個本章奏聞萬歲爺知道再等旨意下来。行文轉過多少衙門，纔給盤纏打發起身，這個不是擔擱日久等不淂的。况且一路又要撥人解送，一路関口逢府逢縣又要投文候文

번역：

객：이 말씀은 위로하려는 말씀일 뿐이지요. 어떻게 그렇게 되겠어요? 관청의 일은 우리의 뜻대로 되지 않지요. 지연된 시간이 너무도 긴데, 어떻게 기다리죠?

통사：무슨 지체할 거리가 있어 못 기다릴 게 있나요?

객：나리께서도 여비를 베풀고자 하시지만 혼자 결정하실 수 없습니다. 반드시 공문을 작성하여 상사에게 보고를 올려야 하고, 상사가 상서를 올려 황제께 아뢰지요. 황제께서 명을 내리실 때까지 또 기다립니다. 명을 내리시면 그 문서가 얼마나 많은 관청을 거치고 나서야 비로소 여비를 베풀 수 있고, 그 여비로 출발할 수 있지요. 이게 바로 지체되어 기다릴 수 없는 게 아니겠습니까! 더군다나 갈 때 우리를 호송할 사람도 필요하고, 가는 도중에 관청마다 현마다 공문을 넣고 회신을 기다리고

六丁表

原文：

道怎庅樣的艰难苦楚哩o兄們替弟想這個話o說淂是不是呢o講話[1]半天o還不知仁兄的貴姓[2]o請問高姓大名[3]o 弟姓鄭o名世道o賤字民儀o今年貴庚[4]了o 賤年十八歲o 這裡叫做什庅地方[5]o 這裡叫做泊村[6]o仁兄貴府住在那裡o 小弟住在久米府[7]o聽見他們說o兄們內中有一位身上欠安[8]o是真的庅o 有一個姓朱的o身上不好o 是什庅病呢o 是痨病[9]o 怎庅淂[10]的呢o 他本来身上就有些不當好o旧年[11]在

---

1) 講話 : 현대 중국어에서는 동사 뒤에 시량보어가 있을 때 동사를 반복해야 한다. '講話講了半天'이라고 해야 한다.

2) 貴姓 : 성 앞에서 '貴'를 붙여 상대방에 대한 존경을 표하였다.

3) 高姓大名 : 다른 사람의 성함을 물을 때 사용하는 높임말. '高名大姓'과 같다.

4) 貴庚 : 중청년의 나이를 묻는 경어(敬語).《京本通俗小說・碾玉觀音》의 "虞候又問 : '小娘子貴庚?' 待詔應道 : '一十八歲。'"에서 보인다.

5) 方 : 본래는 '名'으로 표기되어 있었는데 후에 '方'으로 고쳤다.

6) 泊村 : 清代 周煌의《琉球國志略》卷四에서는, 中山省 항목에서 泊村을 소개하였다. "泊 : 【그곳 음으로 「土馬爺(중국어 음역)」이다. 한 글자에 세 음이 있다. 수리 서쪽의 5리 거리에 있다.】 이 촌에 속하는 현은 東境, 西境 두 현이다.(泊 : 【土音「土馬爺」, 一字三音。在首里西五里】, 屬村縣二 : 東境, 西境。)"

7) 久米府 : 清代 周煌의《琉球國志略》卷四에서는, 中山省 항목에서 久米를 소개하였다. "久米 : 【粂는 그 지역 음으로 「苦念搭(중국어 음역)이다」, 한 글자에 세 음이다. 오늘날에는 久米로 잘못되었다. 那霸의 동쪽에 위치한다.】 이 촌에 속하는 현은 넷으로, 東門村, 西門村, 北門村, 南門村이 있다.(久米 : 【粂字土音「苦念搭」, 一字三音 ; 今訛為久米。在那霸東】, 屬村縣四 : 東門村、西門村、北門村、南門村)"

8) 欠安 : 몸이 편치 않음을 가리키는 완곡한 말.

9) 痨病 : 폐병. 폐결핵.

10) 淂(dé) : [동사, 구어] (병에) 걸리다.

11) 旧年 : 작년.

對話：

难客　：还不知道怎庅様的艰难苦楚哩! 兄們替弟想這個話說浔是不是呢? 講話半天還不知仁兄的貴姓, 請問高姓大名?

鄭通事：弟姓鄭, 名世道, 賤字民儀。

難客　：今年貴庚了?

鄭通事：賤年十八歲。

難客　：這裡叫做什庅地方?

鄭通事：這裡叫做泊村。

難客　：仁兄貴府住在那裡?

鄭通事：小弟住在久米府。聽見他們說兄們內中有一位身上欠安是真的庅?

難客　：有一個姓朱的, 身上不好。

鄭通事：是什庅病呢?

難客　：是痨病。

鄭通事：怎庅浔的呢?

難客　：他本来身上就有些不當好

번역：

객　：얼마나 어렵고 힘든 일인지 모릅니다. 형님들도 생각해 보세요. 제 말이 맞습니까, 틀렸습니까? 한참을 얘기했는데 아직 형님의 성씨를 모르네요. 형님 성함이 어떻게 되십니까?

정통사：제 성은 정鄭씨이고 이름은 세도世道입니다. 자는 민의民儀입니다.

객　：올해 연세가 어떻게 되십니까?

정통사：저는 열여덟 살입니다.

객　：여기 지명이 어떻게 되나요?

정통사：여기는 박촌泊村이라는 곳입니다.

객　：형님 댁은 어디세요?

정통사：전 구미부久米府에 살아요. 듣기로 형님들 중 한 분께서 몸이 편찮으시다고 하던데 정말입니까?

객　：주朱씨가 몸이 안 좋아요.

정통사：무슨 병입니까?

객　：폐결핵이에요.

정통사：어떻게 하다 걸렸어요?

객　：그가 원래 몸이 약했는데

六丁裏

原文：

洋靣[12]o又受了風寒o擔些驚怕[13]o故此[14]染成這個吐血的病症o 可曾[15]喫藥[16]庅o 在運天港時候o就蒙[17]那裡老爺o發[18]下醫生o看脉喫藥o並沒有見効o来到這裡o又蒙老爺o發下兩位醫生o天マ看脉喫藥o 這幾天吃藥o可好些了庅o 还沒有見好o因[19]他病深[20]了o难浔快好o須要慢マ調養o纔會見効o 兄們替[21]他講o既然有病o要把心放寬些o就會快好o若是再思量家鄉o那病越發难好了o 弟們也會替他講過o只是他思家念切[22]o

對話：

難客：旧年在洋靣，又受了風寒、擔些驚怕，故此染成這個吐血的病症。

鄭通事：可曾喫藥庅？

难客：在運天港時候就蒙那裡老爺發下醫生看脉、喫藥，並沒有見効。来到這裡又蒙老爺發下兩位醫生天マ看脉、喫藥。

---

12) 靣：'面'과 같다.
13) 惊怕：놀라다. 무서워하다.
14) 故此：그래서, 그러므로.
15) 可曾：(전에) …한 적이 있습니까?
16) 喫藥：약을 복용하다.
17) 蒙：(다른 사람의 도움 등을) 받다. 입다.
18) 發：파견하다.
19) 因：'왜냐하면'. 원인을 나타낸다.
20) 深：'얕다'와 상대되는 말. 병세가 몸 속 깊이 들어 정도가 심함을 가리킨다.
21) 替：[개사] 1. …을〔를〕 위하여. …때문에. [행위의 대상을 나타냄] 2. …와, 과. 본문에서는 2항의 '…와, 과'의 뜻으로 쓰였다.
22) 念切：마음이 절실하다.

鄭通事：這幾天吃藥，可好些了庅?

難客 ：还沒有見好。因他病深了难浮快好，須要慢マ調養纔會見効。

鄭通事：兄們替他講，既然有病要把心放寬些，就會快好。若是再思量家鄉，那病越發难好了。

難客 ：弟們也會替他講過，只是他思家念切

번역 :

객 : 작년에 바다에서 또 한기가 들고 많이 놀라서, 각혈하는 병에 걸렸습니다.

정통사 : 약은 드셨어요?

객 : 운천항運天港에 있을 때, 그곳의 나리가 의사를 보내주신 덕분에 진맥 받고 약을 먹긴 했는데, 별로 효과를 보지는 못했습니다. 여기로 온 후 또 나리의 은덕으로 의사 두 명이 와서, 매일 진맥을 하고 약을 먹습니다.

정통사 : 요 며칠 동안 약을 드셨는데, 좀 나아시셨어요?

객 : 아직 좋아지지 않았어요. 병이 깊어 빨리 낫기가 어려워요. 천천히 몸조리해야 할 것 같습니다.

정통사 : 저 대신 형님들께서 전해주세요. 마음을 푹 놓아야 얼른 낫습니다. 만약 자꾸 고향을 그리워하면 병이 갈수록 악화됩니다.

객 : 우리도 말해보았습니다만, 그이로써는 고향 생각이 절실하지요.

七丁表

原文：

恐[1]不能放下o既承[2]老兄見諭[3]o停會[4]小弟再去勸他o 列位[5]老兄請坐o小弟告別了o 兄台[6]再坐一會去o 小弟到要再坐マo聽兄的教訓o因為家下[7]還有些小事o不淂[8]奉陪[9]o不要見怪[10]o 弟被風漂[11]来o心裡悶淂緊[12]o今蒙賜顧[13]o又承大教[14]o心裡十分爽快o正古人所謂o同君一夜話o勝讀十年書[15]o兄們今日在這裡坐好久了o也沒有一杯茶奉敬[16]o多有怠慢[17]o連弟自家也竟[18]淂慚愧o求兄台再坐一會o喫袋煙[19]去o

---

1) 恐 : 아마 …일 것이다.
2) 承 : 1. 아래에서 받다, 받들다. 2. 담당하다, 맡다, 책임지다. 3. 받다. (은혜・덕 등을) 입다. 4. 계속하다. 끊임없이 하다, 연거푸, 연이어. 5. 순순히 따르다, 영합하다, 비위를 맞추다. 본문에서는 3항의 의미로 사용되었다.
3) 見諭 : '見教(가르쳐 주시다. 가르침을 받다)'와 같다. '나를 가르치다'.
4) 停會 : 조금 이따가.
5) 列位 : 여러분.
6) 兄台 : 동년배에 대한 존칭.
7) 家下 : '집 안에'의 의미와 같다.
8) 不淂 : 불가능하다. …할 수 없다. …해서는 안 된다.
9) 奉陪 : 겸사. 동반하다. 함께 하다
10) 見怪 : 책망하다. 나무라다. (겸어로 쓰여 대부분 자신을 지칭하여 사용한다.)
11) 漂 : 액체 위에 부유하며 움직이지 않거나 혹은 바람이나 물의 흐름에 따라 이동하다. 이리저리 떠다니다. 표류하다.
12) 緊 : 매우. 심한.
13) 賜顧 : 다른 사람이 와준 것을 높이 칭하는 말.
14) 大教 : 다른 사람의 가르침에 대한 존칭.
15) 同君一夜話, 勝讀十年書 : 군자와 더불어 나눈 하룻밤의 대화가 십 년 동안 읽은 책보다 낫다. 清 劉鶚의 《老殘遊記》 제9회에서 나온 말이다. 당신과 하룻밤 대화를 나눈 것이 내게 많은 이로움을 가져다주었다는 것으로, 다른 사람과 교류하고 이야기 나눈 시간은 매우 적지만 많은 이로움을 얻었다는 것을 형용하는 말이다.
16) 奉敬 : '敬献'와 같다. '(웃어른께) 드리다. 삼가 바치다.'
17) 怠慢 : 의례적 인사말로 대접이 소홀했다는 뜻.
18) 竟 : '覺'의 이체자.

承兄抬愛[20]o弟當[21]從

對話：

難客：恐不能放下。既承老兄見諭，停會小弟再去勸他。

通事：列位老兄請坐，小弟告別了。

難客：兄台再坐一會去。

通事：小弟到要再坐ㄱ，聽兄的教訓。因為家下還有些小事，不淂奉陪，不要見怪。

難客：弟被風漂来心裡悶淂緊，今蒙賜顧，又承大教心裡十分爽快。正古人所謂"“同君一夜話，勝讀十年書”。兄們今日在這裡坐好久了，也沒有一杯茶奉敬多有怠慢。連弟自家也竟淂慚愧，求兄台再坐一會，喫袋煙去。

通事：承兄抬愛，弟當從命。

번역：

객：아무래도 마음 놓을 수가 없나봅니다. 형님의 말씀에 따라, 잠시 후에 다시 그에게 권고하러 가겠습니다.

통사：형님들께서는 앉아 계십시오. 저는 가보겠습니다.

객：형님, 좀 더 계셨다 가세요.

통사：저도 좀 더 앉아 형님께 가르침을 받고 싶지만, 집에 일이 좀 있어서 함께 있지 못할 것 같습니다. 언짢아하지 마십시오.

객：저는 바람 부는 대로 여기까지 흘러왔습니다. 마음이 매우 울적하였는데, 오늘 형님께서 왕림해 주시고, 많은 가르침도 주

---

19) 喫袋煙：담배를 피우다.

20) 抬爱：보살피다. 아끼다. 배려하다

21) 當：마땅히(당연히・반드시) …해야 한다.

셔서 기분이 매우 상쾌해졌습니다. "군자와 더불어 나눈 하룻밤의 대화가 십 년 동안 읽은 책보다 낫다"라는 옛 말이 딱 맞습니다. 형님들께서 오늘 여기에서 오래 앉아계셨는데, 차 한 잔도 올리지 못하였습니다. 대접이 너무 소홀했습니다. 저 스스로도 너무 부끄럽습니다. 형님께서는 조금 더 앉아 계시면서 담배 한 대 피우시고 가시기를 부탁드립니다.

통사 : 형님께서 배려해 주시니, 말씀을 따르겠습니다.

七丁裏

原文：

命[22]o只是賎[23]忙?緊急[24]o不淂不去o 府上[25]既有要緊的事情o弟也不敢強留o只是今日相別o不知幾時还肯屈駕[26]辱臨[27]敝寓[28]賜教[29]o開弟茅塞之心[30]o 好說ママo另日[31]領教[32]o固[33]弟所願o相會日期o這是定不淂的[34]o只是[35]有一點空閑o就来貴館[36]領教o各位老兄請了o大家請坐o都不要送o 仁兄[37]既要回府o那有不送的理o 豈敢[38]豈敢o仁兄是客o小弟是主o那有客送主的道理o 小弟雖是客o既住在這裡o就是主了o仁兄雖是主o既到這

---

22) 从命：분부에 따르다.
23) 賎：겸사. 자기와 관련된 것에 대한 구칭.
24) 緊急：긴급하다. 급박하다. 늦출 수 없다.
25) 府上：다른 사람의 집 또는 고향에 대한 존칭.
26) 屈駕：사람을 초대하다의 경어(敬語).
27) 辱臨：다른 사람의 방문에 대한 존칭.
28) 敝寓：敝는 겸사로써 자기와 관련된 것에 쓰는 단어이다. 敝寓는 자기 집을 가리킨다.
29) 賜教：겸사로, 상대방이 가르침을 줄 것을 바란다는 것을 뜻한다.
30) 茅塞：띠풀로 막혀있음을 말하는데, 생각이 막혀 있거나 무지몽매함을 비유하는 말. 자기 자신에 대한 겸사로 많이 쓴다.
31) 另日：다른 날. 훗날
32) 領教：겸사로 많이 쓴다. 상대방의 가르침을 받거나 상대방의 고견과 지혜를 얻었다는 뜻을 나타낸다.
33) 固：1. 꼭, 반드시 2. 진실로, 참으로 3. [부사][문어] 본래. 본디. 원래. 전부터. 4. [접속사] 물론 …지만. 물론 …(이)거니와. 당연히.'
34) 定不淂：확정할 수 없다.
35) 只是：그러나. 다만. 단지.
36) 貴館：경어(敬語). 다른 사람의 집에 대한 존칭.
37) 仁兄：동년배 친구 사이의 옛 경어(敬語). 편지에 많이 썼다.
38) 豈敢：'어찌 감히~ 하겠는가, 감히 ~하지 못한다'. 응대할 때 겸허를 나타내는 상투어.

對話：

通事：只是賤忙，緊急不淂不去。

難客：府上既有要緊的事情，弟也不敢強留。只是今日相別，不知幾時还肯屈駕辱臨敝寓賜教，開弟茅塞之心?

通事：好說ママ。另日領教，固弟所願。相會日期這是定不淂的，只是有一點空閑就来貴館領教。各位老兄請了，大家請坐，都不要送。

難客：仁兄既要回府，那有不送的理?

通事：豈敢豈敢。仁兄是客，小弟是主，那有客送主的道理?

難客：小弟雖是客，既住在這裡就是主了。仁兄雖是主，既到這裡就是客了。

번역：

통사：그러나 제가 매우 급해서, 안 갈 수 없습니다.

객：댁에 중요한 일이 있으시니, 저도 무리하게 만류할 수 없겠네요. 단지 오늘 헤어지면 언제 다시 이 누추한 집으로 왕림하셔서 제게 가르침을 주시고 저의 답답한 마음을 열어주실 수 있을지 모르겠습니다.

통사：천만의 말씀입니다. 다음에 (형님께) 가르침을 받는 것이 제 바람이지만, 만날 날을 확정할 수는 없네요. 그러나 틈나는 대로 형님 댁에 와서 가르침을 받겠습니다. 형님들 그럼 (안녕히 계십시오). 모두 앉아 계세요. 배웅하지 마세요.

객：형님께서 댁으로 돌아가시는데, 어떻게 배웅하지 않겠습니까?

통사：아닙니다. 아닙니다. 형님은 손님이시고 저는 주인인데, 어떻게 손님이 주인을 배웅합니까?

객：저는 비록 손님이지만, 여기에서 살고 있으니 주인이지요. 형님은 주인이시지만, 여기 오셨으니 손님이시지요.

八丁表

原文：

裡o就是客了o這樣看来o小弟是客中主人o仁兄是主中客人o到了墻外o小弟纔[1]是客o仁兄才是主哩o仁兄不要小弟遠送o也要到門口o纔是正礼[2]o 小弟不時常[3]来o仁兄這樣礼数[4]o弟心其實不安o 仁兄今日初會[5]o若再来時o小弟就當從命o 多謝ママo今到門口o請留步[6]ママo (呵)o請了o 通事請坐o (呵)o告坐[7]了o大家都請坐o弟常来不要拘[8]o那一位姓朱的o這幾日病症[9]怎庅様的了o 还不見好o 你們替[10]他講o他爱吃甚

對話：

難客：這樣看来小弟是客中主人；仁兄是主中客人。到了墻外小弟纔是客，仁兄才是主哩！仁兄不要小弟遠送，也要到門口纔是正礼。

通事：小弟不時常来，仁兄這樣礼数弟心其實不安。

難客：仁兄今日初會，若再来時小弟就當從命。

---

1) 纔：'才'의 이체자.
2) 正礼：정식 예절. 정상적 예절.
3) 時常：자주.
4) 礼数：예절. 예의.
5) 初會：처음 만남.
6) 留步：손님이 떠날 때 주인에게 나오지 말라고 하는 인사말.
7) 告坐：서열이 낮거나 손아래 사람이 겸손히 사양하거나 감사를 표하고 앉음. '감사합니다'. [남이 '請坐(앉으세요)'라고 할 때 회답하는 말]
8) 拘：과하게 규제하다. 속박하다.
9) 病症：질병.
10) 替：[개사] 1. …을〔를〕 위하여. …때문에. [행위의 대상을 나타냄] 2. …와, 과. 본문에서는 2항의 '…와, 과'의 뜻으로 쓰였다.

通事：多謝ママ, 今到門口請留步ママ。

難客：(呵)請了。

難客：通事請坐。

通事：告坐了。大家都請坐, 弟常来不要拘。那一位姓朱的這幾日病症怎庅様的了?

難客：还不見好。

通事：你們替他講, 他爱吃甚庅東西来對我說

번역：

객：이렇게 보면 저는 손님이면서 주인이고, 형님은 주인이시면서 손님입니다. 담장 밖으로 나가야 제가 비로소 손님이고, 형님이 주인이십니다. 형님은 저에게 멀리 배웅하지 말라고 하셨지만, 그래도 입구까지는 가야 합니다. 이것이 비로소 예의입니다.

통사：제가 자주 온 것도 아닌데, 형님께서 이렇게 예의를 갖추시니, 제 마음이 실로 불편합니다.

객：형님을 오늘 처음 뵈어서 그렇습니다. 다음에 오시면, 말씀에 따르겠습니다.

통사：감사합니다. 입구에 왔으니 나오지 마십시오.

객：(呵) 안녕히 가세요.

객：통사님, 앉으십시오.

통사：(呵) 감사합니다. 여러분 모두 앉으세요. 자주 찾아뵙는 사이이니까 딱딱하게 대하지 마십시오. 주씨는 최근 병세가 어떠합니까?

객 : 병이 좀처럼 호전되지 않습니다.

통사 : 여러분께서 그분께 말씀 전해 주세요. 그 분이 무엇을 드시기 좋아하시는지 제게 말씀해 주세요.

八丁裏

原文：

庅東西o来對[11]我說o我去画[12]老爺o送来給他吃o (呵)o我替他講o剛纔回去問他oマ說o都不想什庅東西吃o 送来的米小菜o穀[13]吃不穀吃(呢)o狠[14]穀吃o还吃不完o 你們要用的什庅東西o替我講明o我去回老爺o送来給你o 我們也不用什庅o只是夜裡蚊子好多o睡竟不淂o如今天氣炎熱o夏衣都沒有o不知道怎庅様纔好o 我回去商量看マo 有劳[15]了o弟時常来的o請留步o不消[16]送了o (呵)o弟不送了o 請了o 昨日你們講

對話：

通事：我去画老爺，送来給他吃。

難客：(呵)我替他講。剛纔回去問他，マ說都不想什庅東西吃。

通事：送来的米、小菜穀吃不穀吃(呢)?

難客：狠穀吃，还吃不完。

通事：你們要用的什庅東西替我講明。我去回老爺，送来給你。

難客：我們也不用什庅。只是夜裡蚊子好多，睡竟不淂。如今天氣炎熱，夏衣都沒有，不知道怎庅様纔好?

---

11) 對：전치사로 '朝', '向'(~향하여)와 같다. 허사로 쓰이며 동작의 대상을 나타낸다.

12) 画：'回'의 속자이다. '보고하다. 말씀드려 알리다'.

13) 穀：'够(gòu)'의 이체자.

14) 狠：1. [형용사] 흉악하다. 사납다. 2. [형용사] 능력이 있는. 3. [부사] 매우. '很'과 같음. 4. [부사] 꽤. 상당히. 본문에서는 3항의 '매우'의 뜻으로 쓰였다.

15) 有劳：겸손을 표하는 표현이다. 다른 사람이 자신을 대신해 일을 해신해 주기를 부탁하거나, 그런 일을 해 준 것에 감사를 표할 때 쓴다.

16) 不消：~할 필요 없다.

通事：我回去商量看マ。

難客：有劳了。

通事：弟時常来的, 請留步, 不消送了。

難客：(呵)弟不送了。

通事：請了

번역：

통사：나리께 다녀오면서, 그 분께서 드시도록 가져오겠습니다.

객：(呵) 제가 그에게 말씀 전했습니다. 방금 돌아가서 물어봤는데, 아무것도 먹고 싶지 않다고 합니다.

통사：보내온 밥과 반찬은 드시기에 충분합니까?

객：매우 충분합니다. 다 못 먹습니다.

통사：여러분께서 필요하신 것이 있으시면, 저한테 말씀하세요. 제가 나리께 다녀와서 여러분께 가져다 드리겠습니다.

객：저희도 별로 필요한 것은 없습니다. 단지 밤에 모기가 많아서 잠을 못 잡니다. 요즘 날씨가 더운데 여름옷도 아직 없습니다. 어떻게 해야 좋을지를 모르겠습니다.

통사：제가 가서 상의해 보겠습니다.

객：번거롭게 해드렸네요.

통사：저 자주 오니까, 들어가세요. 배웅하지 마세요.

객：(呵) 들어가 보겠습니다. 부탁드립니다.

九丁表

原文：

的話o我去囬[1]過老爺了o老爺說o做蚊帳夏衣o送来給你們o 多謝[2]老爺天恩[3]o 請問通事o這兩天外边只管[4]打鑼o做什庅事情o 這是爬龍舟[5]的o在那裡相鬪o 你們這裡的龍舟o爬幾天呢o 我們這裡的龍舟o是四月二十八日下水[6]o五月初六日上岸o不過八九天的光景[7]o你們大家要看o到初四日o我来邀[8]你們出去看マo也好解[9]マ悶o只是我們這裡爬滘粗鹵[10]不好看o比不滘你中國爬滘好看o 這裡龍舟o共有幾隻

對話：

通事：昨日你們講的話我去囬過老爺了。老爺說做蚊帳、夏衣送来給你們。

難客：多謝老爺天恩。請問通事，這兩天外边只管打鑼，做什庅事情?

通事：這是爬龍舟在那裡相鬪。

難客：你們這裡的龍舟爬幾天呢?

---

1) 囬：'回'의 속자이다. '보고하다. 말씀드려 알리다'.
2) 多謝：정중하게 감사함을 표하는 인사말.
3) 天恩：지극한 은덕을 이르는 말.
4) 只管：오로지 …만 돌보다. 줄곧.
5) 爬龙舟：'爬'는 '划'과 같다. '爬龍舟'은 '용주 시합을 하다'의 뜻이다.
6) 下水：물에 들어가다. (배를) 진수하다.
7) 光景：1. 해나 달의 빛. 2. 시간, 때, 시절, 세월. 3. 풍경, 경치, 정경, 광경 4. 상황, 경제적 상황. 5. 시절, 생활, 살림, 생계. 6. 추측하다, 어림잡다, 헤아리다. 대략적인 시간이나 수량을 나타냄. 정확하지 않은 시간 혹은 수량을 표시함. 본문에서는 3항의 '광경'의 의미로 사용되었다.
8) 邀：영접하다. 초청하다. 초대하다.
9) 解：'解'와 같다.
10) 粗鹵：'粗魯'로도 쓴다. 성격과 행동 등이 거칠고 우악스럽다. 교양이 없다.

通事 : 我們這裡的龍舟是四月二十八日下水, 五月初六日上岸, 不過八九天的光景。你們大家要看, 到初四日我来邀你們出去看マ, 也好解 マ悶。只是我們這裡爬浮粗鹵不好看, 比不浮你中國爬浮好看。

難客 : 這裡龍舟共有幾隻?

번역 :

통사 : 어제 여러분께서 말씀하신 것을 나리께 보고했습니다. 나리께서 모기장과 여름옷을 여러분께 보내드리겠다고 말씀하셨습니다.

객 : 나리의 천혜에 감사드립니다. 통사님, 말씀 좀 여쭙겠습니다. 요 며칠 밖에서 계속 징을 칩니다. 무슨 일이 있습니까?

통사 : 거기에서 용주시합을 하고 있습니다.

객 : 이곳에서는 용주시합을 며칠 동안 합니까?

통사 : 여기에서는 용주를 4월 28일에 물에 띄웁니다. 5월 6일에 육지로 옮깁니다. 8~9일 밖에 볼 수 없는 광경입니다. 여러분께서 보신다면 나흗날에 제가 여러분을 모시고 나가서 보여드리겠습니다. 답답한 마음을 푸시는데 좋을 겁니다. 다만 저희가 조잡하게 경기하니 보기 좋은 것은 아닙니다. 여러분들 중국이 볼만한 것에 비할 바가 못 되지요.

객 : 여기에는 용주가 모두 몇 척 있습니까?

九丁裏

原文：

呢o 這裡只有一隻o那霸港[11]有兩隻o一共三隻o到初四日o這裡的船o也到那霸港口o會攏[12]一處鬪爬[13]o 有小船跟着広o 並沒有o 這樣看来o替[14]我中國的龍船差不多一様o 中國是怎様的o 我們那裡o一隻龍舟o就有四五隻小船o前後相帮[15]o日裡[16]舞旗[17]招揺[18]o使鎗弄棒(半)[19]o夜裡點燈結綵[20]o弾唱歌舞o也是四月二十八日下水o五月初六日上岸o那自然[21]好看些o 还有一件事情o要替同事商量o不知道使淂[22]使不淂o甚

---

11) 那霸港：那霸(なは, 나하)는 현 일본 오키나와 현의 행정부 소재지이다. 옛 류큐왕국의 수도였던 수리성首里城 유적지가 있는 곳이다. 현 류큐 반도의 가장 큰 정치, 경제, 문화중심지이다. 오키나와 남부 서해안에 위치하여 있다. 清代 周煌의《琉球國志略》巻四에서는, 中山省 항목에서 那霸를 소개하였다. "那霸：【수리의 서쪽 10리에 위치한다】 이 곳에 속하는 현은 여섯 현으로, 東縣, 西縣, 泉崎, 若狹町, 辻山【辻의 음은「失汁(중국어 음역)」이다. 한 글자에 두 음이 난다】, 渡地이다. (那霸【在首里西十里】, 屬村縣六：東縣、西縣、泉崎、若狹町、辻山【辻音「失汁」一字兩音】、渡地。)"

12) 會攏：(한곳에) 모이다. 모으다.

13) 鬪爬：시합. 경기.

14) 替：[개사] 1. …을〔를〕 위하여. …때문에. [행위의 대상을 나타냄] 2. …와, 과. 본문에서는 2항의 '…와, 과'의 뜻으로 쓰였다.

15) 相帮：[방언] 돕다. 거들다. 보좌하다.

16) 日里：낮.

17) 舞旗：깃발을 흔들다.

18) 招揺：흔들려 움직이는 모양.

19) 使鎗弄棒：창칼, 몽둥이 등 무기를 쓰는 것을 가리키는데 이를 빌려 '무예를 연습하다. 연무하다.'의 뜻으로 쓴다.

20) 點燈結綵：등롱을 걸고 채색 비단 등으로 묶어 아름다운 장식품을 만든다.

21) 自然：당연히.

22) 使淂：사용할 수 있다. 쓸 만하다. 괜찮다. 좋다.

對話：

通事：這裡只有一隻，那霸港有兩隻，一共三隻。到初四日這裡的船也到那霸港口會攏一處鬪爬。

難客：有小船跟着庅？

通事：並沒有。

難客：這樣看来替我中國的龍船差不多一樣。

通事：中國是怎樣的？

難客：我們那裡一隻龍舟就有四五隻小船前後相帮，日裡舞旗招摇、使鎗弄棒(半)；夜裡點燈結綵、弹唱歌舞。也是四月二十八日下水，五月初六日上岸。

通事：那自然好看些。

難客：还有一件事情要替同事商量，不知道使淂使不淂？

번역：

통사：여기에는 한 척 밖에 없고, 나패항那霸港에는 용주가 두 척 있습니다. 모두 세 척입니다. 나흗날이 되면 여기에 있는 배도 나패항那霸港으로 옮겨 한 곳에 모아서 경기합니다.

객：따라 가는 작은 배가 있습니까?

통사：없습니다.

객：이렇게 보니 우리 중국에 있는 용주와 거의 똑같습니다.

통사：중국은 어때요?

객：우리는 용선 한 척에 네다섯 척의 작은 배가 붙어 앞뒤에서 보좌합니다. 낮에는 깃발을 흔들고, 창을 휘두르며 춤을 춥니다. 밤에는 등롱을 걸고 채색 비단으로 묶어 꾸밉니다. 악기를 연주하고 노래를 부르고 춤을 춥니다. 역시 4월 28일에 물에 띄우고, 5월 6일에 육지로 옮깁니다.

九丁裏

통사 : 그럼 볼만하겠네요.

객 : 통사님과 상의할 일이 하나 있습니다. 괜찮은지 모르겠습니다.

十丁表

原文：

広事情o 我們那幾担豆子o不知道放在那裡o 放在那霸o 這幾担豆子o我們回家的盤纏[1]o全靠着他o如今雖有些霉的o也还有些好的o恐怕[2]放在那裡o日子久了o裡頭發起熱来o都是沒幹的了o求通事替老爺相議o不論甚広價錢o这裡替我賣去o弟們感恩不尽o 我们這裡的王法o貴國有飄来的船o都不替他買賣o着實[3]嚴緊o誰敢故[4]犯o這個豆子要賣o断然[5]使不淂的o 不通買賣o這個話o弟在外島[6]o也聴[7]見說了o只

對話：

通事：甚広事情?

難客：我們那幾担豆子不知道放在那裡?

通事：放在那霸。

難客：這幾担豆子我們回家的盤纏，全都靠着他。如今雖有些霉的，也还有些好的，恐怕放在那裡裡頭發起熱来都是沒幹的了。求通事替老爺相議，不論甚広價錢这裡替我賣去，弟們感恩不尽。

通事：我们這裡的王法，貴國有飄来的船都不替他買賣，着實嚴緊。誰

1) 盤纏：오늘날 말하는 '노잣돈, 여비'이다. '생활비'로도 해석할 수 있다.
2) 恐怕：짐작과 걱정을 나타내는 말.
3) 着(zhuó)實：긍정을 나타내는 부사.
4) 故：짐짓. 일부러.
5) 断然：절대적으로. 어떻든.
6) 外島：'外島'라는 지명은 일본 大阪府 守口市 外島町에서 보이는데 지리상으로 大阪府와 那覇는 거리가 매우 멀다. 따라서 '外島'라는 단어는 지명이 아니라 '다른 섬'이라는 뜻으로 쓸 수 있다.
7) 聴：'聽'의 이체자이다.

敢故犯?這個豆子要賣，断然使不淂的。

難客：'不通買賣'這個話弟在外島也聽見說了。

번역 :

통사 : 무슨 일이예요?

객 : 우리의 콩 몇 단을 어디에 놓아야 할지 모르겠어요.

통사 : 나패항那霸港에 놓으세요.

객 : 이 콩은 우리가 돌아갈 때의 여비입니다. 오로지 이 콩에 기대고 있어요. 비록 곰팡이가 좀 슬었지만 괜찮은 것도 있어요. 그곳에 오래 두면 그 안에서 열기가 올라와서 안에 있는 콩이 상할 것 같아요. 모든 콩이 안 마른 거거든요. 통사님께서 나리와 상의해 보시고, 가격 상관없이 저희 대신 이 콩을 팔아주시기를 부탁드려요. 그렇게 해주시면 정말 감사하겠습니다.

통사 : 여기 법으로는, 중국에서 온 배와 물건을 사고 팔 수 없게 돼 있어요. 이것이 매우 엄격한데 누가 감히 고의로 규칙을 어기겠어요? 이 콩을 파는 건 절대로 안 돼요.

객 : 여기서 사고 팔 수 없다는 말은 다른 섬에서도 이미 들었어요.

十丁裏

原文：

是遭遇有個常变o做事也有個經權[8]o原是定不淂的o若是在這裡住不長久o這個豆子o可以不賣o這裡住淂長久o這豆子不怕發熱的東西o也可以不賣o於今要到十一月o纔淂動身回家o這悶[9]長久豆子是有油[10]的東西o一時發(起)熱来o怎庅好呢o貴國法度[11]o雖是嚴緊o不過是處常守經的道理[12]o當這樣的時候o遭此大变o以情理筭[13]起来o通權達变[14]的道理o未當不可行o若是通權o把這幾担豆子o替我們賣去o有多少的好處o一

對話：

難客：只是遭遇有個常变；做事也有個經權。原是定不淂的，若是在這裡住不長久這個豆子可以不賣。 於今要到十一月纔淂動身回家，這悶長久豆子是有油的東西o一時發(起)熱来o怎庅好呢？ 貴國法度雖是嚴緊， 不過是處常守經的道理。 當這樣的時候遭此大变，以情理筭起来通權達变的道理未當不可行。若是通權，把這幾担豆子替我們賣去有多少的好處？

---

8) 經權：평상시에는 원칙을 경전처럼 지키지만 변동된 상황에 따라 임기응변을 취함을 이르는 말.
9) 悶：(기압이 낮거나 공기가 통하지 않아) 답답하다. 갑갑하다.
10) 有油：기름기가 있다.
11) 法度：법률과 제도.
12) 處常守經：《隋唐演義》에서 "處常守經, 遇變從權"으로 쓰였다.
13) 筭(suàn)：'算'과 같다. '계산하다. 고려하다'.
14) 通權達变：시세의 변화를 알고 실정에 따라 민첩한 대책을 세우다. 정세에 따라 임기응변의 조치를 취하다.

번역 :

객 : 다만 평상시와 다른 일을 맞닥뜨리면, 일을 융통성 있게 처리해야 하지요. 원래부터 정해진 건 없는 거죠. 만약 여기서 오래 머물지 않는다면 이 콩은 안 팔 수 있어요. 여기에서 오래 머무른다 해도 이 콩이 상하지 않는 것이라면 역시 안 팔아도 돼요. 지금으로부터 11월이나 되어야 출발해서 집에 돌아갈 수 있어요. 오래 통풍을 안 시키면 이 콩은 기름이 있는 것이어서 특히 잘 상해요. 그러면 어떻게 해야 하죠. 귀국의 법이 비록 엄하지만 그건 단지 평상시에 지켜야 할 도리일 뿐이죠. 이렇게 큰 변화가 생겼을 때에는 사리에 맞게 해야 합니다. 상황에 따라 융통성 있게 처리할 수도 있는 거예요. 만약 융통성을 발휘해서 이 콩들을 대신 팔아주신다면 좋은 점이 몇 가지 있습니다.

十一丁表

原文：

則省淂[1]日夜看守o費人的心力o二則省淂裝来裝去o費船隻的往来o三則省淂發熱o免生油氣o這是有用的東西o撩[2]在那沒有用的地方o也[3]不可惜了o就是貴國也省淂許多的劳心[4]o怎庅樣就断然[5]使不淂[6]呢o求通事替我回聲老爺o求老爺主裁[7]o准給發賣o我們感謝不盡o 我替你回老爺一聲o看老爺如何主意o再来回覆你們o 雖是老爺做主o还求通事帮襯[8]纔好o 这個不消吩咐o可以做淂来的o沒有個不盡心的o

對話：

難客：一則省淂日夜看守、費人的心力；二則省淂裝来裝去、費船隻的往来；三則省淂發熱，免生油氣。這是有用的東西，撩在那沒有用的地方也不可惜了？就是貴國也省淂許多的劳心，怎庅樣就断然使不淂呢？求通事替我回聲老爺，求老爺主裁准給發賣，我們感謝不盡。

---

1) 省淂：…하지 않도록, …않기 위하여
2) 撩(liào)：[동사] '撂'와 같다. '던져놓다. 팽개치다. 내버려 두다.'
3) 也：부정문에서 어기의 강조를 나타낸다.
4) 劳心：1. [동사][문어] 걱정하다. 근심하다.《詩・齊風・甫田》："無思遠人，勞心忉忉。" 2. [동사] 머리를 쓰다. 신경 쓰다. 마음 쓰다 3. 關中방언으로, '귀찮다. 성가시다. 번거롭다.'의 뜻이 있다.
5) 断然：[부사] 단연코. 결단코. 절대로.
6) 使不淂：'使不的'와 같다. '…할 수 없다. …하면 안 된다'의 의미이다.《二刻拍案驚奇》卷十二 "果然嚴蕊若去，此邦便覺無人，自然使不得！"
7) 主裁：[동사] 결정을 내리다. 판단을 내리다.
8) 帮襯：중국 속담 중에 "帮理不帮亲"이라는 말이 있는데, 사적인 친분 때문에 원칙을 어기거나 하지 않고, 도리에 맞게 일을 처리한다는 뜻이다.

通事：我替你回老爺一聲，看老爺如何主意再来回覆你們。

難客：雖是老爺做主，还求通事帮襯纔好。

通事：这個不消吩咐，可以做淂来的沒有個不盡心的！

번역：

객：첫째, 밤낮으로 지키느라 신경 쓰지 않아도 됩니다. 둘째, 실어 옮기느라 배로 왕래할 필요가 없습니다. 셋째, 상할 일도 없고 기름이 생길 일도 없어요. 이것들은 모두 쓸 만한 물건인데 그냥 그곳에 쓸데없이 놔두면 얼마나 아깝습니까. 귀국에서도 신경 쓸 일이 없게 되는데 어찌 이리 딱 잘라 안 된다고 하십니까? 물건을 팔도록 나리께서 허락해 주십사 하고, 저 대신 통사님께서 부탁 좀 해 주세요. 그렇게 해주신다면 참으로 감사하겠습니다.

통사：제가 대신 나리께 말씀드려 보겠습니다. 나리께서 어떤 의견을 주시는지 돌아와서 답해드릴게요.

객：비록 나리께서 결정하시겠지만, 통사님께서 잘 좀 말씀해 주세요.

통사：이건 걱정 안 하셔도 됩니다. 최선을 다하겠습니다.

十一丁裏

原文：

多謝通事o又要費心了o　好說o請了o　你們所托的事o我替老爺講過了o老爺說o難道[9]不依[10]你们嗎o只因這是國王的法度o誰敢替你私下偷賣o若是怕他發熱o只好叫人天マ挑去晒o若是要賣o這個断不敢行這通權的法o求你们見量ママ[11]o　我纔聽見說o貴國又有漂来的人o到這裡来了o　怎広講o　又有漂来的人o到這裡了o　如今在那裡o　現在馬齒山[12]o通事怎広知道o　剛纔馬齒山有文書報[13]来o所以知

對話：

難客：多謝通事又要費心了。

通事：好說, 請了。

通事：你們所托的事我替老爺講過了。老爺說難道不依你们嗎? 只因這是國王的法度誰敢替你私下偷賣? 若是怕他發熱只好叫人天マ挑去晒；若是要賣這個断不敢行這通權的法, 求你们見量ママ。我纔聽見說貴國又有漂来的人到這裡来了。

難客：怎広講?

---

9) 難道：[부사] 설마 …란 말인가? 설마 …하겠는가?

10) 依：따르다. 동의하다. 승낙하다.

11) 見量ママ：용서를 빌다. 양해를 구하다.

12) 馬齒山：清代 周煌의《琉球國志略》卷四에서는, 西三島 항목에서 馬齒山을 東馬齒山, 西馬齒山 두 부분으로 소개하였다. "東馬齒山：나라의 서쪽 130리에 위치한다. 다섯 개 섬의 크기이다. (東馬齒山：在國西一百三十里。大小五島。)" "西馬齒山：네 개 섬의 크기이다. (西馬齒山：大小四島。)"

13) 報：알리다. 전하다. 통지하다.

通事：又有漂来的人到這裡了。

難客：如今在那裡?

通事：現在馬齒山。

難客：通事怎庅知道?

通事：剛纔馬齒山有文書報来，所以知道。

번역 :

객 : 정말 감사합니다. 통사께서 또 신경써주셔야겠네요.

통사 : 별말씀을요. 그럼 안녕히 계세요.

통사 : 여러분께서 부탁하신 일을 나리께 전했습니다. 나리께서 말씀하시기를 왜 여러분의 뜻을 들어주고 싶지 않겠냐고 하셨어요. 다만 이것은 나라의 법인데 누가 감히 여러분을 대신해서 몰래 팔려고 하겠습니까? 만일 상할까 걱정된다면 사람을 시켜 매일매일 골라내어 햇빛에 말리는 수밖에 없습니다. 만약 파신다고 하셔도 우리는 봐드릴 수 없습니다. 이 점은 양해 부탁드려요. 방금 여러분 나라의 어떤 사람이 또 여기로 표류되어 왔다고 들었어요.

객 : 방금 뭐라고 말씀하셨죠?

통사 : 또 표류된 사람들이 여기로 왔다고요.

객 : 그 사람들은 지금 어디에 있어요?

통사 : 지금은 마치산馬齒山에 있어요.

객 : 통사님께서 어떻게 아셨어요?

통사 : 방금 마치산馬齒山에서 문서가 와서 알았어요.

十二丁表

原文：

道o 這馬齒山在那裡o 就在這港口外边o離這裡不多遠o可以望浔見的o旱路[1]去浔庅o 旱路去不浔o只是水路[2]去浔o 是那裡的船o 是福建的船o 福建什庅地方的o 是福建廈門地方的o 他的船还好庅o 船打壞了o 人都平安庅o 都平安o 船上共有多少人呢o 連[3]客共有二十七人o 既是福建的船o想必[4]客人也是福建的人了o 有一位客o是你们的鄉里[5]o也是江南蘇州府人o 叫什庅名字呢o

對話：

難客：這馬齒山在那裡?

通事：就在這港口外边, 離這裡不多遠可以望浔見的。

難客：旱路去浔庅?

通事：旱路去不浔, 只是水路去浔。

難客：是那裡的船?

通事：是福建的船。

難客：福建什庅地方的?

通事：是福建廈門地方的。

難客：他的船还好庅?

---

1) 旱路：육로(陸路). 육상 교통 노선.
2) 水路：수로. 뱃길. 물길.
3) 連：[개사] …을 합하여〔더하여 · 포함하여〕.
4) 想必：[부사] '반드시. 틀림없이. 꼭. 필연. 필시.' 긍정적인 판단이나 추측을 나타낸다.
5) 鄉里：[명사] 한 고향 사람. 동향인.

通事：船打壞了。

難客：人都平安庅?

通事：都平安。

難客：船上共有多少人呢?

通事：連客共有二十七人。

難客：既是福建的船，想必客人也是福建的人了?

通事：有一位客是你们的鄉里，也是江南蘇州府人。

難客：叫什庅名字呢?

번역 :

객 : 마치산馬齒山이 어디에 있어요?

통사 : 이 항구 너머에 있는데, 여기서 그다지 멀지 않아요. 여기서도 보여요.

객 : 육로로 갈 수 있어요?

통사 : 육로로는 못가고 배 타고 가야 해요.

객 : 어디에서 온 배에요?

통사 : 복건성福建省에서 온 배에요.

객 : 복건성福建省 어디요?

통사 : 복건성福建省 하문廈門지방이요.

객 : 그 사람들 배는 괜찮아요?

통사 : 부서졌어요.

객 : 사람들은 무사한가요?

통사 : 모두 무사해요.

객 : 모두 몇 명이나 있었어요?

통사 : 손님까지 모두 27명이에요.

객 : 복건성福建省에서 온 배라면 손님들도 복건성福建省 사람들인 가요?

통사 : 손님 한 사람은 여러분 고향사람이에요. 강남江南 소주부蘇州府 사람이더라고요.

객 : 이름이 뭐예요?

十二丁裏

原文：

我見那文書寫着姓潘o名字忘記了o 這一向[6]都沒有什庅大風o他怎庅樣漂到這裡o可[7]也奇怪o 他不是如今[8]纔漂来的o也是舊年就漂来的了o 這更奇怪了o既是舊年就漂来的o這裡替馬齒山相隔不遠o他怎庅不早来通報o也好隨接貢船[9]o送他囬家o怎庅擔擱[10]到如今o這是為何o 他去年漂到敝國的時節[11]o並不是在馬齒山o就是在外島太平山[12]地方o離這裡好[13]遠o 在那一方呢o 在這西南方上o要有西南

對話：

通事：我見那文書寫着姓潘，名字忘記了。

難客：這一向都沒有什庅大風，他怎庅樣漂到這裡可也奇怪?

通事：他不是如今纔漂来的，也是舊年就漂来的了。

難客：這更奇怪了? 既是舊年就漂来的這裡替馬齒山相隔不遠他怎庅不早来通報? 也好隨接貢船送他囬家。怎庅擔擱到如今? 這是為何?

---

6) 一向：행동, 상황이 저번부터 현재에 이르기까지의 일정 시간. 최근. 근래.
7) 可：강조를 나타낸다.
8) 如今：지금. 이제. 현재.
9) 接貢船：옛날에 지방에서 황제에게 바칠 진상품을 싣는 배를 가리킨다.
10) 擔擱：지연하다. 지체하다. 일을 그르치다. 시기를 놓치다.
11) 時節：'때. 시각. 무렵.' 唐・杜甫의 <江南逢李龜年>의 시 '正是江南好風景, 落花時節又逢君'에서 보인다.
12) 太平山：清代 周煌의《琉球國志略》卷四에서는, 南七島 항목에서 太平山을 소개하였다. "太平山：처음에는 宮古였고, 후에는 迷姑가 되었는데 지금은 麻姑가 되었다. 나라의 남쪽 2000리에 위치하고 있다. (太平山：始爲宮古, 後爲迷姑, 今爲麻姑。在國南二千里。)"
13) 好：부사로 쓰여, 형용사나 동사 앞에 쓰여 정도가 심함을 나타냄.

通事：他去年漂到敝國的時節並不是在馬齒山，就是在外島太平山地方離這裡好遠。

難客：在那一方呢?

通事：在這西南方上

번역 :

통사 : 그 문서에 반潘씨라고 씌어 있었는데, 이름은 잊어버렸어요.

객 : 최근에 크게 바람이 불지 않았는데 어떻게 여기까지 떠내려 올 수 있었죠? 이상하네요.

통사 : 지금 표류되어 온 게 아니고 그 사람들도 작년에 표류되어 왔어요.

객 : 그럼 더 이상하네요. 작년에 표류되어 왔다면 여기서 마치산馬齒山까지 멀지 않은데, 그들은 왜 일찍 통보하지 않았어요? 그랬다면 접공선에 태워 귀국시키기에 좋았을 텐데요. 어떻게 지금까지 지연된 거예요? 왜 그런 겁니까?

통사 : 그 사람들이 작년에 우리나라에 표류된 곳이 마치산馬齒山이 아니라 다른 섬 태평산太平山지방이었거든요. 여기서 아주 멀어요.

객 : 어느 방향이에요?

통사 : 서남쪽입니다.

十三丁表

原文：

風o纔可以来浮o因他在那裡等好風o故此[1]擔擱到如今[2]o(呵)o原来這樣的o如此看起来想必是太平山的船o把他們送到了馬齒山o馬齒山的老爺o纔有文書来報o 正是o 敢問[3]通事o我們同病[4]的人o就住在馬齒山o还要送到這裡来住呢o 怎庅說是同病的人o 就是太平山送来的那些漂来的人哪o他们是去年被風打到外島的o我們也是去年被風打到外島的o他們是於[5]今纔到這裡o我們也是於今纔到這裡o他

對話：

通事：要有西南風纔可以来浮。因他在那裡等好風，故此擔擱到如今。

難客：(呵)原来這樣的。如此看起来想必是太平山的船把他們送到了馬齒山，馬齒山的老爺纔有文書来報。

通事：正是。

難客：敢問通事我們同病的人就住在馬齒山，还要送到這裡来住呢?

通事：怎庅說是同病的人?

難客：就是太平山送来的那些漂来的人哪， 他们是去年被風打到外島的，我們也是去年被風打到外島的；他們是於今纔到這裡，我們

---

1) 故此：그래서. 원인을 나타난다.
2) 如今：지금, 현재.
3) 敢問：겸손한 표현, 상대방에게 질문할 때 겸손함과 존경함 자세를 나타낸다. 말씀 좀 묻겠습니다.
4) 同病：본문에서는 같은 재난을 당한 사람을 가리킨다.
5) 於：[개사] …에. …에서. [처소나 범위 또는 시간을 이끌어 내며, '在(zài)'에 상당함]

也是於今纔到這裡

번역 :

통사 : 서남풍이 불어야 올 수 있습니다. 거기서 순풍을 기다리다가 이렇게 지연되었습니다.

객 : (呵) 이렇게 된 거로군요. 보아하니 아마도 태평산太平山의 배가 그들을 마치산馬齒山까지 데려다 주었고, 마치산馬齒山의 나리께서 문서를 보내 알린 것 같네요.

통사 : 그렇습니다.

객 : 통사님께 좀 여쭙고 싶어요. 우리와 같은 고난을 당한 사람이 마치산馬齒山에 살고 있는데, 그들도 여기로 와서 살도록 하나요?

통사 : 왜 같은 고난을 당한 사람이라고 해요?

객 : 태평산太平山에서 보내온 그 표류자들도 작년에 바람 때문에 다른 섬까지 떠밀려갔어요. 우리도 작년에 바람 때문에 다른 섬까지 떠내려갔어요. 그들은 이제야 여기까지 왔고, 우리도 역시 이제야 여기에 도착했어요.

十三丁裏

原文：

們沒有赶上接貢船o我們也沒有赶上接貢船[6]o這不是同病的庅o(呵)o這樣講究庅o还要送他們到這裡来住哩o 幾時[7]纔淂来o 大約明日就来了o住的房子有了庅o 還沒有做o就要動工起盖了o 起淂及庅o 起淂及o 在那裡[8]起盖呢o 就在這西邊o替[9]你們做鄰居可好庅o 好極了o我們在這裡孤单淂狠[10]o他来這裡做伴o真マ[11]可以解些愁悶o 前日有一位姓阮的o在這裡講話半天o講淂狠好o這幾天不来o好

對話：

難客：他們沒有赶上接貢船，我們也沒有赶上接貢船。這不是同病的庅？

通事：(呵)這樣講究庅？ 还要送他們到這裡来住哩！

難客：幾時纔淂来？

通事：大約明日就来了。

難客：住的房子有了庅？

通事：還沒有做，就要動工起盖了。

難客：起淂及庅？

通事：起淂及。

---

6) 接貢船：옛날에 지방에서 황제에게 바칠 진상품을 싣는 배를 가리킨다.
7) 幾時：언제.
8) 那裡：본문에서는 의문을 나타낸다. '哪裡(어디)'의 의미이다.
9) 替：[개사] 1. …을〔를〕 위하여. …때문에. [행위의 대상을 나타냄] 2. …와, 과. 본문에서는 2항의 '…와, 과'의 뜻으로 쓰였다.
10) 狠：1. [형용사] 흉악하다. 사납다. 2. [형용사] 능력이 있는. 3. [부사] 매우. '很'과 같음. 4. [부사] 꽤. 상당히. 본문에서는 3항의 '매우'의 뜻으로 쓰였다.
11) 真マ：중첩하여 강조를 나타낸다. 현대 중국어는 '真的'로 쓸 수 있다.

難客 : 在那裡起盖呢?

通事 : 就在這西邊, 替你們做鄰居可好庅?

難客 : 好極了。我們在這裡孤单浮狠, 他来這裡做伴, 真マ可以解些愁悶。

難客 : 前日有一位姓阮的在這裡講話半天, 講浮狠好。這幾天不来

번역 :

객 : 그들도 접공선을 놓쳤고, 우리도 접공선을 놓쳤어요. 이러하니, 같은 고난을 당한 사람 아닙니까?

통사 : (呵) 그렇게 말씀하시니 그들을 모시고 와서 여기에서 사시도록 해야겠네요.

객 : 언제 올 수 있어요?

통사 : 아마 내일이면 올 수 있어요.

객 : 살 집이 있어요?

통사 : 아직 마련하지 못했어요. 지으려고 해요.

객 : 늦지 않을까요?

통사 : 늦지 않아요.

객 : 어디에 지어요?

통사 : 바로 이곳의 서쪽에요. 여러분 이웃 삼으시도록 하면 좋을까요?

객 : 좋지요. 여기에서 많이 외로웠는데 그가 와서 곁에 있다면 정말 외로움을 달랠 수 있을 거예요.

객 : 그저께 완阮씨 성을 가진 분이 오셔서 한참 말씀 나눠 주셨어요. 말씀을 아주 잘 하시더군요. 그런데 요 며칠 안 오세요.

十四丁表

原文：

想殺[1)]我了o 他呌甚庅名呢o 他呌崇基o 那是舍親[2)]o(呵)o是令親[3)]庅o 甚庅[4)]親呢o 是我同門o 既是同門[5)]o若[6)]有便人o煩劳[7)]通事o寄個口信去o給[8)]他知道o他若淂閑[9)]o請他来這裡玩マo 若有順便[10)]的人o我梢[11)]信給他o 通事昆仲[12)]幾位o 兄弟四個o 你排行第幾[13)]呢o 排行第二o 令[14)]兄令弟o怎庅不到這裡来玩o 家兄舍弟因為家裡有事o不淂来到o等有閑的時候o就来奉拜[15)]o你們請坐o我回去了o 再坐一會去o 停會[16)]再

對話：

難客：好想殺我了。

---

1) 殺：동사 뒤에 쓰여 정도가 심함을 나타낸다.
2) 舍親：겸손한 표현이다. 다른 사람에게 자기의 가족 혹은 촌수 낮거나 나이가 어린 친척을 칭할 때 쓴다.
3) 令親：경어(敬語). 상대방의 친척 혹은 관계있는 사람을 가리킬 때 쓴다.
4) 甚庅：의문을 나타낸다. '什么'이다.
5) 同門：1. 같은 스승께 교육을 받은 자 혹은 같은 고향 사람. 2. 자매의 남편지간의 친척 관계. 본문에서는 2항의 뜻으로 쓰였다.
6) 若：가정을 나타낸다. '만약, 가령'.
7) 煩劳：다른 사람에게 부탁을 할 때의 인사말. '폐〔수고〕를 끼치다. 번거롭지만…. 수고스럽지만…. 죄송〔미안〕하지만…. 번거롭고 수고스러우시겠지만….'
8) 給：…하도록 하다. (…에게) …을〔를〕 시키다〔하도록 하다〕.
9) 淂閑：틈〔시간〕이 나다.
10) 順便：어떤 일을 하는 과정에서 겸사겸사 또 다른 일을 하다.
11) 梢：'捎(가는 김에 지니고 가다. 인편에 보내다)'와 같다.
12) 昆仲：다른 사람의 형제를 지칭할 때 사용하는 경어(敬語).
13) 第幾：현대 중국어 구어체에서는 '老几'를 쓴다.
14) 令：경어(敬語)로 상대방의 가족이나 상대방과 관련 있는 사람에게 쓴다.
15) 奉拜：경어(敬語). '찾아뵙다'.
16) 停會：잠시만. 좀 이따.

通事：他叫甚庅名呢?

難客：他叫崇基。

通事：那是舍親。

難客：(呵)是令親庅? 甚庅親呢?

通事：是我同門。

難客：既是同門, 若有便人煩劳通事寄個口信去給他知道, 他若淂閑請他来這裡玩マ。

通事：若有順便的人我梢信給他。

難客：通事昆仲幾位?

通事：兄弟四個。

難客：你排行第幾呢?

通事：排行第二。

難客：令兄令弟怎庅不到這裡来玩?

通事：家兄舍弟因為家裡有事不淂来到。等有閑的時候就来奉拜。你們請坐, 我回去了。

難客：再坐一會去。

通事：停會再来。

번역 :

객 : 보고 싶어 죽겠어요.

통사 : 그 분 성함이 어떻게 됩니까?

객 : 숭기崇基입니다.

통사 : 그 분, 제 친척이에요.

객 : (呵) 친척이세요? 어느 쪽 친척이세요?

통사 : 제 동서입니다.

객 : 동서사이라면, 인편이 있으실 때 통사님께 좀 부탁할게요. 그에

十四丁表

게 말씀 좀 전해주세요. 틈나실 때 이리로 놀러 오시기를 청한다고요.

통사 : 인편이 있으면 소식을 전하겠습니다.

객 : 통사님은 형제가 몇 분이세요?

통사 : 형제가 넷입니다.

객 : 통사님은 몇 째세요?

통사 : 둘째입니다.

객 : 형제분들은 왜 여기 놀러 오지 않으세요?

통사 : 형제들은 집에 일이 있어서 올 수 없어요. 한가해지면 다시 찾아뵙겠습니다. 모두 앉아계십시오. 저는 이만 돌아가겠습니다.

객 : 좀 더 계시다 가세요.

통사 : 나중에 또 올게요.

十四丁裏

原文：

来o　阮先生来了o久違ママo請坐o　(呵)o告坐[17]了o這幾天各位老兄都平安庅o　托福[18]平安o　那一位姓朱的病o可好了庅o　這幾天畧[19]好些o這三位先生貴姓o　這兩位姓蔡o這一位姓鄭o　想必替[20]鄭通事蔡通事o都是一家了o不知道是什庅名字o　這位字定菴o名天保o是鄭通事一家o這位名永思o字克比o是蔡通事一家o這個就是蔡通事的令郎[21]o名楫(则)o字克慎o替小弟是郎舅[22]o(呵)o蔡通事是先生的令岳翁[23]庅o　是家岳[24]

對話：

难客　：阮先生来了。久違ママ，請坐。

阮通事：告坐了。這幾天各位老兄都平安庅?

难客　：托福平安。

阮通事：那一位姓朱的病可好了庅?

难客　：這幾天畧好些。這三位先生貴姓?

---

17) 告坐 : 서열이 낮거나 손아래 사람이 겸손히 사양하거나 감사를 표하고 앉음. '감사합니다'. [남이 '請坐(앉으세요)'라고 할 때 회답하는 말]

18) 托福 : 현대 중국어에서 일반적으로 '덕분에'라고 쓴다.

19) 畧 : '略'과 같다. '조금, 약간'.

20) 替 : [개사] 1. …을[를] 위하여. …때문에. [행위의 대상을 나타냄] 2. …와, 과. 본문에서는 2항의 '…와, 과'의 뜻으로 쓰였다.

21) 令郎 : 상대방의 아들을 칭할 때의 경어(敬語).

22) 郎舅 : 처남과 매부의 병칭.

23) 岳翁 : 장인.

24) 家岳 : '家'는 자기보다 항렬이 높거나 연장자인 살아있는 친척을 칭할 때 쓴다. 나의 장인어른.

阮通事：這兩位姓蔡，這一位姓鄭。

难客 ：想必替鄭通事蔡通事都是一家了？不知道是什庅名字？

阮通事：這位字定菴，名天保，是鄭通事一家；這位名永思，字克比，是蔡通事一家。這個就是蔡通事的令郎，名楫(则)字克慎，替小弟是郎舅。

难客 ：(呵)蔡通事是先生的令岳翁庅？

阮通事：是家岳父。

번역：

객 ：완阮 선생님, 오셨습니까. 오래간만입니다. 앉으세요.

완통사：(呵) 앉겠습니다. 요 며칠 모두들 다 잘 계셨습니까?

객 ：덕분에 잘 있었습니다.

완통사：그 주朱씨는 병세가 좀 나아졌습니까?

객 ：요 며칠 조금 나아졌어요. 여기 세 분은 성이 어떻게 되세요?

완통사：이 두 분은 성이 채蔡이고, 이 분은 성이 정鄭입니다.

객 ：아마도 정 통사님과 채 통사님 모두 한 가족이신 것 같습니다. 성함이 어떻게 되시는지 모르겠습니다.

완통사：이 분은 자字가 정암定菴이고 이름은 천보天保입니다. 정 통사님과 가족입니다. 이 분은 이름이 영사永思이고 자字는 극비克比입니다. 채 통사님의 가족입니다. 이 사람은 채 통사님의 아드님입니다. 이름은 즙楫이고 자字는 극신克慎이에요. 저와 처남 매부 사이입니다.

객 ：(呵) 채 통사님은 선생님의 장인어른이십니까?

완통사：네. 제 장인어른이세요.

十五丁表

原文：

父o 各位先生弟们被風漂来o不知貴國的礼数[1]o又不知貴國的言語o淂罪處狠[2]多o敢[3]求見諒o不要記怪[4]o 豈敢ママo天下總是一礼[5]o中國乃是礼義之邦o兄們居中國o弟們僻處[6]海隅[7]o如今兄們到这裡弟們正要到这裡領教o怎庅說不要見怪呢o 弟生牲[8]愚蠢o又未嘗斈問[9]o礼数一点也不曉淂o有什庅教可領[10]呢o 好說o老兄不必過謙o蔡兄青春多少[11]o 斈生痴長[12]十五歲o 好青年o令[13]尊貴庚[14]o 家父五十一歲o 我

對話：

難 客：各位先生，弟们被風漂来不知貴國的礼数又不知貴國的言語淂罪處狠多，敢求見諒不要記怪!

---

1) 礼数：예절.
2) 狠：1. [형용사] 흉악하다. 사납다. 2. [형용사] 능력이 있는. 3. [부사] 매우. '很'과 같음. 4. [부사] 꽤. 상당히. 본문에서는 3항의 '매우'의 뜻으로 쓰였다.
3) 敢：[부사, 문어, 경어(敬語)] 외람히. 감히.
4) 記怪：원망하다. 책망하다. (겸어로 쓰여 대부분 자신을 지칭하여 사용한다.)
5) 一礼：똑같은 예절.
6) 僻處：궁벽한 곳에 있다.
7) 海隅：'海嵎'로도 쓴다. 바닷가. 통상적으로 외지고 먼 곳을 지칭한다.
8) 生牲：천성.
9) 斈問：'學問'과 같다.
10) 有什庅教可領：'有什么可领教的'. '드릴 수 있는 가르침이 어디 있겠습니까'의 의미이다.
11) 青春多少：상대방의 나이를 물을 때의 경어(敬語)이다.
12) 痴長：1. [겸사] 쓸데없이 나이만 많다. [연장자가 상대보다 나이가 많은 것을 겸손하게 이르는 말] 2. [겸사] 헛되이 나이만 먹다.
13) 令尊：상대방의 부친을 지칭할 때 쓰는 겸사이다.
14) 貴庚：상대방의 나이를 물을 때 사용하는 경어(敬語)이다.

阮通事：豈敢ママ。天下總是一礼，中國乃是礼義之邦。兄們居中國，弟們僻處海隅，如今兄們到这裡弟們正要到这裡領教，怎庅說不要見怪呢？

難客 ：弟生牲愚蠢又未嘗李問，礼数一点也不曉淂。有什庅教可領呢？

難客2：好說，老兄不必過謙。蔡兄青春多少？

蔡克慎：李生痴長十五歲。

難客 ：好青年。令尊貴庚？

蔡克慎：家父五十一歲

번역：

객 ：여러 선생님들, 저희들은 바람에 떠밀려 와서 귀국의 예절도 잘 모르고, 귀국의 언어도 잘 모릅니다. 실수를 범하는 부분이 많습니다. 양해 부탁드립니다. 책망하지 말아주십시오.

완통사：천만의 말씀이십니다. 천하의 예의는 하나입니다. 중국은 예의지국이지요. 형님들께서는 중국에 사시고, 저희들은 바닷가에 편벽되어 삽니다. 오늘날 형님들께서 여기에 다다르시어 저희들이 가르침을 받고자 하는데, 책망하지 말라니 어떻게 그런 말씀을 하십니까.

객 ：저는 태생이 어리석고 학문이 얕아 예절을 전혀 알지 못합니다. 어떻게 가르침을 드릴 수 있겠습니까.

객2 ：별 말씀을요. 형님 그런 말씀마세요. 채 형님은 나이가 어떻게 되시나요?

채극신：저는 열다섯 살이에요.

객2 ：매우 젊군요. 부친께서는 연세가 어떻게 되십니까?

채극신：아버지는 51세이십니다.

十五丁裏

原文：

們漂来o帶累令尊翁大人o日夜在这裡劳心費力o不淂回府安心自在o我們真是千古之罪人o　小舅官話[15)]一点マ曉浮[16)]o先生纔講的話o他不明白o　令舅既不明白o求先生替我轉言[17)]o　(呵)o遵命o　令舅講的話o小弟也不曉浮o求先生教[18)]我o　小舅纔講的話o說他家父身任國事o正該[19)]公爾忘私o國爾忘家o就是受了一点辛苦o--也是戝分當然[20)]o只是精神衰微[21)]o辦事不明o上負老爺的恩o下傷朋友的義o淂罪兄們o还求見

對話：

難客　：我們漂来帶累令尊翁大人，日夜在这裡劳心費力、淂回府安心自在，們真是千古之罪人。

阮通事：小舅官話一点マ曉浮，先生纔講的話他不明白。

難客　：舅既不明白，求先生替我轉言。

阮通事：(呵)遵命。

難客　：令舅講的話小弟也不曉浮，求先生教我。

---

15) 官話：官話方言이라고도 한다. 북방 방언, 북방화의 옛 명칭이며 중국어 방언 중 하나다. 원명 시기 이후에 비교적 널리 통행되었던 북방화를 가리키는데, 그 중 북경화가 중심이 된다. 관청에서 널리 사용되었던 옛 명칭이기 때문에 그 성격이 현재의 "보통화"에 상당한다. 현대 표준 중국어는 이 官話를 기초로 하고 북경 발음을 표준음으로 한다.

16) 官話一点マ曉浮：현대중국어에서는 일반적으로 목적어를 뒤에 둔다.

17) 轉言：말을 전하다.

18) 教(jiāo)：가르침.

19) 正該：마땅하다.

20) 當然：마땅히 해야 할 일.

21) 衰微：쇠약하다.

阮通事：小舅纔講的話說他家父身任國事，正該公爾忘私、國爾忘家，就是受了一点辛苦--也是戝分當然。只是精神衰微、辦事不明，上負老爺的恩、下傷朋友的義，淂罪兄們还求見量。

번역：

객 : 저희가 표류되어 형님의 아버지께 누를 끼쳤습니다. 밤낮으로 심신을 고달프게 해드렸습니다. 집으로 돌아가 마음 편히 쉬시도록 하지 못했습니다. 저희는 정말이지 천고의 죄인입니다.

완통사 : 제 처남이 관화官話를 조금 압니다만 선생님께서 방금 하신 말씀은 이해하지 못하셨습니다.

객 : 처남 분께서 이해하지 못하셨으니, 선생님께서 저를 대신해 말씀을 전달해주세요.

완통사 : (呵) 그렇게 하겠습니다.

객 : 처남 분께서 하신 말씀을 저도 못 알아들었습니다. 선생님께서 알려주십시오.

완통사 : 처남이 방금 드린 말씀은, 그의 부친께서는 나라의 일을 맡고 계시니 당연히 공을 중시하고 사는 잊어야 하며, 나라를 위해 일하고 집은 잊어야 합니다. 그렇다면 조금 수고스럽겠으나, 직분 상 당연한 일이지요. 다만 정신이 쇠약해지고 일을 함에 있어 명확하지 못합니다. 그러면 위로는 나리의 은덕을 져버리는 것이고 아래로는 친구의 의리를 지키지 못하는 것이지요. 형님들께 실례가 되었으면 용서를 바랍니다.

十六丁表

原文：

量o 蔡兄這話一發[1]使我們不安了o請問阮先生o我們在外島o看見那些該班[2]的人o来看守[3]我們o都有替換[4]或三天一換o或五天一換o輪流着来o獨マ[5]通事兩位o都沒有替換o这裡也是這樣庅o 这裡不是這樣o 这裡是怎樣的呢o 这裡的通事o是一個月一換o 这裡的通事o有人替換o外島的通事o沒有人替換o是怎庅說[6]呢o 弟也不曉滘[7]o想必[8]外島的通事o止[9]有兩个o所以纔沒有替換o 這裡的通事o有多少呢o

對話：

难客 ：蔡兄這話一發使我們不安了。請問阮先生我們在外島看見那些該班的人来看守我們都有替換，或三天一換或五天一換輪流着来，獨マ通事兩位都沒有替換。这裡也是這樣庅?

阮通事：这裡的通事是一個月一換。

難客 ：这裡的通事有人替換，外島的通事沒有人替換是怎庅說呢?

阮通事：弟也不曉滘。想必島的通事止有兩个，所以纔沒有替換。

---

1) 一發：한 번 내뱉다. (언행이) 명쾌하다. 시원스럽다. 간단명료하다. 솔직하다. 거리낌없다. 아예. 차라리.
2) 該班：당번이 되다. 당직을 맡다. 당번을 서다.
3) 看守：돌보다. 보살피다. 관리하다.
4) 替換：교대하다. 교체하다. 번갈다. 돌아가며〔차례대로・교대로〕 바꾸다.
5) 獨マ：유독. 오직. 홀로. 단지.
6) 怎庅說：어떻게 된 일인가.
7) 曉滘：알다. 이해하다.
8) 想必：긍정적인 방향으로 치우친 추측을 나타낸다. 반드시. 틀림없이. 꼭. 필연. 필시.
9) 止(zhǐ)：[부사] 다만. '仅, 只'와 같다.

難客 ：這裡的通事有多少呢?

번역 :

객 ：채蔡 형님께서 이렇게 말씀하시니 우리들 마음이 불편해지네요. 완阮 선생님, 말씀 좀 여쭙겠습니다. 우리가 다른 섬에 있을 때 당직을 서던 사람들이 와서 우리를 보살피는 것을 보았습니다. 모두 교대하는데 3일에 한 번 바뀌거나 아니면 5일에 한 번 바뀝니다. 돌아가면서 오는데 유독 통사 두 분이 교대하지 않더라고요. 여기도 그렇습니까?

완통사 : 여기는 그렇지 않습니다.

객 ：여기는 어떻습니까?

완통사 : 여기의 통사는 1개월에 한 번 바꿉니다.

객 ：여기의 통사는 교대할 사람이 있고, 다른 섬의 통사는 교대할 사람이 없다는 것은 무슨 말씀입니까?

완통사 : 저도 잘 모릅니다. 다른 섬의 통사는 두 명 뿐이라서 교대할 사람이 없는 것이겠지요.

객 ：이곳의 통사는 몇 명입니까?

十六丁裏

原文：

這裡的通事狠多o其中品級[10]經(今)管[11]不一樣o你們在這裡o有照顧你們的通事o你們回去o有送你們過[12]海的通事o有在福建舘裡o料理事情的存留[13]通事o有跟隨大老爺[14]o到北京進貢[15]的大通事o 前日[16]先生在這裡o講話半天o小弟領教狠多o心裡茅塞o不竟頓[17]開o到[18]先生回府o連日[19]沒有相見o心神恍惚[20]o就像打吊東西一樣o詩經所謂o一日不見o如三秋兮o正是這個意思o前日也曾託過貴同門鄭通事o寄一口信[21]問候o不知到

對話：

阮通事：這裡的通事狠多，其中品級經(今)管不一樣。你們在這裡有照顧你們的通事；你們回去有送你們過海的通事；有在福建舘裡料理事情的存留通事；有跟隨大老爺到北京進貢的大通事。

---

10) 品級：고대 관직의 등급.
11) 經管：'管'은 '管'의 이체자이다. '經管'은 '관리를 책임지다'의 뜻이다.
12) 過：'過'의 이체자이다.《宋元以來俗字譜》에서 보인다.
13) 存留：남겨 두다. 남기다.
14) 大老爺：세력 있는 인물 또는 관원. 청대 州縣 이상의 관리에 대한 존칭.
15) 進貢：(봉건시대에 속국이 종주국에 또는 관리와 백성이 군주에게) 공물을 바치다.
16) 前日：며칠 전.
17) 頓：'頓'의 이체자이다.《字辨・體辨三》에서 보인다.
18) 到：보어로 쓰여, 동작의 시간을 나타내거나, 지금에 이르기까지 동작의 상황을 나타낸다.
19) 連日：연일.
20) 恍惚：정신이 집중되지 않고 흐리멍덩하다.
21) 口信：말로 전하는 소식.

難 客：前日先生在這裡講話半天小弟領教狠多, 心裡茅塞不竟頓開。到先生回府連日沒有相見心神恍惚, 就像打吊東西一樣。詩經所謂“一日不見, 如三秋兮” 正是這個意思。前日也曾託過貴同門鄭通事寄一口信問候, 不知到了沒有?

번역 :

완통사 : 여기에 통사는 많습니다. 그 안에서 등급과 책임이 다 다릅니다. 여러분이 여기 계시면 여러분을 보살필 통사가 있고, 여러분이 돌아가시면 여러분을 바다 건너까지 모셔다 드릴 통사가 있습니다. 복건福建 관청 안에는 일을 처리하며 머물고 있는 통사가 있고, 나리를 따라 북경에 가서 진공 드리는 대통사大通事도 있습니다.

객 : 며칠 전 선생님께서 여기에서 한참 말씀해 주셔서 저는 많은 가르침을 얻었습니다. 마음의 답답함이 저도 모르게 풀리는 것 같았습니다. 선생님께서 댁으로 돌아가신 후 며칠 동안 뵙지 못해 집중이 잘 안 되고, 뭔가 빠뜨린 것처럼 허전했습니다. 시경에서 이르기를, “하루를 못 본 것이 마치 삼 년 같구나.”라고 하였습니다. 바로 이 의미입니다. 며칠 전에도 귀하의 동서 정鄭 통사님께 안부 여쭈어 달라고 부탁한 바 있습니다. 받으셨는지 모르겠습니다.

十七丁表

原文：

了沒有o今日又蒙下顧[1]o真マ三生有幸[2]了o　小弟本爱天マ来領教o因為家事所累o不淂前来[3]o昨日敝同門托人寄信[4]o甚感兄台過爱[5]o所以小弟今日撇下[6]家事o特来拜謝o　这幾日天氣炎熱o夜裡蚊子狠多o日裡不淂安寧o委實[7]難過o你們貴國o也是這樣庅o　我們敝國o也不[8]一樣o江南地方o替[9]這裡差不多的o山東地方o比這裡風凉些o蚊子比這裡會少些o我們在這裡o如今[10]天氣雖是炎熱o蚊子滿[11]多o幸喜[12]老爺o怜憫我

對話：

難客　：今日又蒙下顧，真マ三生有幸了。

---

1) 下顧：경어(敬語). 손님의 방문을 칭한다.
2) 三生有幸：매우 행운임을 형용하는 말이다.
3) 前来：이쪽으로 오다.
4) 寄信：소식을 보내다.
5) 過爱：겸사. '과분한 은혜입니다. 분에 넘친 사랑을 받았습니다. [남의 은혜에 감사함을 표시할 때 쓰는 말]'와 같다.
6) 撇下：방치하다. 내팽개치다. 내버려 두다.
7) 委實：확실히. 실로. 정말로.
8) 也不：…도 또한 아니다.
9) 替：[개사] 1. …을〔를〕 위하여. …때문에. [행위의 대상을 나타냄] 2. …와, 과. 본문에서는 2항의 '…와, 과'의 뜻으로 쓰였다.
10) 如今：현재.
11) 滿：1. 모든 게 풍족해서 부족함의 여지가 없다. 2. 일정한 한계에 이르다. 3. 거만하다. 겸손하지 않다. 4. 매우, 모든 5. 술을 따르다. 6. 중국 소수 민족. 주로 요녕성, 흑룡강성, 길림성, 하북성 등지와 북경시, 내몽골자치구에 주로 분포하고 있다. 7. 성씨. 본문에서는 4항의 의미로 사용되었다.
12) 幸喜：'다행히. 요행으로. 운 좋게.' 《二刻拍案驚奇》에서 보인다.

阮通事：小弟本爱天マ来领教，因為家事所累不淂前来。昨日敝同門托人寄信甚感兄台過爱，所以小弟今日撇下家事特来拜謝。

阮通事：这幾日天氣炎熱夜裡蚊子狠多，日裡不淂安寧委實難過。你們貴國也是這樣庅？

難客 ：我們敝國也不一樣。江南地方替這裡差不多的；山東地方比這裡風凉些，蚊子比這裡會少些。我們在這裡如今天氣雖是炎熱、蚊子滿多，幸喜老爺怜憫我

번역：

객 ：오늘 또 왕림해 주시니 정말 큰 행운입니다.

완통사：저는 본래 매일 와서 가르침을 받고 싶습니다. 그러나 집에 일이 많아 그간 올 수 없었습니다. 어제 제 동서가 사람을 통해 소식을 전해왔습니다. 귀하께서 보내어주신 분에 넘치는 사랑을 마음 깊이 느꼈습니다. 그래서 저는 오늘 집의 일을 제쳐두고 일부러 찾아뵌 것입니다.

완통사：요 며칠 날씨가 너무 더웠습니다. 밤에 모기가 너무 많습니다. 낮에도 편치 못합니다. 실로 괴롭습니다. 귀국도 그렇습니까?

객 ：우리나라도 다 다릅니다. 강남江南 지방은 여기와 별반 다르지 않습니다. 산동山東 지방은 여기보다 바람이 시원하고 모기가 적습니다. 저희는 여기에서 지내면서 요즘 날씨가 매우 덥고 모기가 많기는 하지만 다행히 나리께서 우리를 가엽게 여기시어

十七丁裏

原文：

們o沒有帳子[13]o就做些帳子o賞[14]給我們夏衣o就做些夏衣發来o若不是老爺這樣恩典[15]o還不知我們怎樣难過[16]哩o 兄們自從到這裡o有出去外面[17]玩マ[18]鮮鮮悶沒有呢o 前日承通事的美意[19]o邀我們出去看龍舟o又承費心辦下酒席[20]o請我們大家吃酒[21]o吃完了o又到庙裡去o玩耍[22]了半天o方纔[23]回来o 聽見說[24]o貴國的龍舟好看o敝國的龍舟o沒有什庅好看o 貴國的龍舟也好看o替[25]我敝國的龍舟o畧[26]不相同o那邊盖

對話：

難 客：沒有帳子，就做些帳子賞給我們；沒有夏衣，就做些夏衣發来。

---

13) 帳子：(침대 또는 방 안에 치는) 휘장. 모기장.
14) 賞：지위가 높은 사람 또는 연장자가 지위가 낮은 사람 또는 손아래 사람에게 재물을 주다.
15) 恩典：본래 제왕의 은혜와 대우를 가리켰으나 현재는 넓게 은혜를 가리킨다.
16) 過：(시간을) 보내다. 지내다. 넘기다. 難過：지내기 힘들다
17) 外面：바깥.
18) 玩マ：놀다.
19) 美意：'美'는 '美'의 이체자이다. '美意'는 '호의. 선의. 좋은 뜻'의 의미이다.
20) 酒席：연회석. 술자리.
21) 吃酒：'술을 마시다'와 같다.
22) 玩耍(wán shuǎ)：1. 감상하다. 2. 오락 활동 3. 여성을 희롱하다. 본문에서는 1항의 의미로 사용되었다.
23) 方纔：1. 시간이나 조건 관계를 나타낸다. '才'와 같은데 어기가 좀 더 강하다. 2. 시간이 얼마 지나지 않다. 방금. 금방. 막.
24) 聽見說：…에 대해 들었다.
25) 替：[개사] 1. …을〔를〕 위하여. …때문에. [행위의 대상을 나타냄] 2. …와, 과. 본문에서는 2항의 '…와, 과'의 뜻으로 쓰였다.
26) 畧：'略'과 같다.

若不是老爺這樣恩典，還不知我們怎樣难過哩！

阮通事：兄們自從到這裡有出去外面玩マ，鮮鮮悶沒有呢？

難客：前日承通事的美意邀我們出去看龍舟，又承費心辦下酒席請我們大家吃酒。吃完了又到庙裡去玩耍了半天方纔回来。

阮通事：聽見說貴國的龍舟好看，敝國的龍舟沒有什庅好看。

難客：貴國的龍舟也好看，替我敝國的龍舟畧不相同。

번역：

객：모기장이 없으면 모기장을 만들어 저희에게 내려 주시고, 여름옷이 없으면 여름옷을 만들어 보내주셨습니다. 만약 나리의 이러한 은혜가 아니었더라면 저희는 어떻게 보냈을지 모르겠습니다.

완통사：형님들, 이곳에 오고난 뒤로 밖에 나가 노시면서 답답한 마음을 푸신 적이 있으십니까?

객：며칠 전 통사님께서 호의를 베푸셔서 우리를 데리고 나가 용선경기를 보여주셨습니다. 그리고 신경 써서 술자리를 마련하여 저희 모두에게 술을 권해주셨습니다. 술을 다 마시고 또 사당에 가서 한참을 놀았습니다. 그리고 나서야 돌아왔습니다.

완통사：들어보니, 귀국의 용주는 근사하고 우리나라의 용주는 별로 볼품이 없다던데요.

객：귀국의 용주도 멋집니다. 우리나라의 용주와 약간 다릅니다.

十八丁表

原文：

起[1]的房子o是什庅人住在裡頭呢o　也是漂来的人o就是前日太平山送来的o先生还不知道庅o　弟也聽見說o到[2]不曉浔住在這裡o他們的船o是商船[3]o是哨船[4]呢o　是商船o　是那裡[5]的商船o　是福建的商船o　你們替他都認浔庅o　他们福建的人o認不浔他o　他们都是福建的人庅o　有一位是蘇州府吳江縣[6]的人o我們也認不浔他o　我們如今過去看他一看o　先生過去看他还来庅o　天晚了o小弟過去看

對話：

阮通事：那邊盖起的房子是什庅人住在裡頭呢?

難客　：也是漂来的人。就是前日太平山送来的. 先生还不知道庅?

阮通事：弟也聽見說, 到不曉浔住在這裡. 他們的船是商船是哨船呢?

難客　：是商船。

阮通事：是那裡的商船?

難客　：福建的商船。

阮通事：你們替他都認浔庅?

難客　：他们福建的人, 認不浔他。

---

1) 起：세우다. 창립하다.
2) 到：'倒'와 같다.
3) 商船：상선.
4) 哨船：초선. 정찰선.
5) 那裡：어디
6) 吳江縣：현 蘇州市 吳江區이다. 江蘇省 남부에 위치해 있으며 蘇州市의 최남단이다.

阮通事：他们都是福建的人広?

難客：有一位是蘇州府吳江縣的人，我們也認不淂他。

阮通事：我們如今過去看他一看。

難客：先生過去看他还来広?

阮通事：天晚了，小弟過去看了他

번역：

완통사：누가 저기에 지은 집에 살고 있어요?

객：역시 표류되어 온 사람들이요. 며칠 전 太平山에서 온 바로 그 사람들입니다. 선생님께서는 아직 모르셨습니까?

완통사：저도 들었습니다. 그러나 여기에 사는지는 몰랐습니다. 그들의 배는 상선입니까, 정찰선입니까?

객：상선입니다.

완통사：어디의 상선이에요?

객：복건福建의 상선입니다.

완통사：여러분들은 그분들과 서로 아는 사이입니까?

객：그분들은 복건福建 사람이라서 알지 못합니다.

완통사：그분들 모두가 복건福建 사람입니까?

객：한 분은 소주부蘇州府 오강현吳江縣 사람이에요. 저희도 모르는 분이에요.

완통사：저희는 지금 건너가서 그분들을 만나 뵈어야겠습니다.

객：선생님, 그분들을 만나고 나서 다시 돌아오십니까?

완통사：시간이 늦었습니다. 저는 건너가서 그를 뵙고

十八丁裏

原文：

了他o就要回去o不来了o 既[7]是這様o小弟送マo 前日講過o再来不消[8]送o怎庅今日又要送呢o 雖是這様講o今日蔡先生替鄭先生兩位o是纔[9]到這裡的o那有不送的理o 豈敢[10]o小弟雖是纔来o朋友之間o不拘禮数[11]o請留步o (呵)o従命[12]了o先生明日还来庅o 明日若[13]是沒有事情o就来領教[14]o請了o 不送了o 通事請坐o (呵)o有坐了o 各位先生都請坐o他們不曉浔官話o你們讓他坐o他也不曉浔o 各位先生o既不曉

對話：

阮通事：就要回去不来了。

難客　：既是這様，小弟送マ。

阮通事：前日講過再来不消送，怎庅今日又要送呢?

難客　：雖是這様講，今日蔡先生替鄭先生兩位是纔到這裡的，那有不送的理?

蔡、鄭：豈敢，小弟雖是纔来朋友之間不拘禮数，請留步。

---

7) 既 : 설령 …하더라도[할지라도・일지라도]. [가설 겸 양보를 나타낸다]
8) 不消 : 필요로 하지 않다. …할 필요가 없다.
9) 纔 : '才'의 이체자이다.
10) 豈敢 : (반어에 쓰여) 어찌 감히 …하겠는가? 어디 감히 …한단 말인가? 천만의 말씀입니다. 감당할 수 없는 말씀이십니다. 아닙니다.
11) 禮数 : 예절.
12) 从命 : 명령에 복종하다[순종하다]. 분부에 따르다.
13) 若 : 만약.
14) 領教 : 상투어. [상대방의 가르침을 받거나 상대방의 의견을 들을 때 하는 겸손의 말] 가르침을 받다. 배우다. 가르침을 청하다.

難客 ：從命了。先生明日还来庅?

阮通事：明日若是沒有事情就来領教，請了。

難客 ：不送了。

難客：通事請坐。

通事：有坐了。

難客：各位先生都請坐。

通事：他們不曉浔官話，你們讓他坐他也不曉浔。

難客：各位先生既不曉浔。

번역 :

완통사 : 바로 돌아가려고 합니다. 이리로 다시 돌아오지 않을 것 같습니다.

객 : 그렇다면 제가 바래다드리겠습니다.

완통사 : 며칠 전에 말씀 드렸죠. 다시 왔을 때에는 배웅해주실 필요가 없다고요. 그런데 오늘 또 배웅해 주시려고 하십니까.

객 : 비록 그렇게 말씀하셨지만, 오늘 蔡 선생님과 鄭 선생님 두 분이 여기 오셨는데, 어찌 배웅하지 않을 수 있습니까.

채씨, 정씨 : 천만의 말씀이십니다. 제가 비록 이제야 왔지만, 친구 사이에는 예의를 차리지 않는 것입니다. 나오지 마십시오.

객 : (呵) 분부에 따르겠습니다. 선생님, 내일 오십니까?

완통사 : 내일 만약 일이 없으면 와서 가르침 받겠습니다. 그럼 안녕히 계십시오.

객 : 이만 들어가겠습니다.

객 : 通事님들, 앉으십시오.

통사 : (呵) 앉았습니다.

객 : 모든 선생님도 앉으십시오.

통사 : 이 분들은 관화官話를 모릅니다. 여러분께서 앉으라고 하셔도 이 분들은 모릅니다.

객 : 여러 선생님께서 모르신다니,

十九丁表

原文：

淂o煩通事替我轉言[1]o致意一声纔好o　(呵)o我替他講o講過了o他說多謝o這兩位是照看你們的o今日下班o要回家去o特来告辞o這両[2]位也是照看你們的o今日上班o特来奉拜[3]o　承蒙雅愛o多謝ママo各位先生o因我們在這裡o来的来o去的(去)o劳マ道路o不淂安閑[4]o又承下顧o我們怎庅當淂起[5]o他既来拜我oマ若是不去拜他o就不是礼o我該當去回拜o如今先生回去的朋友o小弟不淂奉送o新来的朋友o又不淂去拜望o求各位

對話：

難客：煩通事替我轉言致意一声纔好。

通事：(呵)我替他講。講過了，他說多謝。這兩位是照看你們的，今日下班要回家去特来告辞；這兩位也是照看你們的，今日上班特来奉拜。

難客：承蒙雅愛，多謝ママ。各位先生因我們在這裡来的来去的(去)劳マ道路不淂安閑，又承下顧我們怎庅當淂起？他既来拜我マ若是不去拜他就不是礼，我該當去回拜。如今先生回去的朋友小弟不淂奉送，新来的朋友又不淂去拜望

---

1) 轉言：말을 전하다.
2) 両：'兩'의 이체자이다.
3) 奉拜：공손하게 예를 갖추어 절을 올리다
4) 安閑：편안하고 한가롭다
5) 當淂起：감당할 수 있다. 맡을 수 있다.

번역 :

객 : 통사님께서 저를 대신하여 말씀 전해주세요. 인사 말씀 한 마디면 됩니다.

통사 : (呵) 제가 말씀 드리겠습니다. 말씀 전해드렸더니, 고맙다고 하십니다. 이 두 분은 여러분을 보살펴 주신 분들입니다. 오늘 일을 마치고 귀가하려는데, 특별히 인사 올리려고 왔습니다. 이 두 분도 여러분을 보살펴 주실 분들입니다. 오늘 일을 시작하는데, 찾아뵈려고 특별히 왔습니다.

객 : 그렇게 보살펴주시니 정말 감사합니다. 여러 선생님들께서 저희 때문에 오셨다 가셨다 하시네요. 너무 폐를 끼쳐 마음이 편치 않습니다. 또 이렇게 왕림하여 주시니 저희가 어떻게 (이 은혜를) 감당할 수 있을는지요. 그가 제게 인사해 주시러 오셨는데 제가 만약 인사드리러 가지 않으면 예의가 아닙니다. 저는 반드시 답방을 가야 합니다. 오늘 돌아가시는 선생님의 친구 분을 저는 배웅하지 못했습니다. 새로 오신 친구 분도 맞이하러 가지 못했습니다.

十九丁裏

原文：

先生o恕罪ママo 你們講的話o他們也不曉淂o只是他們也是替國王辦事o應該這樣的o就是做通事的o也有替換o今日弟也要回去了o 怎庅通事今日也要回去呢o 正是o今日要回去了o 甚庅時候動身o 新通事还沒有来到o等他到了o交代明白o弟纔動身o 我們替通事o纔相熟[6]了o通事又要回府o叫我們怎庅捨淂o不知今日別後o幾時纔得相會o 回家住一個月o又来替你們做通事了o今日換来的通事o也

對話：

難客：求各位先生恕罪ママ。

通事：你們講的話他們也不曉淂，只是他們也是替國王辦事應該這樣的。就是做通事的也有替換，今日弟也要回去了。

難客：怎庅通事今日也要回去呢?

通事：正是。今日要回去了。

難客：甚庅時候動身?

通事：新通事还沒有来到，等他到了交代明白弟纔動身。

難客：我們替通事纔相熟了，通事又要回府，叫我們怎庅捨淂? 不知今日別後幾時纔淂相會?

通事：回家住一個月，又来替你們做通事了。今日換来的通事也是最好的人。

6) 相熟：서로 알다. 익숙하다. 상세히 알다.

번역 :

객 : 여러 선생님들께서는 저의 잘못을 용서해 주십시오.

통사 : 여러분들께서 하신 말씀을 그들도 알아듣지 못합니다. 다만 그들도 국왕을 위해 일하는 것이니 마땅히 이렇게 해야 합니다. 통사들은 교대로 근무합니다. 저도 돌아가야 합니다.

객 : 어찌 통사님도 오늘 돌아가야 하십니까?

통사 : 그렇습니다. 오늘 돌아가야 합니다.

객 : 언제 출발하십니까?

통사 : 새로운 통사가 아직 도착하지 않았습니다. 그가 도착하면 인계를 잘 마치고 나서 저는 출발합니다.

객 : 저희는 통사님과 이제 막 친해졌는데, 통사님께서 또 댁으로 돌아가신다고 하시니 저희가 어찌 아쉬워하지 않을 수 있겠습니까. 오늘 헤어지면 언제 다시 만나 뵐 수 있을지 모르겠습니다.

통사 : 귀가하여 1개월 머물고 다시 와서 여러분께 통역을 해 드릴 것입니다. 오늘 교대할 통사도 정말 좋은 사람입니다.

二十丁表

原文：

是最好的人o你們放心o要用甚広東西o都對他說o他自然替你們料理[1]o請問通事o纔換来的通事貴姓o 姓林o 想必蔡通事今日也要回去了o (呵)o今日也要回去o 通事府上到這裡也不多遠広o (呵)o不多遠o 既不多遠o通事有閑的時候o敢求来這裡講講玩マo不要棄嫌o 豈敢o若是有閑o自然来奉候o还有一句話o先要告罪[2]o 好說o通事有甚広話見教o請講o怎広說告罪二字o 停一會o林通事若是来浔黑

對話：

通事：你們放心, 要用甚広東西都對他說, 他自然替你們料理。

難客：請問通事, 纔換来的通事貴姓?

通事：姓林。

難客：想必蔡通事今日也要回去了?

通事：(呵)今日也要回去。

難客：通事府上到這裡也不多遠広?

通事：(呵)不多遠。

難客：既不多遠, 通事有閑的時候, 敢求来這裡講講玩マ不要棄嫌。

通事：豈敢。若是有閑自然来奉候。还有一句話先要告罪。

難客：好說。通事有甚広話見教, 請講。怎広說告罪二字?

通事：停一會林通事若是来浔黑

---

1) 料理：[동사] 보살피다. 처리하다.《宋書・吳喜傳》“處遇料理, 反勝勞人。”에서 보인다.

2) 告罪：용서를 바랍니다. 양해를 구합니다. 실례의 말씀을 드립니다.

번역 :

통사 : 걱정 마십시오. 필요한 것이 있으시면 그에게 말씀하세요. 그가 여러분을 위해서 처리해주실 겁니다.

객 : 통사님, 말씀 좀 여쭙겠습니다. 새로 오시는 통사님은 성이 어떻게 되세요?

통사 : 임林씨입니다.

객 : 채蔡 통사님도 오늘 돌아가시죠?

통사 : (呵) 오늘 돌아갑니다.

객 : 통사님 댁은 여기에서 멀지 않습니까?

통사 : (呵) 그다지 멀지 않아요.

객 : 별로 멀지 않으면, 번거로워 하지 마시고 시간 나실 때 여기 오셔서 이야기 좀 나누어 주신다면 좋겠습니다.

통사 : 무슨 말씀을요. 시간 나면 당연히 여기 와서 이야기해야죠. 한 가지 더 양해 말씀 드립니다.

객 : 편하게 말씀하세요. 통사님, 무슨 하실 말씀 있으십니까? 말씀해 주십시오. 어찌 양해 말씀이라고 하십니까?

통사 : 잠시 후에 임 통사가 늦게 와도

二十一丁裏

原文：

好o弟還要同他們到福建朋友那边去看マo你們大家請坐o不要動身o(呵)o不送了o 各位老兄失驚[1]了 (嗳)o一言難尽[2]o先生請坐o (呵)大家一同坐o兄們都是那裡人o 也有山東的o也有江南的o也有淅江的o不是一塊的人o 船主是那裡人o 是江南的人o 江南是那一府那一縣呢o 是蘇州府常熟縣o 姓什庅o 姓張o 先生貴姓o 不敢o賤姓林o 昨日鄭通事講o有一位姓林的o来做通事o替他回家o敢莫就

對話：

林通事：好。弟還要同他們到福建朋友那边去看マ, 你們大家請坐不要動身。

難客：(呵), 不送了。

林通事：各位老兄失驚了。

難客：(嗳), 一言難尽, 先生請坐。

林通事：(呵), 大家一同坐, 兄們都是那裡人?

難客：也有山東的, 也有江南的, 也有淅江的, 不是一塊的人。

林通事：船主是那裡人?

難客：是江南的人。

---

1) 失驚 : '驚'자는 현대 중국어의 '惊'과 같다. '失驚'의 의미는 놀라다는 의미이다. 놀라다는 의미의 '吃惊'은 외부의 자극을 받아 놀란 것을 형용하는 것으로 사람의 심리반응의 일종이다. '受惊'은 갑작스런 자극이나 위협에 의해 깜짝 놀라다는 것으로 본문에서는 객이 태풍을 만나 놀란 것으로 '受惊'의 의미로 쓰이고 있다.

2) 一言難盡 : 어떤 일이 복잡하여 한마디로 말하기 어려움을 나타내는 말, 일반적으로 안 좋은 일을 말할 때 쓰인다.

林通事：江南是那一府那一縣呢?
難客：是蘇州府常熟縣。
林通事：姓什庅?
難客：姓張。先生貴姓?
林通事：不敢，賎姓林。
難客：昨日鄭通事講有一位姓林的来做通事替他回家。

번역：
임통사：제가 그분들을 모시고 복건福建성 친구에게 가봐야 하니 여러분들은 나오지 마세요.
객：하하, 그럼 안녕히 가세요.
임통사：여러분 많이 놀라셨겠어요.
객：아! 한마디로 말씀드리기가 힘드네요. 앉으세요.
임통사：呵, 여러분 같이 앉으시지요. 다들 어디 분들이세요?
객：산동山东에서 오신 분도 있고, 강남江南에서 오신 분도 있고, 절강浙江에서 오신 분도 있어요. 모두 달라요.
임통사：선주님은 어디 분이세요?
객：강남江南사람이예요.
임통사：강남江南 어느 부府 어느 현縣분이신가요?
객：소주부蘇州府 상숙현常熟縣 사람이예요.
임통사：성은 어떻게 되시죠?
객：장張씨예요. 선생님은 성이 어떻게 되세요?
임통사：별말씀을요. 임林씨예요.
객：어제 정鄭통사님께서 자기 대신 임林씨성을 가진 통사님이 오신다고 하셨는데요.

二十二丁表

原文：

是尊駕[1])庅o 正是小弟o 失敬了o請烟o 剛纔偏[2])過了o 再吃一袋o 不用了o 通事既不吃烟o請杯茶罷o (呵)o多謝了o弟昨日到這裡o就要来貴舘拜望o因天時晚了o恐怕不是礼o故此等到今日纔来拜望o未免[3])遲了o恕罪ママo 好說o豈敢o小弟不知尊駕到来o失了迎接o多有得罪[4])o求通事不要見怪[5])o 豈敢o弟承老爺的鈞命o来替你們做通事o你們要用什庅o都替弟講o弟沒有個不盡心替你們轉禀[6])的o只是官話本

對話：

難客 ：(敢莫就)是尊駕庅?

林通事：正是小弟。

難客 ：失敬了。請烟。

林通事：剛纔偏過了。

難客 ：再吃一袋。

林通事：不用了。

---

1) 尊駕 : 상대방에 대한 존칭. 다른 사람을 감히 직접적으로 부를 수 없어서, 그 사람의 차를 말하는 것이었지만, 후에는 일반사람들에게 사용하였다.

2) 偏 : 1. 비뚤어져 있다. 중간에 있지 않다. 2. 전면적이지 않다, 정확하지 않다. 3. 바램과 예상 혹은 일반적인 상황과 다르다. 4. [겸어] 다른 사람에게 자신이 밥이나 차를 마셨다는 것을 알리는 말. 본문에서는 4항의 의미로 사용되었다.

3) 未免 : 아무래도 …이다.

4) 得罪 : 1. 죄를 짓다. 2. (상대에게)실례하다. 무례하다. 3. (빈말)미안하다. 본문에서는 2항의 의미로 사용되었다.

5) 見怪 : 책망하다. 자책하다(겸어로 쓰여 대부분 자신을 지칭하여 사용한다.)

6) 禀(bǐng) : 1. 감당하다, 생기다. 2. 아랫사람이 윗사람에게 보고하는 말. 본문에서는 2항의 의미로 사용되었다.

難客 ：通事既不吃烟，請杯茶罷。

林通事：(呵)，多謝了。弟昨日到這裡就要来貴舘拜望，因天時晩了恐怕不是礼，故此等到今日纔来拜望。未免遲了，恕罪ママ。

難客 ：好說，豈敢。小弟不知尊駕到来失了迎接。多有得罪，求通事不要見怪。

林通事：豈敢。弟承老爺的鈞命来替你們做通事你們要用什庅都替弟講。弟沒有個不盡心替你們轉禀的。

번역：

객 ：혹시 선생님이세요?

임통사：예. 바로 저예요.

객 ：제가 실례했네요. 담배 한 대 피우세요.

임통사：방금 피웠어요.

객 ：한 대 더 피우시겠습니까?

임통사：아니에요.

객 ：담배를 안 피우신다니 그럼 차 좀 드세요.

임통사：감사합니다. 어제 인사드리러 왔어야 했는데 너무 늦은 시간이라 실례될까 싶어 이제야 왔어요. 늦어서 죄송해요.

객 ：별말씀을요. 오신지 몰라서 마중 나가지 못했어요. 죄송해요. 아무쪼록 언짢게 생각지 마세요.

임통사：무슨 말씀을요. 저는 나리의 명으로 통사로 일하러 왔어요. 필요하신 게 있으시면 언제든지 말씀하세요. 최대한 나리님께 말씀드리겠습니다.

二十二丁裏

原文：

来不大曉得o又兼好久沒有到中國去o官話曉得的都忘記去了o如今聽你們的講話o弟還知道o弟自家說o就說不出来o還要求你們教導纔好o俗語說得好o三日不念口生o(三)日不做手生[7]o又說o拳不離手o曲不離口[8]o真個有這個事o弟當日在福建的時候o耳之所聞o目之所見o往来[9]交接[10]o都是中國的言語o所以畧マ曉得o如今回来好久了o貴國的官話禮数o好久沒有聽見o故此都不記得了o 通事的官話狠好o你們這個

對話：

林通事：(只是官話本)来不大曉得，又兼好久沒有到中國去，官話曉得的都忘記去了。如今聽你們的講話弟還知道，弟自家說就說不出来。還要求你們教導纔好。俗語說得好："三日不念口生，(三)日不做手生。"又說："拳不離手。曲不離口。"真個有這個事。弟當日在福建的時候耳之所聞、目之所見、往来交接都是中國的言語，所以畧マ曉得。如今回来好久了，貴國的官話禮数好久沒有聽見，故此都不記得了。

---

7) 三日不念口生, (三)日不做手生 : 글은 자주 복습해야 하고, 예술은 일정시간 연마하지 않으면 반드시 생소해지고 다시 하기에 어색함이 생기게 된다. 그래서 항상 학습하여 새로운 것을 알게 해야 한다는 의미이다.

8) 拳不離手, 曲不離口 : 노래를 부르는 사람은 자주 노래를 불러야 하고, 무술을 연마하는 사람은 자주 연습을 해야 한다. 이것은 열심히 공부하고 연습해야지 만이 능력이 숙련될 수 있다는 말이다.

9) 往来 : 방문하다 . 교제하다.

10) 交接 : 1. 연접하다, 서로 잇닿아있다. 2. 넘겨주고 인계하다. 3. 교제하다. 사귀다. 4. 성교. 본문에서는 3항의 의미로 사용되었다.

難客 ：通事的官話狠好。

번역 :

임통사 : 다만 원래 제가 표준어를 잘 모르기도 하지만 오랫동안 중국에 가지를 못해서 아는 것도 다 잊었어요. 지금 여러분들이 말씀하시는 것은 알아들을 수 있지만 제가 말로 표현하기는 어렵네요. 많이 가르쳐 주세요. "3일을 읽지 않으면 입이 아둔해지고, 3일 동안 글을 쓰지 않으면 글 쓰는 솜씨가 무뎌진다"는 말이 있습니다. 또한 "무술인은 항상 연습에 정진해야 하고 노래하는 사람은 항상 노래를 연습해야 한다."라는 말도 있습니다. 정말 그래요. 제가 福建성에 있을 때 듣고 본 것이 모두 중국어여서 중국어를 조금 압니다. 하지만 돌아온 지 오래되어서 중국의 표준어와 예절을 오랫동안 보고 듣지 못해 기억이 잘 나지 않아요.

객 : 통사님은 중국어 잘 하시는데요.

二十三丁表

原文：

話o是謙虛的話了o我們有一件事情o要替[1]通事商量o不知道怎庅樣纔好o 有何[2]見諭[3]o請講o 如今天氣炎熱o房子裡頭o一点風也沒有o又見裡頭暗マ的o意思要把這前頭房簷[4]下邊o開兩個窓戶o一則通些風進来o二則也見得裏頭光亮[5]o好不好呢o 這樣也好o只是日頭照進来o也有些不便o不如外邊靠着房子o盖一個凉篷[6]o裡頭房簷下o開個窓戶o家裡一来有風o二来也沒有日頭照進来o這樣不更好庅o 這樣果

對話：

難客 ：(你們這個)話是謙虛的話了。 我們有一件事情要替通事商量，不知道怎庅樣纔好。

林通事：有何見諭，請講。

難客 ：如今天氣炎熱房子裡頭一点風也沒有，又見裡頭暗マ的。意思要把這前頭房簷下邊開兩個窓戶。 一則通些風進来；二則也見得裏頭光亮，好不好呢？

林通事：這樣也好。只是日頭照進来也有些不便，不如外邊靠着房子盖

---

1) 替：[개사] 1. …을〔를〕 위하여. …때문에. [행위의 대상을 나타냄] 2. ~에게. 3. …와, …과. 본문에서는 3항의 의미로 사용되었다.
2) 何：1. 무슨. 2. 왜 3. 어떤, 어떠하다. 4. 어디. 5. 반문을 제기하다. 본문에서는 1항의 의미로 사용되었다.
3) 見諭：가르침을 받다.
4) 放簷：처마
5) 見得裏頭光亮：현대중국어에서는 어순이 '里头见得光亮'이다.
6) 凉篷：1. 더위를 피할 수 있는 막. 2. 멀리 볼 때 이마 앞에 평평히 놓은 손바닥. 3. 파라솔을 태운 배. 본문에서는 1항의 의미로 사용되었다.

一個凉篷。裡頭房簷下開個窓戶, 家裡一来有風二来也沒有日頭照進来這様不更好庅?

번역 :

객 : 겸손하시네요. 통사님께 상의드릴 일이 있는데요, 어떻게 말씀드려야 할지 모르겠어요.

임통사 : 뭐 거리낄 것이 있나요. 말씀하세요.

객 : 지금 너무 덥습니다. 방으로 바람 한 점 들어오지 않고 방안도 너무 어두워요. 앞쪽 처마 밑에 창문 두 개를 내고 싶은데요. 그러면 바람도 잘 들어오고 햇빛도 잘 들어올 거 같아요. 어때요?

임통사 : 그것도 괜찮긴 하지만 햇빛이 들어오면 안 좋은 점도 있어요. 차라리 집 옆에 천막 하나 치고 처마 밑에 창문 한 개를 내면 어떨까요? 그러면 바람도 들어오고 햇빛도 들어오지 않을 거에요. 이렇게 하는 것이 더 좋지 않을까요?

二十三丁裏

原文：

然好o只是又要費你國王的銭粮[7]o辦事人的心力o我心上怎庅過得去呢o 兄們說那裡話o兄們放心o保養身體o大家平安回家o別的都是小事o那边住的o就是福建的朋友庅o (呵)o正是o 弟過去看マ他們o就回去禀報老爺知道o好替你們料理起[8]造凉篷o修拾[9]窓戶的事情o 通事纔来o就這樣替我們勞心[10]o感謝不盡o 昨日議論的事o我們老爺無有不依[11]o本要今日就来修拾o偏マ那邊有公事o那些做工的人o不得空

對話：

難客 ：(這樣果)然好，只是又要費你國王的銭粮辦事人的心力，我心上怎庅過得去呢?

林通事：兄們說那裡話，兄們放心保養身體，大家平安回家，別的都是小事。那边住的就是福建的朋友庅?

難客 ：呵！ 正是。

林通事：弟過去看マ他們就回去禀報老爺知道。好替你們料理起造凉篷修拾窓戶的事情。

難客 ：通事纔来就這樣替我們勞心，感謝不盡。

林通事：昨日議論的事我們老爺無有不依。本要今日就来修拾偏マ那邊

---

7) 銭粮：재물과 곡식.
8) 起造：건축을 시작하다.
9) 修拾：수리하다. 정돈하다.
10) 勞心：1. 걱정하다. 2. 머리를 쓰다. 마음을 쓰다. 본문에서는 2항의 의미로 사용되었다.
11) 無有不依：동의하지 않은 것은 없다. 모두 다 동의했다.

有公事, 那些做工的人不得空(閑)。

번역 :

객 : 그렇게 하면 좋지요. 단지 또 국왕의 돈을 쓰게 되고 일하는 사람의 신세를 지게 되니 제 마음이 편지 않아요.

임통사 : 무슨 말씀이에요. 걱정 마시고 몸 조리 잘하세요. 여러분이 무사히 집에 돌아갈 수만 있다면 다른 것들은 다 별일 아니 예요. 저쪽에 사시는 분은 복건福建 친구인가요?

객 : 예, 맞습니다.

임통사 : 제가 가서 그들을 좀 보고 돌아가서 나리께 말씀드릴 거예요. 그래야 여러분을 도와 천막을 치고 창문을 낼 수 있지 않겠어요?

객 : 통사님은 오시자마자 저희를 위해 마음을 써주시니 너무나 감사합니다.

임통사 : 어제 상의한 일은 우리 나리께서 선뜻 허락해주셨습니다. 원래 오늘 와서 고치려고 했는데 기술자들이 거기에 공무가 있어 시간이 없다 네요.

二十四丁表

原文：

閑o木料東西o還不穀[1])用o現今[2])吩咐人去備辦[3])了o等明日来修盖o可使得庅o 這件事情o沒有甚庅[4])要緊o既[5])是那邊有公事o只管去做o若是[6])明日[7])来不及o就是後日[8])o後日来不及o就是大後日o来這裡做o也不妨[9])的o今[10])有一件事o要替你商量o 通事有甚庅事o 今日醫生說o朱三官的病o吃好多藥了o並沒有見效o大約因這裡人多o日夜炒[11])鬧o不得清靜o纔不見效o這也未可定[12])o想要另盖一棡小房子o㕶他在裡頭住着養病o

對話：

林通事：木料東西還不穀用，現今吩咐人去備辦了。等明日来修盖，可使得庅?

難客　：這件事情沒有甚庅要緊，既是那邊有公事只管去做，若是明日来不及就是后日；後日来不及就是大後日来這裡做也不妨的。

林通事：今有一件事，要替你商量。

---

1) 穀(gòu)：현대 중국어 '够'과 같은 자로 '충분하다'의 의미이다.
2) 現今：현재, 지금
3) 備辦：현대 중국어의 '备办'과 같은 글자로, '처리하다. 준비하고 실행에 옮기다, 구입하다, 완벽히 마련하다.'는 의미이다.
4) 甚庅：현대 중국어 '什么'와 같은 자로 '무슨, 무엇'의 의미이다.
5) 既：~될 바에야
6) 若是：가정을 나타내는 단어로 '만약'의 뜻이다.
7) 明日：내일
8) 後日：모래
9) 妨：방해하다.
10) 今：지금
11) 炒：시끄럽다.
12) 未可定：확실하지 않다.

難客 : 通事有甚広事?

林通事 : 今日醫生說, 朱三官的病吃好多藥了並沒有見效。大約因這裡人多, 日夜炒鬧、不得清靜, 纔不見效。這也未可定。想要另盖一梱小房子, 呌他在裡頭住着養病。

번역 :

임통사 : 목재 같은 물건들도 부족해서 준비하라 했습니다. 내일 와서 수리해도 괜찮겠습니까?

객 : 그럼요, 급할 것 없습니다. 거기에 공무가 있으니 그 일에만 신경 쓰세요. 또 내일도 안 되면 모레 하고, 모레 안 되면 글피에 와서 하셔도 괜찮아요.

임통사 : 지금 당신과 상의를 좀 할 일이 있습니다.

객 : 통사님, 무슨 일이에요?

임통사 : 오늘 의사선생님께서 주삼관朱三官의 병세에 대해서 말씀해주셨어요. 많은 약을 먹었어도 차도가 보이지 않는다 합니다. 아마도 여기에 사람들이 많아 밤낮으로 시끄러워 조용히 있을 수 없어 차도가 없는 것 같아요. 따로 작은 집을 하나 지어서 거기서 좀 쉬게 하고 싶습니다.

二十四丁裏

原文：

好不好呢o 這樣狠好o還不知道朱三官肯不肯o等我替他商量看マo 你對他商量o只說有病的人o定[13)]要養靜[14)]o纔會快好o他沒有個不肯[15)]的o 纔替[16)]他說了o他問要在那裡另盖房子給他住o若是在(這)房子左右o他就肯[17)]o若是遠了o我們大家来往不便o不獨[18)]那病人不肯o就是我們大家o也断然不肯的o 你我大家一起過去o看一塊地位[19)]o就在這房子東首可好庅o 這裡狠[20)]好o 既然這裡好o明日叫匠人o就在這裡起[21)]盖

對話：

林通事：好不好呢?

---

13) 定：[부사] 1. 꼭, 반드시. 2. 결국. 본문에서는 1항의 의미로 사용되었다.

14) 養靜：[동사] 조용한 환경에서 마을을 다스리다.

15) 肯：[동사] 1. 동의를 나타냄. 2. 원하다. 진심으로 원하다. 본문에서는 1항의 의미로 사용되었다.

16) 替：[개사] 1. …을〔를〕 위하여. …때문에. [행위의 대상을 나타냄] 2. ~에게. 3. …와, …과. 본문에서는 3항의 의미로 사용되었다.

17) 肯：[동사] 1. 동의를 나타내다. 2. 원하다. 진심으로 원하다. 본문에서는 1항의 의미로 사용되었다.

18) 獨：[형용사] 1. 단독, 홀로. 2. 독특한. 본문에서는 1항의 의미로 사용되었다.

19) 地位：1. 사람이나 단체들이 사회관계에서 갖는 위치. 2. 사람이나 물건이 점유한 장소. 3. 정도, 상태. 본문에서는 2항의 의미로 사용되었다.

20) 狠：1. [형용사] 흉악하다. 사납다. 2. [형용사] 능력이 있는. 3. [부사] 매우. '很'과 같음. 4. [부사] 꽤. 상당히. 본문에서는 4항의 의미로 사용되었다.

21) 起：[동사] 1. 일어나다. 2. 기상하다. 일어나다. 3. 생기다, 발생하다. 4. 시작하다. 5. 기인하다. 6. 치유하다. 7. 자리에서 일어서다, 움직이다. 행동을 취하다. 8. 높이 솟아오르다. 9. 초고를 쓰다. 10. 푸석하게 하다. 11. 부축하다. 12. 취하다. 13. 건축하다. 짓다. 14. 징수하다. 15. 죽은 자를 살아나게 하다. 16. 등용하다. 17. 깨닫게 하다. 18. 떠나다. 19. 펼치다. 20. 운반하다. 옮기다. 21. 신분을 갖고 있다. 본문에서는 4항의 의미로 사용되었다.

難客 : 這樣狠好。還不知道朱三官肯不肯, 等我替他商量看マ。

林通事 : 你對他商量, 只說有病的人定要養靜, 纔會快好, 他沒有個不肯的。

難客 : 纔替他說了, 他問要在那裡另盖房子給他住?若是在(這)房子左右他就肯 ; 若是遠了我們大家来往不便, 不獨那病人不肯就是我們大家也断然不肯的。

林通事 : 你我大家一起過去看一塊地位就在這房子東首, 可好広?

難客 : 這裡狠好。

林通事 : 既然這裡好, 明日呌匠人, 就在這裡起盖(就是了。)

번역 :

임통사 : 어떻습니까?

객 : 그러면 좋지요. 그러나 주삼관朱三官이 좋다고 할지 모르겠습니다. 제가 그와 상의 해 보겠습니다.

임통사 : 그와 상의할 때 아픈 사람은 안정을 취해야 나을 수 있다고만 애기하시면 싫다고 할 수가 없지요.

객 : 이제야 주삼관과 이야기 했습니다. 그가 새로 짓는 건물에 살아야 하는 건지 물었습니다. 만약 이 집 정도의 거리면 찬성하지만. 만약 멀면 저희들이 왕래하기 불편해지는데, 이것은 그 사람만 싫다고 하는 게 아니라 우리 모두가 찬성하지 않습니다.

임통사 : 우리들이 같이 그쪽으로 가서 위치를 봅시다. 이 집의 동쪽이 어떠세요?

객 : 여기 좋아요.

임통사 : 여기 좋다고 하시니, 내일 기술자보고 여기에다 지으라고 하겠습니다.

二十四丁裏

二十五丁表

原文：

就是了o 病人朱三官有一句話o吽我替[1]通事講o只是這一件東西狠[2]貴o又不知道貴國有沒有o我們本[3]不好開口o因是通事時常講過o病人要用什庅東西o都替你講o我今日[4]纔敢大胆開口o 弟替兄們住處o雖[5]是天各一方o既[6]到敝[7]國o弟做通事o傳兩邊的話o時刻来往o就像一家了o有話不妨滿[8]說o何消[9]做這樣客套o 人參這裡也有庅o 有o 是本地出的庅o 本地沒有出o也是貴國買来的o 朱三官的病症十分

對話：

難客 ：病人朱三官有一句話，吽我替通事講。只是這一件東西狠貴。又不知道貴國有沒有。我們本不好開口，因是通事時常講過，病人要用什庅東西都替你講，我今日纔敢大胆開口。

---

1) 替：[개사] 1. …을[를] 위하여. …때문에. [행위의 대상을 나타냄] 2. ~에게. 3. …와, …과. 본문에서는 2항의 의미로 사용되었다.
2) 狠：1. [형용사] 흉악하다. 사납다. 2. [형용사] 능력이 있는. 3. [부사] 매우. '很'과 같음. 4. [부사] 꽤. 상당히. 본문에서는 3항의 의미로 사용되었다.
3) 本：[부사] 원래.
4) 今日：오늘.
5) 雖：[접속사] 의미를 한층 더 전개시키는 것으로 '설령~할지라도' 혹은 '설사~하더라도'의 의미를 가지며 뒤에서는 많은 경우 "可是", "但是"와 같이 쓰인다.
6) 既：[접속사] 1. '则', '就', '那么'와 같이 쓰이며 '既然(~될 바에야)'와 같다. 2. '且', '又', "也", '还' 등의 단어와 같이 쓰이며 동시에 두 가지 상황이 있음을 나타낸다. 본문에서는 1항의 의미로 사용되었다.
7) 敝：[형용사] 1. 낡다. 2. 매우 피곤한, 곤란한, 쇠락한. 3. 손상된, 쇠퇴한. 4. 겸손한 표현으로 본인과 관련된 사물을 지칭할 때 사용. 본문에서는 4항의 의미로 사용되었다.
8) 滿：[부사] '全(모두, 다)'라는 의미이다.
9) 何消：필요없다. 쓸모없다.

林通事：弟替兄們住處雖是天各一方，既到敝國弟做通事傳兩邊的話，時刻来往就像一家了，有話不妨滿說何消做這樣客套。

難客　：人參這裡也有庅？

林通事：有。

難客　：是本地出的庅？

林通事：本地沒有出，也是貴國買来的。

難客　：朱三官的病症十分(沉重。)

번역：

객　：주삼관朱三官이 저보고 통사님에게 말 좀 전해달라고 했습니다. 다만 이 물건이 좀 비싸서 일본에 있는지 모르겠습니다. 저희도 말 꺼내기가 어려운데 통사님이 저희에게 매번 환자가 필요한 물건이 있으면 말하라고 하시기에 오늘 큰 맘 먹고 이야기 드립니다.

임통사：저와 여러분들이 사는 곳이 아주 멀리 떨어져 있습니다. 하지만 기왕 본국에 오셨으니, 제가 통사로써 양쪽의 말을 전달하면서 자주 왕래하여 우리는 한 가족이나 마찬가지지요. 하실 말씀 있으면 다 말씀하세요. 너무 예의 차리실 필요 없으십니다.

객　：여기에 인삼이 있습니까?

임통사：있습니다.

객　：여기에서 난 것입니까?

임통사：본국에서 나는 것은 없습니다. 귀국에서 사온 것입니다.

객　：주삼관朱三官의 병이 심해서요.

二十五丁裏

原文：

沉重[10]o又久[11]了o也爱用人参一点[12]o不知道有没有o也不知道吃得吃不得o求通事替老爺醫生o大家商量商量o　如今[13]醫生不在家o　那裡去[14]了o　有人請他看病去了o　幾時[15]回来o　下晚[16]回来o等他回来o我替他商議o若是用得o就去回老爺o　今日天時[17]清凉o你們大家出去走マ玩マ鮮マ悶o好不好呢o　狠好o不知道去那裡玩o　就在這兩边廟裡山上沿海一帶地方o　有景致庅o　也沒有甚庅[18]景致o不過閑步[19]散悶[20]

對話：

難客　：又久了，也爱用人参一点，不知道有没有？也不知道吃得吃不得？求通事替老爺、醫生大家商量商量。

---

10) 沉重：1. 잠잠하고 무게가 있다. 2. 분량이 무겁다. 3. 육중하다. 재빠르지 못하다. 4. (병이나 일 따위가)심하다. 5. 책임, 부담스러운 책임을 비유한다. 본문에서는 4항의 의미로 사용되었다.

11) 久：[형용사] 1. 시간이 긴(잠시의 상대적인 개념으로). 2. 이전의, 앞서. 3. 지나간 시간. 본문에서는 1항의 의미로 사용되었다.

12) 用人参一点：현대 중국어에서는 '一点'를 일반적으로 동사 뒤에 사용하여 '用一点人参'이라 쓴다. '인삼을 좀 써봤으면 한다.'는 의미이다.

13) 如今：현재.

14) 那裡去：의문을 나타낼 때에는 '哪里'로 써야 한다. 현대 중국어에서 목적어는 동사 뒤에 위치하여 '去哪里'이라 쓰여 '어디가십니까?'라는 의미로 쓰인다.

15) 幾時：언제.

16) 下晚：해질 무렵, 저녁 무렵

17) 天時：1. 자연운행의 돌아가는 계절 순서. 2. 공격에 유리한 자연기후 조건. 3. 자연의 법칙, 하늘의 뜻, 운명. 4. 시간, 때. 본문에서는 4항의 의미로 사용되었다.

18) 甚庅：현대 중국어 '什么'와 같은 자로 '무슨, 무엇'의 의미이다.

19) 閑步：산책하다.

20) 散悶：기분전환을 하다, 답답함을 해소하다.

林通事 : 如今醫生不在家。

難客 : 那裡去了?

林通事 : 有人請他看病去了。

難客 : 幾時回来?

林通事 : 下晩回来。等他回来我替他商議。若是用得, 就去回老爺。今日天時清凉, 你們大家出去走マ玩、マ鮮マ悶, 好不好呢?

難客 : 狠好, 不知道去那裡玩?

林通事 : 就在這兩边廟裡、山上、沿海一帶地方。

難客 : 有景致庅?

林通事 : 也沒有甚庅景致, 不過閑步散悶(就是了。)

번역 :

객 : 주삼관의 병이 심해진지 오래 되어서 인삼을 좀 먹여봤으면 합니다. 있는지 없는지도 모르고, 먹어도 되는지 안 되는지 동사님이 나리와 의사선생님께 여쭤봐 주세요.

임통사 : 지금 의사선생님이 댁에 안계십니다.

객 : 어디 가셨습니까?

임통사 : 어떤 분이 편찮으셔서 왕진 가셨어요.

객 : 언제 돌아오시나요?

임통사 : 초저녁쯤이면 오십니다. 돌아오시면 제가 여쭤보고, 쓸 수 있다면 나리께 말씀드릴게요. 오늘 날씨가 시원하니 여러분들이 나가서 산책 좀 하면서 기분 좀 푸시는 게 어떠십니까?

객 : 좋지만 어디로 가야 할지 몰라서요.

임통사 : 여기 근처에 있는 사원, 산, 해변 일대로 가시지요.

객　: 경치가 좋습니까?

임통사 : 별로 볼만한 경치는 없지만 산책하면서 기분전환하기 좋습니다.

二十六丁表

原文:

就是[1]了o 什庅[2]時候去o 隨你們的便o 如今[3]就去好嗎o 也好o你們大家穿衣裳o我回去呌[4]那照顧你們的人来o陪你大家去o又[5]呌一個人拿一壺茶跟着o走得渴了o吃一杯也好o 我們並[6]沒有什庅衣裳o就是這隨身的衣裳去罷了[7]o 既是這樣o你們畧停一會o我去[8]約[9]他去[10]o 通事来了o請替各位先生進来坐o 不進去罷[11]o 進来吃袋烟再去o 剛纔吃了o如今他們都来了o大家就走罷o (呵)o通事先走o我們隨後[12]o

---

1) 就是 : 문장의 중간이나 끝에 쓰여 문장이 조금 가볍고 담담해지게 하는 역할을 한다. 또는 단호하고 확실한 어기를 표현하기도 하며 종종 '了'와 함께 쓰인다.
2) 庅(ma) : '么'와 같은 글자로 현대 중국어 의문조사 '吗'와 같다.
3) 如今 : 지금, 현재
4) 呌(jiào) : 呌 : '叫'와 같다. '~하게 하다'의 뜻.
5) 又 : '再'와 같은 글자로 '또'라는 의미이다.
6) 並 : 1. 아우르다. 2.일제히 병렬로 놓인 3. [접속사] 병렬관계나 한층 더 나아감을 나타냄. 4. 부정문의 앞에 쓰여 부정의 어기를 강조한다. 본문에서는 4항의 의미로 사용되었다.
7) 罷了 : [조사] 便了, 就是了와 같은 용법으로 쓰인다. 문장의 마지막에 놓여 긍정 혹은 허락의 어기를 나타낸다.
8) 去1 : 동사의 앞에 쓰여 어떤 일을 할 것을 나타낸다. 첫 번째로 나온 去의 주체는 주어 我로, 주어가 가서 약속을 잡는 것을 의미한다.
9) 約 : 초대하다. 약속하다.
10) 去2 : 1. 두 번째 동사 '約'의 구체적인 내용을 나타낸다. 두 번째로 나온 去의 주체는 문장 전체 주어인 我와 초대한 他가 함께 간다는 것을 의미한다. 현대 중국어에서는 이럴 경우 두 번째로 나오는 '去'는 생략한다. 2. 구어에서 습관적으로 문장의 말미에 붙여 사용한다.
11) 罷(ba) : [조사] '吧'와 같다. 문장의 끝에 쓰여 동의나, 추측, 명령, 부탁 등의 어기를 나타낸다.
12) 随后 : 어떤 상황이나 동작의 바로 다음을 나타낸다.

對話：

難客 ：什庅時候去?

林通事：隨你們的便。

難客 ：如今就去好嗎?

林通事：也好。你們大家穿衣裳，我回去叫那照顧你們的人来，陪你大家去。又叫一個人拿一壺茶跟着，走得渴了，吃一杯也好。

難客 ：我們並沒有什庅衣裳，就是這隨身的衣裳去罷了。

林通事：既是這樣，你們畧停一會，我去約他去。

難客 ：通事来了，請替各位先生進来坐。

林通事：不進去罷。

難客 ：進来吃袋烟再去。

林通事：剛纔吃了。如今他們都来了，大家就走罷。

難客 ：(呵)通事先走，我們隨後。

번역：

객 ：언제 가시는지요?

임통사：편한 대로 하시지요.

객 ：지금 갈까요?

임통사：그래도 됩니다. 여러분들 옷 입고 계세요, 저는 가서 여러분 도와줄 분 불러서 같이 가라고 하겠습니다. 또 다른 한 사람 불러서 주전자 가져가라고 할게요. 걷다가 목마르면 차 한 잔 드셔도 좋습니다.

객 ：저희는 갈아입을 옷은 없는데, 그냥 입고 있는 그대로 가겠습니다.

임통사：그럼 조금만 기다리시지요, 제가 그 분이랑 시간 잡아보겠습니다.

객　: 통사님 오셨습니다, 다들 들어와 앉으시지요.

임통사 : 아니에요.

객　: 들어와서 담배 한 대 피우고 가시지요.

임통사 : 금방 피웠습니다. 지금 다들 오셨으니 바로 가시지요.

객　: 통사님이 먼저 가시면 우리가 따라가겠습니다.

二十六丁裏

原文：

你們在這裡是客o還是你先走o我們不敢有僭[13] o好說o我們先走o不曉得路頭[14]o又不知道徃[15]那[16]裡去o到[17]是通事先走[18]纔好[19]o 既然這樣o我前頭引路[20]便了[21]o 我們好久都沒有走路o如今出来走沒有多少路o兩边大腿o好痠[22]不過[23]o在這樹下歇マ[24]o吃杯茶凉マ[25]再去o使得[26]使不得o 好得緊[27]o 請問通事o我們看那朱三官的病o十分深[28]了o恐怕不會好o醫生可有說[29]o醫得醫不得呢o 醫生也曾[30]說過o他的病症o就是你們貴國

---

13) 僭(jiàn) : 자기 본분을 뛰어넘은 것, 분수를 넘다는 뜻을 나타낸다. 고대에는 지위가 낮은 사람이 높은 사람의 명의나 예의, 물건을 도용하는 것을 가리켰다.
14) 路頭 : 노선, 여정
15) 徃(wǎng) : 현대 중국어의 '往'과 같은 글자이다. 1. ~를 향해 2. 과거, 지나가다. 3. 바라다는 의미의 '望'. 본문에서는 1항의 의미로 사용되었다.
16) 那 : '哪'와 같은 글자로 '어느'라는 의미이다.
17) 到 : '倒'와 같은 글자로 '오히려'라는 의미이다.
18) 先走 : 앞서 걷다, 앞장서다.
19) 才好 : 알맞게, 때마침.
20) 引路 : 길을 안내하다.
21) 便了 : [조사] 문장 끝에 쓰여 '就是了(~하면된다. ~하면 그만이다)'와 같은 의미를 나타낸다.
22) 痠 : '酸'과 같은 글자로 '쑤시다'는 의미이다.
23) 不过 : 동사나 형용사의 뒤에 쓰여 정도가 가장 높음을 나타내며, 정도가 극에 다다랐음을 나타낸다.
24) 歇マ : '歇歇'라는 의미로 '쉬다'는 말이다.
25) 凉マ : '凉快凉快'와 같은 글자이다. 1. 시원하다. 2. 사람들이 만족하거나 기분이 좋을 정도로 열기를 식히다. 본문에서는 두 번째 의미로 사용되었다.
26) 使得 : 1. 쓸 수 있다. 가능하다. 2. 할 수 있다.。3. 어떤 사물이 일정한 결과를 야기하다. 본문에서는 1항의 의미로 사용되었다.
27) 緊 : [부사] 매우
28) 深 : [부사] 매우
29) 可有说 : 말할 거 있니?
30) 曾(céng) : '曾'과 같은 글자로 '이미'라는 의미이다.

對話：

林通事：你們在這裡是客，還是你先走，我們不敢有僭。

難客：好說。我們先走，不曉得路頭，又不知道往那裡去，到是通事先走纔好。

林通事：既然這樣，我前頭引路便了。

難客：我們好久都沒有走路。如今出来走沒有多少路，兩边大腿好痠。不過在這樹下歇ㄇ吃杯茶凉ㄇ再去，使得使不得?

林通事：好得緊。

難客：請問通事，我們看那朱三官的病十分深了，恐怕不會好。醫生可有說醫得醫不得呢?

林通事：醫生也曾說過，他的病症就是你們貴國(的醫生也難醫得好了。)

번역：

임통사：여러분들은 여기서는 손님이니, 먼저가시죠. 저희가 감히 그럴 수 없지요.

객：우리가 먼저 간다면, 길을 알지 못할 뿐더러 어디로 가야하는 지도 모르니 통사님이 앞장서시는 게 좋겠네요.

임통사：그렇다면 제가 앞서 길을 안내하도록 하겠습니다.

객：우리가 오랫동안 길을 걷지 않아서, 지금 나와서 얼마 걷지도 않았는데, 다리가 너무 쑤십니다. 이 나무 밑에서 잠시 쉬면서 차 한 잔 마시며 땀 좀 식히고 가도 되겠습니까?

임통사：좋지요.

객：통사님, 실례지만 우리가 보기에 주삼관의 병이 많이 심한 것 같아 호전되지 않을 것 같아요. 의사선생님이 치료 할 수 있는지 말씀해주셨습니까?

임통사 : 그분의 병은 귀국의 의사선생님들도 치료하기 힘들다고 하셨습니다.

二十七丁表

原文：

的醫生o也難醫得好了o天マ[1]在這裡替[2]他看病的那兩位醫生o那一位年輕的o是這裡的o那一位年老的o是首里府[3]國王差[4]来的o這兩位是敝國最好的醫生o　既是這樣o他也狠[5]不爱吃藥o如今不要給他藥吃也罷了o何苦枉費[6]了國王的銭粮o　這個使不得[7]o我們國王爱民如子o譬如[8]兒子有病o做父母的o也明マ[9]曉得醫不好的o怎広肯看着他死o不給他藥喫[10]呢o這自然要藥給他喫o也省得[11]日後[12]懊悔[13]o　既是這樣o

---

1) 天マ : '天天'이라는 의미로 '매일매일'을 나타낸다.
2) 替 : [개사] 1. …을[를] 위하여. …때문에. [행위의 대상을 나타냄] 2. ~에게. 3. …와, …과. 본문에서는 2항의 의미로 사용되었다.
3) 首里府 : 전 유구국(前琉球) 수도를 삼등분한 것으로 오늘날 일본 오키나와현 나하시 동북부의 한 지역이다. 과거에 유구국의 수도였지만 일본이 유구를 통치한 후로 수리구와 수리시를 만들었다.
4) 差(chāi) : [동사] 1. 파견 가서 일을 하다. 2. 예전에 파견되어 가던 사람을 이르기도 했다. 3. (사람을) 보내다. 파견하다. 본문에서는 1항의 의미로 사용되었다.
5) 狠 : 1. [형용사] 흉악하다. 사납다. 2. [형용사] 능력이 있는. 3. [부사] 매우. '很'과 같음. 4. [부사] 꽤. 상당히. 본문에서는 3항의 의미로 사용되었다.
6) 枉费 : 허비하다, 쓸데없이 낭비하다.
7) 使不得 : '使不的'와 같다. 1. ~할 필요가 없다. 안 된다는 의미로 그만두게 말리는 의미로 사용된다. 2. 사용하면 안 된다. 《二刻拍案驚奇》 卷十二 "果然嚴蕊若去, 此邦便覺無人, 自然使不得 !" 본문에서는 1항의 의미로 사용되었다.
8) 譬如 : 예를 들다.
9) 明マ : '明明'이라는 말로, '분명히, 명백히'의 의미이다.
10) 喫 : 현대 중국어 '吃'와 같은 글자로 '먹다'의 의미이다.
11) 省得 : 1. 어떤 일이 발생하는 것을 피하다, 모면하다. 2. '省的'로도 사용되어 기억하다, 알다. 본문에서는 1항의 의미인 '피하다'는 의미로 사용되었다.
12) 日後 : 이후에, 장래에
13) 懊悔(àohuǐ) : 1. 잘못하여 후회하다. 2. 사람의 생각이 변하고 난후 어떤 잘못에 대해 후회를 하다. 본문에서는 1항의 의미로 사용되었다.

對話：

林通事：天マ在這裡替他看病的那兩位醫生，那一位年輕的是這裡的。那一位年老的是首里府國王差来的。這兩位是敝國最好的醫生。

難客：既是這樣，他也狠不爱吃藥，如今不要給他藥吃也罷了。何苦枉費了國王的銭粮。

林通事：這個使不得。我們國王爱民如子。譬如兒子有病，做父母的也明マ曉得醫不好的，怎庅肯看着他死，不給他藥喫呢！這自然要藥給他喫，也省得日後懊悔。

번역：

임통사：매일 여기서 그를 치료해주시는 두 의사선생님 중에 젊은 분은 여기 분이시고, 연세가 있으신 분은 수리부首里府 국왕이 파견하신 분입니다. 이 두 분은 우리나라의 가장 훌륭한 의사선생님입니다.

객：그러면 그 분도 약 먹는 것을 싫어하시니, 이제 그분께 약을 안 드려도 되겠네요. 뭐 때문에 국왕의 돈을 낭비하겠어요.

임통사：그럼 안 됩니다. 우리나라 국왕은 백성을 자식처럼 사랑하는데, 아들이 병에 걸리기라도 한다면 부모로서 의술로 고칠 수 없다는 걸 안다 해도, 어떻게 아기가 죽는 것을 보며 약을 안 줄 수 있겠어요! 당연히 아이에게 약을 줘야죠. 그럼 나중에 후회는 조금 덜하겠죠.

二十七丁裏

原文：

他雖然不爱喫o也不得不勸他喫了o若不叫他喫o一則辜負[14]國王的天心[15]o二則又恐怕[16]見怪[17]o說我們不理他o不肯盡心調治[18]o加罪我們o怎當得起呢o　通事這些話o可見是體諒[19]國王怜憫[20]难人的意思o若是托天[21]保佑會好o這是他的造化[22]o也不枉[23]通事費心一場o若是大数[24]已定o難以答救[25]o死了之時o怎樣替他料理[26]呢o　這個你們到不消掛心[27]o我們自有主意o替他俻[28]辦[29]o　往年漂来的人o也有在這裡死的沒有o　康熙[30]年

14) 辜負 : 1. 다른 사람의 호의, 기대, 도움을 저버리다. 2. 파생되어 위반하다는 뜻. 본문에서는 1항의 의미로 사용되었다.
15) 天心 : 봉건시대 군주의 바람을 가리킨다.
16) 恐怕 : [부사] 예측, 걱정 혹은 의심을 나타낸다.
17) 見怪 : (대부분 누구의) 원망을 받다.
18) 調治 : 1. 몸조리하여 치료하다. 2. 따끔하게 다스리다. 3. 요리하다. 본문에서는 1항의 의미로 사용되었다.
19) 體諒 : 다른 사람을 생각해서 용서해주거나 동정을 보이는 것
20) 怜憫 : 육체적, 정신적으로 고통 받는 사람이나 불행한사람에게 보이는 동정
21) 托天 : 하늘에 맡기다.
22) 造化 : 1. 타고난 복. 2. 자연계. 본문에서는 1항의 의미로 사용되었다.
23) 枉(wǎng) : 1. 구불구불하다. 행동의 불합리하고, 법을 어기는 의미를 나타낸다. 2. 억울하다. 3. 다른 사람에게 순응하다. 다른 사람에게 쓰여 존경의 의미를 나타낸다. 4. 쓸데없이 본문에서는 4항의 의미로 사용되었다.
24) 大数 : 1. 대세, 중요한 계획. 2. 운명으로 정해져있는 천명. 3. 계획 또는 전술(책략). 본문에서는 2항의 의미로 사용되었다.
25) 答救 : 위험이나 재난을 벗어나게 사람들을 돕다.
26) 料理 : 1. 관리하다. 2. 안배하다, 정리하다. 3. 처리하다, 해결하다. 본문에서는 2항의 의미로 사용되었다.
27) 掛心 : 마음속에 걱정이 있다. 마음을 놓지 못하다.
28) 俻(bèi) : '备'와 같은 글자로, '갖추다, 준비하다'는 의미이다.
29) 俻辦 : 현대 중국어의 '备办'과 같은 글자로, '준비하다, 다루다, 처리하다'는 의미이다.

對話：

林通事：(既是這樣)，他雖然不爱喫，也不得不勸他喫了。若不叫他喫，一則辜負國王的天心；二則又恐怕見怪。說我們不理他，不肯盡心調治，加罪我們怎當得起呢?

難客　：通事這些話，可見是體諒國王怜憫难人的意思。若是托天保佑會好，這是他的造化，也不枉通事費心一場。若是大数已定難以答救，死了之時怎樣替他料理呢?

林通事：這個你們到不消掛心，我們自有主意替他俻辦。

번역：

임통사：이렇게 된 이상 그분도 약 먹는 걸 싫어 하지만 어쩔 수 없이 먹게 권해야 해요. 안 그러면 국왕의 마음을 져버리게 되고, 비난 받게 될까 걱정할 거예요. 우리가 그를 돌보지 않고 최대한 치료해주지 않았다고 하면서 우리에게 죄값을 지울 텐데 어떻게 감당해낼 수 있겠어요.

객　：통사님의 이 말씀은 국왕이 어려운 사람들을 가엾이 여길 줄 안다는 말입니다. 만약에 하늘이 돕는다면, 그것은 그의 복이니, 괜한 걱정하지 않으셔도 됩니다. 운명이 이미 정해졌다면 치료하기 힘들 텐데, 그가 죽은 후에는 장례를 어떻게 치르려고 하십니까?

임통사：이것은 여러분들이 걱정할 것이 아니라 우리가 각자 생각해보고 그 분을 대신해 처리해야 할 문제입니다.

객　：예전에 표류해온 분들 중에 여기서 돌아가신 분이 계십니까?

---

30) 康熙 : (1654.5.4~1722.12.22) 청나라가 입관한 후 제 2대 황제, 즉 청성조(清圣祖).

二十八丁表

原文：

間o有一隻哨船o被風漂来o船上有一個頭目[1)]姓王的o得[2)]病死了o就在這廟[3)]前埋下o　那边高山頂上o遠マ[4)]看見一所寺院o裏頭供養[5)]o是什庅神像呢o　我也不曉得o我們這裡玩耍[6)]好久了o如今從這海灘上o一路走去o看マ海面的光景[7)]o慢マ玩着回去罷o　通事你看水中幾隻小船o搖来搖去o是做甚庅的o　是討魚[8)]的o　山嘴[9)]那边兩隻大船o張篷出來是什麽所在[10)]o是那霸港口o將来你們回國o就到那裡去上船o　進

對話：

林通事：(康熙年)間，有一隻哨船被風漂来。船上有一個頭目姓王的得病死了。就在這廟前埋下。

---

1) 頭目 : 대표, 책임자
2) 得(dé) : 글자의 본래 의미는 '얻다'이다. 본문에서는 '병에 걸리다. 병을 앓다'는 의미이다.
3) 廟(miào) : '庙'와 같은 글자로, '사당'의 의미이다.
4) 遠マ : 멀다, 아득한
5) 供養 : 1. 봉양하는 물품 2. 양성하다, 자양하다. 3. 부양하다, 모시다. 4. 제사를 받들다, 공물을 진열하다. 5. 부처에게 예물을 드리거나 승려에게 시주하는 공양. 본문에서는 5항의 의미로 사용되었다.
6) 玩耍(wánshuǎ) : 1. 감상하다. 2. 오락 활동 3. 여성을 희롱하다. 본문에서는 1항의 의미로 사용되었다.
7) 光景 : 1. 해나 달의 빛. 2. 시간, 때, 시절, 세월. 3. 풍경, 경치, 정경 4. 상황, 경제적 상황. 5. 시절, 생활, 살림, 생계. 6. 추측하다, 어림잡다, 헤아리다. 대략적인 시간이나 수량을 나타냄. 정확하지 않은 시간 혹은 수량을 표시함. 宋・朱熹《春日》"胜日寻芳泗水滨, 无边光景一时新" 본문에서는 3항의 의미로 사용되었다.
8) 討魚 : 고기를 잡다
9) 山嘴 : 산기슭의 뾰족한 끝
10) 所在 : 1. 장소, 지방. 2. 도처에, 어디든지. 본문에서는 1항의 의미로 사용되었다.

難客 ：那高山頂上，遠マ看見一所寺院，裏頭供養是什庅神像呢?

林通事：我也不曉得。我們這裡玩耍好久了，如今從這海灘上一路走去，看マ海面的光景慢マ玩着回去罷。

難客 ：通事你看水中幾隻小船，搖来搖去是做甚庅的?

林通事：是討魚的。

難客 ：山嘴那边兩隻大船張篷出來是什麼所在?

林通事：是那霸港口。將来你們回國就到那裡去上船。

번역 :

임통사 : 강희년에 초선 한 척이 바람에 표류되어 왔습니다. 배에 있던 王씨 성을 가진 관리자가 병에 걸려 운명을 달리하셔서 바로 이 사원 앞에 묻어 드렸습니다.

객 : 저 멀리 보이는 산꼭대기의 사원은 어떤 신을 모시는 겁니까?

임통사 : 저도 모르겠습니다. 여기서 오랫동안 쉬었으니 이 백사장을 쭉 따라가면서 바닷가의 풍경을 보고 천천히 놀다가 돌아가시기 바랍니다.

객 : 통사님, 좀 보시지요. 물에 작은 배들이 뭐 하느라 이리 저리 흔들리는 것입니까?

임통사 : 고기를 잡는 것입니다.

객 : 산기슭 저 편에 천막이 펼쳐져 있고 그 아래 배 두 척이 있는데, 그곳은 뭐하는 곳입니까?

임통사 : 그것은 나패那霸 항구입니다. 다음에 여러분들이 귀국할 때 거기서 배를 타게 됩니다.

二十八丁裏

原文：

貢的船o也湾[11]在那裡庅o　正是[12]o　前日郑通事說o我們那幾担豆子o屯[13]在那霸地方o想必[14]就是那裡了o　我也聽見講o就是那裡o　我們要求老爺o把那幾担豆子o在這裡發賣[15]o省得霉爛[16]o老爺因為有禁[17]o不准發賣o替我們時常搬去晒o如今不知道怎庅樣晒法o豆子是有油的東西o比不得[18]別的貨物o趂[19]着日頭[20]晒了o又要等日頭落了o沒有熱氣凉了o纔好收拾起来o若是收起早了o正晒熱的時候o堆在一處o越發[21]霉爛

對話：

難客　：(進)貢的船, 也湾在那裡庅?

---

11) 湾 : [동사] 배를 정박해놓다.

12) 正是 : 1. 그만이다. 2. 꼭 그렇다. 3. 정말로, 확실히 그러하다. 객관적인 것에 진실적으로 긍정적적인 것을 보이는 것. 본문에서는 3항의 의미로 사용되었다.

13) 屯(tún) : [동사] 1. 모으다, 저장하다. 2. 방어하다, 주둔하다. 3. 주둔지를 경작하다. 4. 가로막다, 막히다. 본문에서는 1항의 의미로 사용되었다.

14) 想必 : [부사] '반드시. 틀림없이. 꼭. 필연. 필시.' 긍정적인 판단이나 추측을 나타낸다.

15) 發賣 : 물건을 팔다.

16) 霉爛 : 곰팡이 슬고 썩다.

17) 禁 : 1. 허락하지 않다, 저지하다. 2. 법률이나 습관적으로 저지하는 일. 3. 구금하다. 4. 고대 제왕의 장소를 칭하는 말. 5. 마음대로 통행할 수 없는 장소. 6. 휘를 피하다. 본문에서는 1항의 의미로 사용되었다.

18) 比不得 : 비교할 수 없다. 견줄 수 없다.

19) 趂(chèn) : 1. 현대 중국어의 '趁'와 같은 글자로, '(시간, 기회 등을) 이용하여'의 의미이다. 2. 탑승하다. 3. 쫓다 4. 가다. 5. 부유하다 6. '称'과 같은 글자로 적합하다는 의미를 나타낸다. 본문에서는 1항의 의미로 사용되었다.

20) 日頭 : 1. 날짜; 날. 2. 낮. 3. 태양. 본문에서는 2항의 의미로 사용되었다.

21) 越發 : 1. 더욱 더, 한층. 2. ~할수록 ~하다. 본문에서는 1항의 의미로 사용되었다.

林通事：正是。

難客 ：前日郑通事說，我們那幾担豆子屯在那霸地方。想必就是那裡了。

林通事：我也聽見講，就是那裡。

難客 ：我們要求老爺把那幾担豆子在這裡發賣，省得霉爛。老爺因為有禁，不准發賣。替我們時常搬去晒。如今不知道怎庅樣晒法！豆子是有油的東西，比不得別的貨物。趂着日頭晒了，又要等日頭落了，沒有熱氣凉了，纔好收拾起来。若是收起早了，正晒熱的時候，堆在一處，越發霉爛(得快了。)

번역：

객 ：공물선도 거기에 있습니까?

임통사：그렇습니다.

객 ：그제 정정통사님이 우리가 가져온 몇 백 근의 콩들을 나패那霸에 두었다고 하셨어요. 아마 거기가 분명할 거예요.

임통사：저도 들었어요. 거기예요.

객 ：우리가 나리께 그 몇 백 근의 콩에 곰팡이가 슬지 않게 여기서 팔아버리자고 했어요. 그런데 금지되어 있어서, 나리께서 콩을 못 팔게 하셨습니다. 그래서 나리께서는 우리대신 자주 햇빛에 콩을 말리셔야 합니다. 지금은 어떻게 햇빛에 말려야 하는지 모릅니다. 콩은 기름기가 있어서 다른 물건과는 비교할 수가 없어요. 해가 있을 때 말리고, 해가 질 때 까지 기다렸다, 그 열기를 모두 식힌 다음에 거둬야 합니다. 만약 일찍 거둔다면 뜨거운 콩을 한 곳에 쌓아놓아서 곰팡이가 슬고 더 잘 썩게 될 거예요.

二十九丁表

原文：

淂快了o那豆子原是艸[1]包マ的o要打開包晒マ纔好o裡頭原是給[2]雨打湿了的o若是把原包抬去晒o怎庅會晒得透呢o　這些事情我还不曉得[3]o等我問個明白o再来回覆你們就是了o　那一造横橋o呌做什庅名o　呌做泊高橋o　看那横橋o做得狠好o上去玩[4]マo使得使不得呢o　使得o　這橋頭靠北的那一座石碑o可就是為這橋竪[5]的o　正是o　這橋是什庅年間造的o　是康熙時候造的o　康熙以前o沒有橋庅o

對話：

難客　：那豆子原是艸包マ的，要打開包晒マ纔好。裡頭原是給雨打湿了的。若是把原包抬去晒，怎庅會晒得透呢？

林通事：這些事情我还不曉得。等我問個明白再来回覆你們就是了。

難客　：那一造横橋呌做什庅名？

林通事：呌做泊高橋。

難客　：看那横橋做得狠好，上去玩マ使得使不得呢？

林通事：使得。

難客　：這橋頭靠北的那一座石碑可就是為這橋竪的？

---

1) 艸 : 현대중국어의 '草'와 같은 글자로 '풀'을 의미한다.
2) 給 : 1. 교부하다. 보내다. 2. 동작이나 태도를 상대방에게 하다. 3. ~에게 4. 어떠한 행동을 당하다 5. 현대중국어의 개사 '把'와 같은 의미이다. 본문에서는 4항의 의미로 사용되었다.
3) 曉得(xiǎode) : 알다, 깨닫다, 이해하다.
4) 玩 : 1. 장난치다, 놀다 2. 놀리다. 3. 감상하다, 보면서 즐기다. 4. 감상할만한 물건 5. 경시하다, 소홀히 하다. 본문에서는 3항의 의미로 사용되었다.
5) 竪 : 직립. 직립적인. '가로'와 상대적인 개념으로 물체를 지면에 수직으로 세우다.

林通事：正是。

難客 ：這橋是什庅年間造的?

林通事：是康熙時候造的。

難客 ：康熙以前沒有橋庅?

번역 :

객 : 이 콩은 원래 마대로 싸놓았었기 때문에 열어서 햇빛에 말려야 해요. 마대 안쪽이 비에 다 젖었어요. 만약 마대를 그대로 햇빛에 말리면 안쪽까지 어떻게 다 말릴 수 있겠어요?

임통사 : 이런 일은 제가 잘 몰라서 알아보고 꼭 다시 알려드릴게요.

객 : 이 다리는 이름이 뭐죠?

임통사 : 박고교泊高橋예요.

객 : 이 다리는 잘 만들어진 것 같은데, 가서 봐도 되나요?

임통사 : 봐도 되요.

객 : 이 다리 북쪽에 있는 비석은 이 다리 때문에 세워놓은 건가요?

임통사 : 그래요.

객 : 이 다리는 언제 만든 거예요?

임통사 : 강희康熙년에 만든 거예요.

객 : 강희康熙이전에는 다리가 없었나요?

二十九丁裏

原文：

有礄[6]o當[7]原先是木橋o年代久了o橋樑損壞o走過不便o國王發心o纔造這座石礄o 遠マ看着那一起人o好像阮先生和蔡先生来了o (呵)o我們看着o到是像他o那幾位到底看不出来是誰o等他到了o自然認得o 各位先生請了o 大家都在這裡玩庅o (呵)o蒙[8]通事的情[9]o帶我們出来o到那山頂海邊滿[10]處看マ玩マo一則觧マ愁悶o二則廣マ見識[11]o將来到家的時節o遇着親戚朋友o問起貴國的光景o我們也好稱讚一番[12]o也

對話：

林通事：有礄。當原先是木橋，年代久了，橋樑損壞，走過不便。國王發心纔造這座石礄。

---

6) 礄(qiáo) : '桥'자와 같으며 '다리'의 의미이다.

7) 當 : 1. 담당하다. 2. 주관하다, 관리하다. 3. 감당하다. 4. 잘 어울리다. 5. 따르다. 6. 곧다, 정직하다. 7. ~로써 8. 판결 9. (이것에 대응되는 개념으로)저. 어떤 일이 발생한 시간 내에. 10. 반드시. 본문에서는 9항의 의미로 사용되었다.

8) 蒙(méng) : 1. [형용사] 지식이 없다. 우매하다. 2. [동사] 덮어 가리다. 3. [동사][경어] (보살핌을) 받다. 입다. 4. [형용사][문어] 빗방울이 가는 모양을 형용하는 말. 5. 성씨(姓氏). 본문에서는 3항의 의미로 사용되었다.

9) 情 : 배려, 인정

10) 滿 : 1. 모든 게 풍족해서 부족함의 여지가 없다. 2. 일정한 한계에 이르다. 3. 거만하다. 겸손하지 않다. 4. 매우, 모든 5. 술을 따르다. 6. 중국 소수 민족. 주로 요녕성, 흑룡강성, 길림성, 하북성 등지와 북경시, 내몽골자치구에 주로 분포하고 있다. 7. 성씨(姓氏). 본문에서는 4항의 의미로 사용되었다.

11) 廣マ見識 : '廣マ'은 '廣廣'의 의미로, 박식하다, 해박하다, 더하다는 의미이고, '見識'은 견문과 지식을 의미한다. 그래서 '廣マ見識'은 식견을 넓힌다는 의미이다.

12) 番(pān) : 1. [양사] 횟수, ~회. 2. 교대로 교체하다. 3. 외국 혹은 외민족을 이르는 말. 4. (몇) 배. 본문에서는 1항의 의미로 사용되었다.

難客 ：遠マ看着那一起人好像阮先生和蔡先生来了。

林通事：(呵)我們看着到是像他，那幾位到底看不出来是誰？等他到了，自然認得。

難客 ：各位先生請了。

阮、蔡先生：大家都在這裡玩庅？

難客 ：(呵)蒙通事的情帶我們出来。到那山頂海邊滿處看マ玩マ。一則觧マ愁悶，二則廣マ見識。將来到家的時節，遇着親戚朋友問起貴國的光景，我們也好稱讚一番。

번역 :

임통사 : 있었어요. 원래는 나무다리였는데 너무 오래되어서 많이 망가져 다니기는 힘들어졌어요. 그래서 국왕님이 이렇게 돌로 다리를 만들라고 명을 내렸어요.

객 : 저기 오시는 저 분들은 아무래도 阮선생님과 채선생님 같아요.

임통사 : 그분들 같기는 한데 저 몇 분은 누군지 확실히 잘 모르겠어요. 가까이 오시면 알아볼 수 있겠지요.

객 : 선생님들 오셨어요.

완, 채선생 : 다들 여기서 놀고 계셨나요?

객 : 통사님이 저희를 데리고 가주신 덕분에 산과 바다 곳곳에 가봤습니다. 기분전환도 하고, 식견도 넓혔습니다. 나중에 돌아간 후에 친척들이나 친구들이 귀국의 경치에 대해 묻는다면 경치가 좋다고 말할 수 있을 것 같아요.

三十丁表

原文：

不枉来這一遭[1]o　好說o敝國地方褊小[2]o偏僻[3]所在o沒有什庅景致o那中[4]得先生的觀看o不日尊駕回國o替那鄉里親戚朋友o講話之間o說到敝國的情景o真マ令人見笑o　豈敢ママo貴國情景狠好o弟們戀マ不捨o　這又是兄們太褒奬了o　衆位先生o這一向怎庅都不来呢o敢莫我們得罪庅o　說那裡話o弟因家裡有些小事o不得前来領教o得罪ママo　豈敢豈敢o請到敝舘去坐マo　兄們好久沒有出来o再玩マ

對話：

難客　：(也)不枉来這一遭。

林通事：好說。敝國地方褊小、偏僻所在沒有什庅景致。那中得先生的觀看！不日尊駕回國替那鄉里親戚朋友講話之間，說到敝國的情景真マ令人見笑！

難客　：豈敢ママ。貴國情景狠好，弟們戀マ不捨。

林通事：這又是兄們太褒奬了。

難客　：衆位先生這一向怎庅都不来呢？敢莫我們得罪庅？

林通事：說那裡話。弟因家裡有些小事不得前来領教。得罪ママ。

難客　：豈敢豈敢。請到敝舘去坐マ。

---

1) 遭(zāo)：[양사] 현대 중국어 양사 '次'와 같이 횟수를 나타낸다.
2) 褊小：좁고 작다, 협소하다.
3) 偏僻：1. 궁벽하고 외져서 교통이 불편하다. 2. 괴팍하다, 기괴하다. 본문에서는 1항의 의미로 사용되었다.
4) 中：1. 만족하다. 마음에 들다. 2. ~을 받다, 입다. 3. 과거시험에 통과하다. 본문에서는 1항의 의미로 사용되었다.

林通事：兄們好久沒有出来。再玩マ(去。)

번역：

객　：한 번 온 보람이 있네요.

임통사：무슨 말씀이세요. 우리나라는 면적이 좁고 외져있어 별로 볼만한 곳이 없는데, 고향에 돌아가셔서 친지나 친구들과 이야기하다 여기의 경치에 대해서 말씀하신다고 생각하니 부끄럽네요.

객　：별 말씀을요. 귀국의 경치는 정말 아름다워요. 저희들은 잊지 못할 거예요.

임통사：과찬이세요.

객　：요새 왜 안 오셨나요? 저희들이 혹시 뭐 실수한 거라도 있나요?

임통사：무슨 말씀을요. 집에 일이 있어서 오지 못했어요. 죄송해요.

객　：아니에요. 저희 거처로 가시지요.

임통사：오랜만에 나왔으니 조금 더 구경하시지요.

三十丁裏

原文：

去o 弟們玩好久了o回去罷o請了o通事請進去o 罷了o 我不進去o也要回去敝舘看マo 沒有事情o進去吃袋烟再回去o 我雖然沒有事o他們陪你出来的人[5]要回去o我替他一起回去也好o停一會o再来吃烟罷o大家請便o 劳通事的大駕o陪我去玩o感謝不尽o又劳這幾位先生的大駕o起動[6]通事o替我道謝一声o 你們請進去o我替他說o 阮先生替各位先生請進o 不敢o还是先生前步o 這個使不得o你們到

對話：

難客 ：弟們玩好久了回去罷。請了！通事請進去。

林通事：罷了。我不進去。也要回去敝舘看マ。

難客 ：沒有事情進去吃袋烟再回去。

林通事：我雖然沒有事他們陪你出来的人要回去， 我替他一起回去也好。停一會再来吃烟罷。大家請便。

難客 ：劳通事的大駕陪我去玩，感謝不尽。又劳這幾位先生的大駕起動通事替我道謝一声。

林通事：你們請進去。我替他說。

難客 ：阮先生替各位先生請進。

林通事：不敢，还是先生前步。

---

5) 他們陪你出来的人：'他们'과 '陪你出来的人'는 동격(同格)을 나타내는 것으로 '그들'과 '동행 분들'이 같은 사람들이다.

6) 起動：1. 시작하다, 착수하다. 2. 경어로, 수고, 발걸음 시키다.(초기 백화문에서 많이 사용되었다.) 본문에서는 2항의 의미로 사용되었다.

難客 ：這個使不得。

번역 :

객 : 많이 놀았습니다. 돌아가시지요. 통사님, 들어가세요.

임통사 : 아니에요. 안 들어가겠습니다. 저도 집에 가봐야겠습니다.

객 : 별일 없으시면 들어가서 담배 한 대 태우고 가시죠.

임통사 : 별일은 없지만 동행 분들이 돌아가야 하니 저도 같이 돌아가야 해요. 그럼 나중에 놀러올게요. 그럼 편히 계세요.

객 : 통사님과 선생님들 덕분에 잘 구경했습니다. 정말 감사드립니다. 선생님들께도 감사드린다고 전해주세요.

임통사 : 여러분 들어가세요. 제가 전해 드릴게요.

객 : 완阮선생님 그리고 여러분들 들어가세요.

채선생 : 아니에요. 선생님이 먼저 들어가세요.

객 : 무슨 말씀을요.

三十一丁表

原文：

我這裡是客o我們怎敢偺[1]先呢o請マo 有偺了o 家裡熱不過的o我拿幾領席子出来o鋪在這篷底下o大家坐マ涼マo好不好呢o 這個狠好o幾天沒有来o貴舘収拾[2]的o比前大不相同o外边有這涼篷o可以乘涼o裏頭開了窓戶o又見光亮o好得緊o 這都是老爺的恩o可憐我們难民的美意o所以纔得這樣的自在o 兄們到這裡o敝國的甘蔗番薯o大約还沒有喫着o今日弟們倫有幾觔[3]o送你各位先生甞マo不要棄嫌o

對話：

難客 ：(你們到)我這裡是客。我們怎敢偺先呢?請マ。

蔡先生：有偺了。

難客 ：家裡熱不過的，我拿幾領席子出来鋪在這篷底下，大家坐マ涼マ好不好呢?

蔡先生：這個狠好。幾天沒有来貴舘収拾的比前大不相同。外边有這涼篷可以乘涼；裏頭開了窓戶又見光亮好得緊。

難客 ：這都是老爺的恩，可憐我們难民的美意，所以纔得這樣的自在。

蔡先生：兄們到這裡，敝國的甘蔗、番薯大約还沒有喫着？今日弟們倫有幾觔，送你各位先生甞マ，不要棄嫌。

---

1) 偺(jiàn)：자기 본분을 뛰어넘은 것, 분수를 넘다는 뜻을 나타낸다. 고대에는 지위가 낮은 사람이 높은 사람의 명의나 예의, 물건을 도용하는 것을 가리켰다.

2) 収拾：정리하다.

3) 觔(jīn)：현대중국어의 중량단위 '斤'을 나타낸다.

번역 :

객 : 이곳으로 오셨으니 여러분들이 여기에서는 손님입니다. 제가 어떻게 앞장서겠습니까? 먼저 가시지요.

채선생 : 그럼 제가 실례 하겠습니다.

객 : 집안이 너무 덥습니다. 제가 돗자리 몇 개 가지고 천막 밑에 펼 테니 다들 거기에 앉아 시원하게 계시는 것이 어떻습니까?

채선생 : 당연히 좋지요. 며칠 안 와봤더니 귀관에서 정리해주신 것이 예전과 많이 달라졌습니다. 바깥에는 차양이 있어서 더위를 피할 수 있고, 안에서는 창문을 열면 밝은 빛을 볼 수 있어서 너무 좋습니다.

객 : 이게 다 나리님의 은덕이지요. 우리난민들을 불쌍히 여겨주셔서 이렇게 편히 지낼 수 있는 것이지요.

채선생 : 여러분들이 여기에 오셔서 본국의 사탕수수와 고구마는 안 드셔 보셨을 겁니다. 오늘 저희가 몇 근을 준비했으니 맛들 보시지요. 마다하지 말아주시지요.

三十一丁裏

原文：

多謝盛情o遭难到這裡来o承各位先生不棄o早晚看顧o教導世事人情o一則消解愁悶o把我想家的心腸o都减去一大半o二則各位先生所講的話o都是大道名言o把我冒昧[4]心腸o也覺得瞭然[5]o心裡不勝感激[6]o今日又承台爱o送下這樣東西o弟在這裡o並沒有一点東西回敬[7]o若是不収o又恐怕見怪o若是収了o自己又見[8]慚愧[9]o心裡其實[10]不安o 說那裡話o弟們生[11]長[12]海邊o淺見寡聞[13]o並沒有名師[14]益友[15]o廣[16]我見

4) 冒昧 : 외람되다. 당돌하다. 경솔하다. 분별없다. [겸어로 많이 쓰임]
5) 瞭然 : 알다. 이해하다.
6) 不胜感激 : 매우 감사합니다.
7) 回敬 : 1. 같은 방법으로 화답하다. 답례하다. 2. 일상적으로 반어로 쓰여 반격의 의미를 나다낸다. 본문에서는 1항의 의미로 사용되었나.
8) 見 : 느낀 감각을 표시함
9) 慚愧 : 1. 결점이나 실수, 그리고 책임을 다하지 못해 곤란해 하거나 부끄러워하다. 2. 행운, 운이 좋다. 본문에서는 1항의 의미로 사용되었다.
10) 其實 : 1. 앞문장과 상반된 의미를 받아, 말하는 내용의 실제를 말한다. '실제로, 사실상'이라는 의미를 갖는다. 2. 확실히, 정말로. 본문에서는 1항의 의미로 사용되었다.
11) 生 : [동사] 1. 태어나다. 2. 기르다. 3. 죽는 것과 상대적으로 생존하다; 살다. 4. 야기하다, 생기다. 5. 다른 것으로 다시 태어나다. 6. 목숨을 살리다. 7. 불을 붙이다. 점화하다. 8. (사고 등을)조성하다. 9. 생산하다. 만들다. 본문에서는 1항의 의미로 사용되었다.
12) 長 : 1. 나이가 많고, 직분이 높은 사람. 2. 주관하거나 지도하는 사람. 3. 생장하다. 자라다. 4. 증진하다, 늘리다. 5. 존중하다. 6. 관리하다. 본문에서는 3항의 의미로 사용되었다.
13) 淺見寡聞 : 학문이 얕고 견문이 좁다. 보고 들은 것이 적다.
14) 名師 : 좋은 스승
15) 益友 : 도움을 주는 친구, 도움이 되는 친구
16) 廣 : [형용사] 1. 광활한, 넓은 2. 성대하다. 매우 웅장하고 화려하며, 훌륭하고 풍성하거나 장중한 것을 상징한다. 3. 수가 많은 4. 폭넓다. 본문에서는 4항의 의미로 사용되었다.

識o你兄們都是

對話：

蔡先生：多謝盛情。 遭难到這裡来承各位先生不棄早晚看顧教導世事人情。一則消解愁悶把我想家的心腸都减去一大半；二則各位先生所講的話都是大道名言把我冒昧心腸也覺得瞭然, 心裡不勝感激。今日又承台爱送下這樣東西, 弟在這裡並沒有一点東西回敬。若是不收又恐怕見怪；若是收了自己又見慚愧, 心裡其實不安。

難客 ：說那裡話。弟們生長海邊淺見寡聞, 並沒有名師益友廣我見識。

번역 :

객 : 환대해주셔서 너무나 감사드립니다. 어려움에 닥쳐 여기에 오게 되었는데 모든 분들이 아침, 저녁으로 오셔서 인정이 무엇인지를 알려 주셨습니다. 먼저 근심을 해소할 수 있게 해주셔서 저희가 집에 돌아가고 싶은 마음을 좀 덜어주셨습니다. 또 모든 분들이 말씀해주시는 것이 다 이치에 맞는 말이어서, 우매한 생각을 떨치게 해주셨습니다. 그래서 마음속 깊이 감사를 드립니다. 오늘 이 물건들을 보내주셨는데 저희는 이곳에 보답해드릴 물건이 없습니다. 이 물건을 받지 않는다면 언짢아하실까 걱정되고, 물건을 받자니 너무 송구스러워 걱정입니다.

채선생 : 무슨 말씀이십니까! 우리는 해변에서 나고 자라서, 보고 배운 게 적습니다. 제 식견을 넓혀 줄 좋은 스승과 유익한 친구들도 없었습니다.

三十二丁表

原文：

大邦[1]人物[2]o禮義之鄉o言動舉止o那一件不是給人可學的o弟本爱[3]天マ来領教[4]o因家事掛累[5]o不得前来受教[6]o心中自覺茫然不安o今日畧[7]有得閑o特意来到這裡請教o兄們反說領我們的教o這話又從那裡說起呢o送那一點小可[8]不過是弟們家裏栽的o何消掛意o兄們又是被風打来的o沒有東西o那個不知道o知己朋友o不要拘那禮數o弟們一點芹心[9]o望兄收下o不消[10]做這樣客套o 弟還有一言告禀[11]o這一皿的盛情o

對話：

蔡先生：(你兄們都是)大邦人物，禮義之鄉、言動舉止那一件不是給人可學的?弟本爱天マ来領教。因家事掛累不得前来受教心中自覺茫然不安。今日畧有得閑特意来到這裡請教。兄們反說領我們的教，這話又從那裡說起呢？送那一點小可不過是弟們家裏

1) 大邦：대국.
2) 人物：재능이 뛰어난 사람.
3) 爱：좋아한다는 의미이다. 본문에서는 '~를 하고 싶다, ~를 희망하다.'로 번역할 수 있다.
4) 領教：상투어. [상대방의 가르침을 받거나 상대방의 의견을 들을 때 하는 겸손의 말] 가르침을 받다. 배우다. 가르침을 청하다.
5) 挂累：연루되다.
6) 受教：가르침을 받아들이다.
7) 略：약간.
8) 小可：1. 그런대로 괜찮다. 2. 매우 약소하고, 보잘 것 없다 3. 병이 조금 낫다. 4. 자신을 부르는 겸어. 본문에서는 2항의 의미로 사용되었다.
9) 芹心：다른 사람에게 가치가 낮은 물품을 바친다.
10) 不消：필요로 하지 않다. …할 필요가 없다.
11) 一言告禀：보고할 말

栽的何消掛意。 兄們又是被風打来的, 沒有東西那個不知道? 知己朋友不要拘那禮數。弟們一點芹心望兄收下, 不消做這樣客套。

難客 : 弟還有一言告禀, 這一囬的盛情(沒有個不収的道理。)

번역 :

채선생 : 선생님은 모두 대국의 재능 있는 분들이고, 고향 역시 예의 지국이지요. 여러분들의 언행과 행동이 하나같이 우리가 본받을 것이 아닙니까? 저도 원래 매일 이곳에 와서 가르침을 청하고 싶었지만, 집안 사정에 묶여 이곳에 와서 가르침을 받지 못하니, 마음이 불편하더군요. 오늘 조금이라도 시간을 내서 특별히 모두에게 가르침을 청하기 위해 왔습니다. 그런데 여러분께서 오히려 저에게 가르침을 청한다 하시니, 어떻게 말씀을 드려야 할지요. 이것은 집에서 키운 것이니 부담 갖지 마세요. 여러분들도 풍랑에 휩쓸려 오셔서 아무것도 가진 것이 없는데, 저희가 어찌 모르겠습니까. 우리는 모두 친구들입니다. 예의 차리실 필요 없습니다. 우리의 작은 성의니, 받아주세요. 이렇게 예의를 차리지 않아도 됩니다.

객 : 제가 드릴 말씀이 하나 더 있는데, 이번의 은혜는 받도록 하겠습니다.

三十二丁裏

原文:

沒有個不收的道理o從今以後o再不要這樣費心o委實[12]呌我過意不去o(呵)o從命[13]了o這房子東頭新盖那一椆小房子o是做什庅的o 這是老爺體量[14]那病人的o因為這邊人多炒鬧o恐怕病人不安o所以另盖這一椆小房(子)o給他住在裡頭養病o 有病的人o自然要清靜o病纔會容易好o請問先生o那病人這幾天喫藥o會好些庅o 沒有見好些o 蔡先生o令尊大人在府[15]庅o (呵)o在家裡頭o 這一向都好庅o 托福o今日小

對話:

難客 : 從今以後再不要這樣費心, 委實呌我過意不去。

蔡先生 : (呵)! 從命了。這房子東頭新盖那一椆小房子是做什庅的?

難客 : 這是老爺體量那病人的。因為這邊人多炒鬧, 恐怕病人不安, 所以另盖這一椆小房(子)給他住在裡頭養病。

蔡先生 : 有病的人自然要清靜病纔會容易好。請問先生, 那病人這幾天喫藥會好些庅?

難客 : 沒有見好些。蔡先生, 令尊大人在府庅?

蔡先生 : (呵)! 在家裡頭。

難客 : 這一向都好庅?

蔡先生 : 托福。

---

12) 委實(wěishí) : 확실히, 정말

13) 从命 : 명령에 복종하다〔순종하다〕. 분부에 따르다.

14) 体量 : 1. 본성 2. 기량, 도량과 재능 3. 건축물의 규모 4. 이해하다. 양해하다. 본문에서는 4항의 의미로 사용되었다.

15) 在府 : '府'는 상대방 집에 대한 존칭으로, '在府'는 '집에 계신다.'는 의미이다.

번역 :

객　: 다음부터는 이렇게 신경 쓰시지 않으셔도 됩니다. 정말로 송구스럽습니다.

채선생 : 아! 알겠습니다. 이 집 동쪽에 새로 지은 그 집은 뭐하는 곳 인가요?

객　: 이것은 나리께서 환자를 생각해서 마련한 것입니다. 이곳에는 사람들이 많아 시끄러워서 환자가 쉬기에 좋지 않지요. 그래서 따로 이처럼 작은 집을 지어서 편히 요양하도록 한 것입니다.

채선생 : 환자는 당연히 안정을 취할 필요가 있지요. 그래야 병도 쉽게 낫고요. 선생님 그 환자가 요즘에 약을 먹고 좀 좋아졌습니까?

객　: 아직 좋아지진 않았습니다. 채(蔡)선생님, 아버님은 댁에 계십니까?

채선생 : 아 ! 집에 계십니다.

객　: 모두 편안하십니까?

채선생 : 덕분에요.

三十三丁表

原文：

弟来的時節o家父吩咐請各位先生的安o 多謝罣心o令尊大人o怎庅這幾天都不来這裡玩マo 因有小事在家料理[1]o不得来問安o多マ得罪o 前日令姐夫鄭通事o留有幾本書o在這裡點[2]o如今點完了o蔡先生順便帶去o寄還給他好庅o 昨日弟見家姐夫o也替我說過o先生也曾替他點的書o既然點完o小弟帶去還他o好不過的o家姐夫還有話託小弟說o有劳先生o另日[3]面謝不盡o 好說o煩劳兄臺[4]o替令姐夫說一

對話：

蔡先生：(今日小)弟来的時節，家父吩咐请各位先生的安。

難客 ：多謝罣心。令尊大人怎庅這幾天都不来這裡玩マ?

蔡先生：因有小事在家料理，不得来問安，多マ得罪。

難客 ：前日令姐夫鄭通事留有幾本書在這裡點。如今點完了，蔡先生順便帶去寄還給他好庅?

蔡先生：昨日弟見家姐夫也替我說過先生也曾替他點的書。既然點完了小弟帶去還他好不過的。 家姐夫還有話託小弟說：有劳先生，

---

1) 料理：1. 관리하다. 2. 안배하다, 정리하다. 3. 처리하다, 해결하다.《宋書・吳喜傳》에서 보인다. 본문에서는 3항의 의미로 사용되었다.

2) 点：[동사] 1. 더럽히다. 2. 붓으로 점을 찍다. 사물의 형상을 묘사하거나 문장에 구두점을 표시하는 것, 혹은 삭제의 의미를 나타낸다. 3. 지정하다, 선발하여 파견하다. 4. 암시하다. 5. 대조조사하다, 대조 검토하다. 6. 불 지르다. 7. 평론하다. 8. (끓는 물을)붇다, 씻다. 9. 짧게 접촉하다. 10. 아래로 조금 움직이다. 11. 물방울 형태의 액체가 떨어지거나 새거나 밖으로 흐르거나 압출하다. 본문에서는 2항의 의미로 사용되었다.

3) 另日：후일. 나중.

4) 兄台：서면어로 친구에 대한 존칭

另日面謝不盡。

難客 ：好說。煩劳兄臺替令姐夫說一(聲。)

번역 :

채선생 : 오늘 제가 올 때 , 저희 아버님께서 모두의 안부를 물으셨습니다.

객 : 걱정해주셔서 감사합니다. 선생님 부친께서는 어째서 요며칠 이곳에 오시지 않으십니까?

채선생 : 집에 일이 조금 있었습니다. 안부 인사를 드리러 오지 못해 대단히 죄송해 하십니다.

객 : 그저께 선생님 자형분인 정정통사님께서 책 몇 권을 저에게 주시며 구두점을 찍어주길 부탁하고 가셨는데, 지금 다 해놨으니 채선생님께서 가시는 길에 정정통사님께 가져다 드릴 수 있습니까?

채선생 : 그렇지 않아도 어제 자형을 뵀는데, 이 일에 대해 말씀하시더라고요. 선생님께서 자형을 대신해서 책에 구두점을 다 찍어주셨으니 제가 가져다 드리는 것이 좋겠군요. 자형께서 다음에 다시 감사인사 드리신다고 말씀하셨습니다.

객 : 별말씀을요. 번거로우실 테지만, 자형께 말씀 좀 전해주세요.

三十三丁裏

原文：

聲o弟所點的o差錯[5]處狠多o不是弟不盡心o弟因見識有限o不要見怪o看有不着[6]所在o自家更正o 定菴郑先生o這幾天你們有見他沒有o 見他来了o 是幾時[7]見他o 今日早起見他来o 在那裡見他来o 因有一點小事o到他家裡去見過o 到他府上o有何貴幹[8]呢o 實不相瞞o他祖母身上得病o去他那裡問候o 是什庅病呢o 脚後跟生一個瘡o也不知道是什庅瘡o好利害不過[9]o 有請醫生料理[10]沒有o 有o正在

對話：

難客 ：弟所點的差錯處狠多，不是弟不盡心，弟因見識有限，不要見怪。看有不着所在，自家更正。

難客2：定菴郑先生這幾天你們有見他沒有?

阮先生：見他来了。

難客 ：是幾時見他?

阮先生：今日早起見他来。

難客 ：在那裡見他来?

阮先生：因有一點小事，到他家裡去見過。

5) 差錯 : 1. 과실, 잘못. 2. 의외의 사고. 본문에서는 1항의 의미로 사용되었다.
6) 不着(bùzháo) : 1. 집착하지 않고, 근심이 없다. 2. 필요 없다. 본문에서는 2항의 의미로 사용되었다.
7) 幾時 : 언제
8) 貴干 : 다른 사람에게 찾아온 목적을 질문할 때 사용하는 존대어.
9) 不過 : 형용사 단어 혹은 쌍음절 형용사 뒤에 사용해 정도의 강함을 나타낸다.
10) 料理 : 1. 관리하다. 2. 안배하다, 정리하다. 3. 처리하다, 해결하다. 본문에서는 3항의 의미로 사용되었다. 특히 이 부분에서는 '처리하다, 해결하다'의 넓은 의미로 의사가 '치료하다'는 의미로 사용되었다.

難客 : 到他府上有何貴幹呢?

阮先生 : 實不相瞞他祖母身上得病, 去他那裡問候。

難客 : 是什庅病呢?

阮先生 : 脚後跟生一個瘡, 也不知道是什庅瘡, 好利害不過。

難客 : 有請醫生料理沒有?

阮先生 : 有。

번역 :

객 : 제가 구두점을 찍은 것 중에 잘못된 부분이 많을 것입니다. 제가 최선을 다하지 않아서가 아니라 저의 학문이 한계가 있기 때문입니다. 이해해주세요. 한 번 살펴보시다가 만일 잘못된 부분이 있거든 손을 좀 봐야 할 거라고 전해 주십시오.

객2 : 요 며칠 定菴 鄭선생님을 뵌 적 있으신지요?

완선생 : 보았습니다.

객 : 언제 보셨나요?

완선생 : 오늘 아침에 일어났을 때 보았지요.

객 : 어디서 보셨습니까?

완선생 : 일이 좀 있어서 그분 댁에 갔다가 보았습니다.

객 : 그분 댁에 가셨다니, 무슨 일이 있습니까?

완선생 : 사실 그분 할머니가 편찮으셔서 병문안 갔었습니다.

객 : 무슨 병인가요?

완선생 : 발꿈치에 종기가 생겼는데 무슨 종기인지는 모르겠으나 매우 심하더군요.

객 : 의사에게 진찰을 받으셨나요?

완선생 : 네 받았습니다.

三十四丁表

原文：

那裡上藥o還沒有見效o 怪道是我當是[1]他怎庅這幾天不来o原来是這樣的庅o借重[2]阮先生o若是再見着他o替我問候他祖母的瘡o好了沒有o拜托ママo 好說o承[3]先生的吩咐o自然奉命o如今天黑了o弟們回去o明日再来o 我們夜飯煮好了o就在這裡喫個便飯回去罷[4]o 多謝ママo我們家裡有事o回去喫罷o 弟們留你兄們在這裡喫飯o不是為兄們家裡沒有飯喫o大家都是好朋友o在這裡講話玩マo遇着喫飯

對話：

阮先生：(正在)那裡上藥，還沒有見效。

難客 ：怪道是我當是他怎庅這幾天不来，原来是這樣的庅！借重阮先生若是再見着他替我問候他祖母的瘡好了沒有，拜托ママ。

阮先生：好說。承先生的吩咐自然奉命。如今天黑了，弟們回去明日再来。

難客 ：我們夜飯煮好了，就在這裡喫個便飯回去罷。

阮先生：多謝ママ。我們家裡有事，回去喫罷！

難客 ：弟們留你兄們在這裡喫飯，不是為兄們家裡沒有飯喫。大家都

---

1) 當是：~라고 생각하다. ~라 여기다.

2) 借重：1. 다른 사람의 권세와 명예를 빌어 자기의 이익을 꾀하다. 2. 다른 사람에게 부탁을 청하는 겸손한 말. 본문에서는 2항의 의미로 사용되었다.

3) 受：1. 다른 사람이 준 물건을 받다. 2. 어떤 불행을 참아내다. 3. 얻다. 입다. 당하다. 4. 적합하다. 본문에서는 3항의 의미로 사용되었다.

4) 罢(bà)：1. 멈추다, 쉬다. 2. 그만두다, 없애다. 3. 끝나다. 본문에서는 3항의 의미로 사용되었다.

是好朋友, 在這裡講話玩マ。(遇着喫飯的時候, 就在這裡喫一點何妨?)

번역 :

완선생 : 약을 드시고 계시지만 아직 차도는 없으십니다.

객 : 그가 요 며칠 오지 않아서 이상하게 생각했었는데 그런 일이 있었군요! 阮선생님, 번거로우시겠지만 만약 그를 다시 만나신다면 제 대신에 외할머니의 종기가 어떠신지 여쭤봐 주세요.

완선생 : 걱정 마십시오. 그렇게 하겠습니다. 벌써 해가 졌으니 이만 돌아갔다가 내일 다시 오겠습니다.

객 : 저녁밥이 다 되었는데, 여기에서 간단히 식사를 하시고 가시지요.

채선생 : 감사합니다만, 집에 일이 있어서 돌아가서 먹겠습니다.

객 : 각자 집에 다들 밥이 있기는 하지만, 모두가 좋은 친구들인데, 여기에서 함께 이야기하고 놀다가 식사 시간이 되면, 같이 한 끼 하는데 뭐 어떻습니까?

三十四丁裏

原文：

的時候o就在這裡喫一點何妨[5]o只是做的o沒有什庅味道o不當[6]好喫o不要棄嫌[7]o兄們就在這裡喫飯o也是貴國的東西o並不是我們的物件[8]o說什庅多謝呢o　雖是這樣說o我們國王送給你們喫的o就是替你們的都一樣o如今我們喫了o恐怕你們不殼[9]o　說得一發可笑了o兄們會喫得多少o我們就會不殼o國王天天發[10]来的東西柴米o喫都不盡[11]o今晚定要留你在這裡喫頓去o我們纔得安心o兄們不要這樣做客[12]　o先

對話：

難客　：只是做的沒有什庅味道不當好喫，不要棄嫌。兄們就在這裡喫飯，也是貴國的東西並不是我們的物件，說什庅多謝呢！

蔡先生：雖是這樣說，我們國王送給你們喫的，就是替你們的都一樣。如今我們喫了，恐怕你們不殼。

難客　：說得一發可笑了，兄們會喫得多少我們就會不殼？國王天天發来的東西、柴米，喫都不盡。今晚定要留你在這裡喫頓去，我們纔得安心。兄們不要這樣做客。

---

5) 何妨 : 1. 어찌 안 하겠는가? 2. 무슨 상관이 있겠는가. (…해도) 무방하다(괜찮다). 본문에서는 2항의 의미로 사용되었다.
6) 不当 : 부적당하다.
7) 弃嫌 : 싫어하다.
8) 物件 : 물건
9) 不彀(bùgòu) : 부족하다.
10) 發 : 보내다.
11) 不盡 : 끝나지 않다.
12) 做客 : 1. 밖으로 나가 장사하다. 2. 손님이 되다, 다른 사람을 방문하다. 3. 겸손하다, 사양하다, 체면을 차리다. 본문에서는 3항의 의미로 사용되었다.

번역 :

객　: 그저 저희가 만든 밥과 반찬이 별로 맛있지는 않지만 마다 하지는 말아 주십시오. 여러분이 여기서 드시는 밥이 우리 것도 아니고, 귀국의 음식인데 무슨 감사하다는 말씀을 하십니까?

채선생 : 그렇기는 하지만, 국왕이 여러분에게 보내주신 먹을 것들이 여러분들의 것이지 않습니까. 지금 우리가 먹게 되면 아마도 여러분의 것이 부족해질 것입니다.

객　: 말씀이 점점 이치에 맞지 않으십니다. 여러분들이 얼마나 드신다고, 우리가 먹을 게 부족해지겠습니까? 국왕님이 매일 장작과 쌀을 보내주셔서 충분히 먹고도 남습니다. 오늘 저녁에 여기서 식사를 하고 가셔야 저희가 맘이 편하겠습니다. 너무 사양하지 마세요.

三十五丁表

原文：

生好意[1]相留o敢[2]不領情[3]o現在奉[4]禁o不敢有違o小弟心領就是了o怎広說是奉禁呢o　這柴米東西o是國王送給你們的o就筭[5]是你们的了o敝国的法度[6]利害[7]o大九(还)你們的东西o不論大小多寡[8]o就是一艸[9]一木o一針一線o也不許我們要你的o若是在這裡喫飯o門上[10]看守的人看見o報給老爺知道o我們就不好了o　這樣說来o你們送我的東西o也是違禁[11]了o　不然[12]o　這又是怎広講呢o我們這裡規矩o只許我們送你東

對話：

蔡先生：(先)生好意相留敢不領情！現在奉禁不敢有違。小弟心領就是了。

難客　：怎広說是奉禁呢?

蔡先生：這柴米東西是國王送給你們的就筭是你们的了。　敝国的法度

---

1) 好意 : 호의, 선량한 생각
2) 敢 : 감히 할 수 없다.
3) 领情 : 상대방의 선물이나 호의를 받고 감격하다.
4) 奉 : '俸'과 같은 글자로 녹봉을 의미한다.
5) 筭(suàn) : '算'과 같다. '계산하다. 고려하다'.
6) 法度 : 법령제도
7) 利害 : 지독하다, 심하다.
8) 多寡 : 많고 적음, 분량
9) 一艸 : 풀
10) 門上 : 집안. 주소.
11) 違禁 : 위반금지령
12) 不然 : 1. 이렇지 않다. 전혀 이렇지 않다. 2. 그렇지 않으면, 전환관계로 이렇게 하지 않으면 상반되는 결과나 상황이 나타날 수 있음을 나타낸다. 본문에서는 1항의 의미로 사용되었다.

利害。大九(还)你們的东西不論大小多寡, 就是一艸一木, 一針一線也不許我們要你的。 若是在這裡喫飯門上看守的人看見, 報給老爺知道, 我們就不好了。

難客 : 這樣說来, 你們送我的東西也是違禁了?

蔡先生 : 不然。

難客 : 這又是怎庅講呢?

蔡先生 : 我們這裡規矩只許我們送你東(西。)

번역 :

채선생 : 형님(先生)이 먼저 호의를 저한테 베풀어주시는데 어떻게 감격하지 않겠습니까! 지금은 물건 받는 것을 금지하고 있어서 금지령을 어길 수 는 없어요. 저는 마음만 감사히 받겠습니다.

객 : 어떻게 이것이 금지령을 어기는 것이라 할 수 있습니까?

채선생 : 이 쌀 같은 물건들은 국왕이 여러분께 보낸 것이니 여러분 것입니다. 우리나라의 법률제도는 매우 엄격합니다. 여러분들의 물건이 크든, 작든, 많든, 적든, 풀 한 포기, 나무 한 그루, 바늘 한 개, 줄 하나 까지도 당신 것을 받는 것이 금지되어 있습니다. 여기서 밥 먹는 것을 수문지기들이 보고 나리께 알리면 우리가 난처해집니다.

객 : 그러면 여러분들이 제게 물건을 주신 것도 금지령을 위반하신 겁니다.

채선생 : 그렇지 않습니다.

객 : 이건 또 어떻게 설명하실 겁니까?

채선생 : 이곳의 규칙은 우리가 당신께 물건 드리는 것만 허용됩니다.

三十五丁裏

原文 :

西o不許我們収你的東西o我們送你東西o國王知道就欢喜o我们収你的东西o国王知道o就惱[13]起来o求兄見諒ママ[14]o 這話我也再不肯[15]信o這個不過是喫食的東西o又不是什広希罕[16]的東西o現今在這裡o並沒有人看見o請喫一點不妨[17]o 這是掩耳偸鈴[18]的話o只好[19]瞞[20]自(己)o瞞不得別人o你都不聽那古人說o人間私語o天聞如雷[21]o又[22]說o欲(要)人不知o除非己莫為[23]o今蒙老兄過爱[24]o本不該推辞[25]o現今[26]天時[27]晚了o田去路上还有一塊o

---

13) 惱(nǎo) : 1. 화내다, 원망하다. 2. 고민하다, 번거롭고 답답하다. 본문에서는 1항의 의미로 사용되었다.
14) 見諒ママ : [겸어] 상대방이 자신을 용서해주기를 청하는 말
15) 不肯 : 거절이나 원하지 않음을 나타내는 부성 소통사
16) 希罕 : 1. 적고 희귀하다. 2. 관심을 갖다, 흥미가 있다. 본문에서는 1항의 의미로 사용되었다.
17) 不妨 : (…하는 것도) 괜찮다. 무방하다.
18) 掩耳偷鈴 : 방울을 훔치는데 다른 사람이 들을까 무서워 자신의 귀를 막음, 자기가 자기 자신을 속이는 것을 비유하여 결코 넘어가지 않을 얕은 수로 속이려 한다는 말
19) 只好 : 다만, 단지 ~할 수 있을 뿐이다.
20) 瞞 : 실정을 숨기다. 다른 사람이 알지 못하게 하다.
21) 人間私語, 天聞如雷 : 배후에서 시비장단을 논한다. 사람들은 알지 못하지만 하늘은 알고 명성이 자자하다.
22) 又 : '再'와 같은 글자로 '또'라는 의미이다.
23) 欲(要)人不知, 除非己莫為 : 사람들이 알지 못하게 하고 싶으면 자기가 안하면 된다는 뜻의 자주 쓰이는 숙어. 나쁜 일은 결국 폭로된다는 말
24) 過愛 : 1. 지나치게 사랑에 빠지다. 2. [겸어] '과분한 은혜입니다. 분에 넘친 사랑을 받았습니다. [남의 은혜에 감사함을 표시할 때 쓰는 말]'와 같다. 본문에서는 2항의 의미로 사용되었다.
25) 推辞 : 거절하다. 사양하다.
26) 現今 : 현재
27) 天時 : 1. 자연운행의 돌아가는 계절 순서 2. 공격에 유리한 자연기후 조건 3. 자

對話：

蔡先生：不許我們収你的東西。我們送你東西國王知道就欢喜；我们収你的东西国王知道就惱起来，求兄見諒ママ。

難客：這話我也再不肯信，這個不過是喫食的東西，又不是什庅希罕的東西。蔡先生：現今在這裡並沒有人看見，請喫一點不妨。這是掩耳偷鈴的話，只好瞞自(己)，瞞不得別人。你都不聽那古人說："人間私語，天聞如雷。" 又說："欲(要)人不知，除非己莫為。" 今蒙老兄過爱，本不該推辞。現今天時晚了，回去路上还有一塊(有水的地方。)

번역：

채선생：우리가 여러분들의 물건 받는 것은 허용되지 않습니다. 국왕께서 우리가 당신께 물건 드린 것을 아시면 기뻐하시겠지만, 우리가 여러분의 물건을 받으면 국왕께서는 바로 노여워하실 것입니다. 형님이 이해해주시길 부탁드립니다.

객：이 말씀은 별로 믿고 싶지 않습니다. 이건 단지 먹는 것이고, 귀한 것도 아닙니다. 여기에는 보는 사람도 없으니 좀 드셔도 괜찮습니다.

채선생：눈감고 아웅 한다면 자기 자신만을 속일 수는 있지만 다른 사람은 속이지 못합니다. "세상에서 소곤거리면, 하늘에서는 천둥같이 들린다." 또 "사람들이 모르기를 원한다면, 그 일을 하지 않는 것밖엔 없다."라는 말 들어 보셨습니까? 오늘 여러분들의 과분한 사랑을 받았네요. 원래는 거절해선 안 되는데 말입니다. 시간이 조금 늦었네요, 돌아가는 길에 또 물가가 있습니다.

연의 법칙, 하늘의 뜻, 운명. 4. 시간, 때. 본문에서는 4항의 의미로 사용되었다.

三十六丁表

原文：

有水的地方o趁這退潮[1]的時候o好走不過o若再擔擱[2]一會o越發晚了o潮水又滿o那時行走[3]不便o今日甚[4]是領情o就像喫過一様o弟告辞了o不要見怪o　潮水還早o兄們要去o総[5]是[6]不爱在這裡喫飯就是了o既然不肯喫o弟也不敢強留o請坐喫袋烟去o　罷[7]o不喫了o各位都請坐用飯o弟不陪了o請了ママo先生替家姐夫[8]點的書o拿来給弟帶去o　(呵)o蔡先生回去o煩劳替我問候令尊大人[9]一聲o　(呵)o多承厚意[10]了o請了o不消送o

對話：

蔡先生：趁這退潮的時候好走不過。若再擔擱一會越發晚了潮水又滿，那時行走不便。今日甚是領情就像喫過一様。弟告辞了不要見怪。

難客　：潮水還早，兄們要去？総是不爱在這裡喫飯就是了。既然不肯

---

1) 退潮 : 만조가 된 다음 점차 줄어듦. '썰물'이라고도 한다.
2) 擔擱 : 끌다, 지연하다.
3) 行走 : 1. 걷다. 움직이다. 2. 북양군벌이 통치하던 시기에 임명하여 충당하게 한 관직의 명칭. 본문에서는 1항의 의미로 사용되었다.
4) 甚是 : 매우
5) 総 : '总'과 같은 글자로 '총, 모두'라는 의미이다.
6) 総是 : 결국, 모두
7) 罷(bà) : 1. 멈추다, 쉬다. 2.없애다. 3.끝내다. 본문에서는 두 번째 의미로 사용되었다.
8) 姐夫 : 언니나 누이의 남편을 부르는 호칭
9) 令尊大人 : 상대방의 아버지를 높여 부르는 말
10) 厚意 : 깊은 정

喫，弟也不敢強留，請坐喫袋烟去。

蔡先生：罷，不喫了。各位都請坐用飯。弟不陪了，請了ママ。先生替家姐夫點的書拿来給弟帶去。

難客 ：(呵)蔡先生囘去，煩劳替我問候令尊大人一聲。

蔡先生：(呵)多承厚意了。請了，不消送。

번역 :

채선생 : 썰물일 때 건너는 게 가장 좋습니다. 조금 더 지체한다면 시간이 더 늦어지고, 물이 다시 차오른다면 가기 힘들어집니다. 오늘 먹지는 않았지만 먹은 걸로 하겠습니다. 감사합니다. 저는 가보겠습니다. 이해해주세요.

객 : 밀물될 때 까지는 아직 시간이 조금 있는데 돌아가시려고요? 여기서 식사하시는 게 싫으셨던 거군요. 드시려 하지 않으니 저도 강요는 못하겠습니다. 앉아서 담배 한 대 피우고 가시지요.

채선생 : 아닙니다. 안 피우겠습니다. 얼른 앉아서 식사하시지요. 저는 안 먹겠습니다. 형님이 자형께 부탁한 책을 제가 가져다 줘야겠습니다.

객 : 돌아가셔서, 제 대신 부친께 안부 전해주세요.

채선생 : 감사합니다. 나오지 마세요.

三十六丁裏

原文：

請留步[11]o不要拘礼[12]o (呵)o失送[13]了o 你看鄭通事来了o通事請坐o (呵)o告坐了o列位[14]都請坐o 通事這一向[15]貴体[16]都好庅o 好o 府上都平安庅o 都平安o你們大家都好庅o 托福[17]o 朱三官的病如今怎庅様了o 不見好[18]o一發[19]沉重了o 他在那裡住o 在那邊新盖的房子裡頭養病[20]o 我過去看マ他o(呵)o朱三官o通事来這裡看你o (嗳)o多謝劳駕[21]了o 你睡着[22]o不要起来o一天喫得幾頓飯呢o 也不定o三頓也喫o兩頓

對話：

蔡先生：請留步。不要拘礼。

難客 ：(呵)失送了。

……

難客 ：你看鄭通事来了，通事請坐。

---

11) 留步：(인사말)손님이 떠날 때 주인에게 나오지 말라고 하는 말
12) 拘礼：예법이나 예절에 구속받다.
13) 失送：보내지 않다.
14) 列位：여러분
15) 一向：과거의 어느 시기
16) 貴体：다른 사람의 신체를 높여 부르는 말
17) 托福：현대 중국어에서 일반적으로 '덕분에'라고 쓴다. 다른 사람의 안부 물음에 대한 대답으로 많이 쓰인다.
18) 见好：1. 병세가 가벼워져 호전을 보이다. 2. 좋은 평가를 받다, 호감을 얻다. 본문에서는 1항의 의미로 사용되었다.
19) 一發：1. 더욱더. 2. 같이. 3. 머리카락 하나. 본문에서는 1항의 의미로 사용되었다.
20) 養病：병에 걸려 요양하다.
21) 劳駕：(인사말)실례합니다. 실례하겠습니다.
22) 睡着：누워서

郑通事：(呵)告坐了，列位都請坐。

難客　：通事這一向貴体都好庅?

郑通事：好。

難客　：府上都平安庅?

郑通事：都平安。你們大家都好庅。

難客　：托福。

郑通事：朱三官的病如今怎庅樣了?

難客　：不見好。一發沉重了。

郑通事：他在那裡住?

難客　：在那邊新盖的房子裡頭養病。

郑通事：我過去看マ他。

難客　：(呵)朱三官通事来這裡看你。

朱三官：(嗳)多謝劳駕了。

郑通事：你睡着，不要起来。一天喫得幾頓飯呢?

朱三官：也不定。三頓也喫，兩頓(也不打緊。)

번역：

채선생：나오지 마세요. 너무 예의 차리실 필요 없으세요.

객　：(呵呵) 안 나가겠습니다.

객　：보세요, 정통사님 오셨네요, 통사님 앉으시지요.

정통사：감사합니다. 여러분들도 앉으시지요.

객　：통사님 그동안 건강하셨습니까?

정통사：네.

객　：가정은 평안하시구요?

정통사：네. 여러분들은 다 잘 지내셨습니까?

객　：덕분에요.

정통사：주삼관의 병은 좀 어떻습니까?

객　：호전되지 않고 더 심해졌습니다.

정통사：어디에 계십니까?

객　：새로 지은 건물 안에서 요양하고 계십니다.

정통사：뵈러 가야겠습니다.

객　：주삼관, 통사님 오셨습니다.

주삼관：와주셔서 감사합니다.

정통사：누워 계세요, 일어나실 필요 없습니다. 하루에 밥 몇 끼 드실 수 있습니까?

주삼관：항상 다릅니다. 어떤 때는 세 끼, 어떤 때는 두 끼 먹어도 괜찮습니다.

三十七丁表

原文：

也不打緊[1] 喫乾飯[2]o喫稀飯[3]呢o 喫稀飯 一頓喫得多少呢o 有時喫得兩碗o有時只喫一碗多些o 你要安心靜養[4]o不要性急o我回去了o 通事再到那邊去坐マo不妨[5]喫鐘茶講マ再去o (呵)o我看朱三官的病o其實利害o你們大家用心伺候o看守他要緊o 曉得o不消通事吩咐o林通事回家去了麽o 回去了o昨日我来得黑了[6]o他又去得急o所以不来這裡告辞[7]o他說o得罪[8]兄們失敬了o不要見怪o 好說o豈敢o前日

對話：

郑通事：喫乾飯喫稀飯呢?

朱三官：喫稀飯。

郑通事：一頓喫得多少呢?

朱三官：有時喫得兩碗, 有時只喫一碗多些。

郑通事：你要安心靜養, 不要性急, 我回去了。

難客：通事再到那邊去坐マ。不妨喫鐘茶講マ再去。

郑通事：(呵)我看朱三官的病其實利害, 你們大家用心伺候看守他要緊。

---

1) 打紧 : '중요한'이라는 의미로, 부정문에 자주 쓰인다.
2) 乾飯 : 밥이 다 된 후에 물이 매우 적은 밥
3) 稀飯 : 쌀이나 좁쌀 등을 끓여 만든 죽
4) 静养 : 안정을 취하다.
5) 不妨 : (…하는 것도) 괜찮다. 무방하다.
6) 黑了 : (시간이)늦다.
7) 告辞 : 작별인사를 하다.
8) 得罪 : 1. 죄를 짓다. 2. (상대에게)실례하다. 무례하다. 3. (빈말)미안하다. 본문에서는 3항의 의미로 사용되었다.

難客 ：曉得。不消通事吩咐。林通事回家去了麽?

郑通事：回去了。昨日我来得黑了，他又去得急，所以不来這裡告辞。他說得罪兄們失敬了，不要見怪。

難客 ：好說，豈敢。

번역 :

정통사 : 밥 드십니까 아니면 죽 드십니까?

주삼관 : 죽 먹습니다.

정통사 : 한 끼에 얼마나 드실 수 있습니까?

주삼관 : 어떤 때는 두 그릇, 어떤 때는 한 그릇 정도 먹습니다.

정통사 : 마음 편하게 먹고 회복하셔야죠, 너무 조급해하지 마세요. 저는 이만 가보겠습니다.

객 : 통사님 저쪽에 앉으시지요. 차 한 잔 드시고 얘기하다 가세요.

성통사 : 제가 보니 주삼관의 병세가 많이 심하신 것 같습니다. 여러분들이 정성껏 간호하는 게 더 중요합니다.

객 : 알겠습니다. 통사님이 걱정하지 않으셔도 됩니다. 임통사님는 집에 가셨나요?

정통사 : 가셨습니다. 어제 저도 늦게 오고, 임통사님은 급하게 떠나야 하셔서, 여기로 인사드리러 못 오셨어요. 임통사님이 여러분들께 미안하다고 서운해 하지 말라고 하셨어요.

객 : 별말씀을요, 괜찮아요.

三十七丁裏

原文：

托令[9]舅寄去的書o通事可曾[10]収了庅o 收過了o多謝費心得緊o 好說o敢問通事o今年去中國的船o是幾隻呢o 接貢[11]的一隻o送你們飄風来的兩隻o共総[12]三隻o 幾時回来呢o 大約七八月o纔得回来o 今年進貢[13]o還是等这個船回来o纔去得呢o還是另有船去呢o 総是[14]八月十五日為定o若是這個船回来了o就用這回来的船去o若(是)沒有回来o就另造[15]一隻去o 進貢的規矩o是幾年一回呢o 兩年一回o一年接貢[16]o一

對話：

難客 ：(前日)托令舅寄去的書，通事可曾収了庅?

郑通事：收過了。多謝費心得緊。

難客 ：好說。敢問通事，今年去中國的船o是幾隻呢?

郑通事：接貢的一隻，送你們飄風来的兩隻，共総三隻。

難客 ：幾時回来呢?

郑通事：大約七八月纔得回来。

難客 ：今年進貢還是等這個船回来纔去得呢? 還是另有船去呢?

---

9) 令 : 존댓말로 상대방의 가족이나 상대방과 관련 있는 사람에게 쓴다.
10) 可曾 : 1. ~인지 아닌지 2. 이미 본문에서는 2항의 의미로 사용되었다.
11) 貢 : 공물, 헌상품
12) 共総 : 모두
13) 進貢 : 공물을 바치다. (권세가 있는 사람에게) 선물〔뇌물〕을 바치다. 상납하다.
14) 総是 : 결국, 모두
15) 造 : 만들다.
16) 接貢 : 종주국 또는 군주에게서 공물을 받다.

郑通事 : 総是八月十五日為定。 若是這個船回来了, 就用這回来的船去。若是)沒有回来, 就另造一隻去。

難客 : 進貢的規矩, 是幾年一回呢?

郑通事 : 兩年一回。一年接貢, 一(年進貢。)

번역 :

객 : 이틀 전에 부탁하신 책을 통사님 처남 편에 보냈는데, 통사님 받으셨습니까?

정통사 : 받았습니다. 신경써주셔서 감사합니다.

객 : 무슨 말씀을요. 통사님 올해 중국으로 가는 배가 몇 척이나 있습니까?

정통사 : 공물 받는 배 한 척, 여러분들이 이곳으로 표류해 올 때 탄 배 두 척, 총 세 척입니다.

객 : 언제 옵니까?

정통사 : 한 7, 8월 즈음이나 되어야 올 것 같습니다.

객 : 올해 공물 실은 배는 이 배가 돌아올 때 까지 기다려야 하는 건지 아니면 다른 배가 또 있는 겁니까?

정통사 : 8월 15일이나 되어야 정할 수 있을 것 같습니다. 만약에 이 배가 돌아오면 바로 이 배로 가고, 안 오면 배를 새로 건조해서 가야 합니다.

객 : 관습에 따르면 공선을 받는 것은 몇 년에 한 번 하는 겁니까?

정통사 : 2년에 한번이요. 한 해는 공선을 받고, 다음 한 해는 공선을 들여보냅니다.

三十八丁表

原文：

年進貢ㅇ 進貢[1]接貢ㅇ共用幾隻船ㅇ 三隻船ㅇ進貢兩隻ㅇ接貢一隻ㅇ進貢呢ㅇ 是進上[2]的貢物ㅇ差[3]去的官員ㅇ还有學官話的人ㅇ一起到中國去ㅇ 接貢呢ㅇ 是接皇上欽賜[4]國王的東西ㅇ差去的官員ㅇ那些學官話的人ㅇ一起回本國来ㅇ 這裡起身去ㅇ那邊起身来ㅇ都有一定的時候[5]庅ㅇ 有一定的時候ㅇ這边頭一年[6]十一月間ㅇ開船過去ㅇ到那边過年[7]七八月間ㅇ開船回来ㅇ 進貢是什庅東西呢ㅇ 敝國是個窮國ㅇ沒有什庅稀

對話：

通事：年進貢。

難客：進貢接貢。共用幾隻船?

通事：三隻船, 進貢兩隻, 接貢一隻。

---

1) 進貢：공물을 바치다.(권세가 있는 사람에게) 선물〔뇌물〕을 바치다. 상납하다.
2) 進上：진상. 진공. 헌상.
3) 差：chà：1. 착오. 잘못. 말에 착오가 있다. 2. 상충되다：~不多, 상충되는 것이 많지 않다. 3. 모자라다, 결점. 4. 좋지 않다. 기준에 미치지 못한다.
chā：1. 같지 않다, 서로 다른 점 2. 대체적으로 괜찮다. 3. 잘못, 착오. 4. 수학에서 뺄셈을 할 때 얻어지는 답.
chāi：1. 파견 가서 일을 하다. 2. 예전에 파견되어 가던 사람을 이르기도 했다. 3. (사람을) 보내다. 파견하다. 본문은 "差去的官員"의 구절에서, 파견되어 가는 官員의 의미로 쓰이고 있다.
4) 欽賜(qīncì)：(황제가) 하사하다.
5) 時候：1. 어떤 일이 발생한 시간. 2. 일이나 과정 혹은 상황이 경과한 시간을 가리킴. 3. 계절, 계절과 기후 4.시각, 시간.
6) 頭一年："예전, 앞에 있는"의 의미로 头一年은 이와 같은 의미에서의 첫 해를 말한다. 그러므로 "앞의 한 해", 혹은 "지난해"의 의미로 해석된다.
7) 過年：한 해를 나다.

難客：進貢呢?

通事：是進上的貢物, 差去的官員, 还有學官話的人, 一起到中國去。

難客：接貢呢?

通事：是接皇上欽賜國王的東西, 差去的官員, 那些學官話的人, 一起回本國来。

難客：這裡起身去, 那邊起身来, 都有一定的時候庅?

通事：有一定的時候, 這边頭一年十一月間, 開船過去, 到那边過年, 七八月間, 開船回来。

難客：進貢是什庅東西呢?

通事：敝國是個窮國, 沒有什庅稀(奇的東西。)

번역 :

통사 : 다음 한 해는 공선을 들여보냅니다.

객 : 공물을 들여보내고, 예물을 받아오는 데 모두 몇 척의 배가 사용됩니까?

통사 : 배가 세 척 사용됩니다. 공물을 실어 보내는 배가 두 척, 예물을 받아오는데 사용되는 배가 한 척입니다.

객 : 공물을 올리는 것은 무얼 말합니까?

통사 : 황제께 올리는 공물과 파견되어 가는 관원들, 官話를 배우는 자들이 함께 중국으로 가는 것을 말합니다.

객 : 그럼 예물을 받아오는 접공선은 또 뭡니까?

통사 : 황제께서 우리 국왕께 하사해주시는 예물을 받아서, 파견되었던 관원들과 관화를 배우러 갔던 자들이 함께 돌아오는 겁니다.

객 : 이쪽에서 배가 출항하는 시간과, 저쪽에서 돌아올 때 출항하는 시간이 정해져 있습니까?

통사 : 그렇지요. 이쪽에서는 첫해 11월에 배가 출항해서, 저쪽에

도착해 명절을 보낸 뒤 다음 해 7, 8월에 이곳으로 돌아옵니다.

객 : 공물로는 어떤 것을 올립니까?

통사 : 우리는 가난한 나라인지라 그다지 진귀한 물건은 없습니다.

三十八丁裏

原文：

奇的東西o不過是硫磺o紅銅o白剛錫o這三様就是了o沒有什庅別的東西o　這裡的船o到福建去o收在什庅地方湾泊[8]呢o　收在南台後洲[9]新港口河下湾着o那裡有琉球公舘一所o名字叫做柔遠驛o船到的時節o把那貢物行李官員人等o都進舘安歇[10]o駛船那些人o都在船上看守o撫院[11]題本[12]o等聖旨下来o到七八月間o這裡差去的官員o收拾[13]上京o到十二月o纔會到京o上了表章o進了貢物o還要擔擱[14]兩三個月o到来年三

對話：

通事：不過是硫磺、紅銅、白剛錫, 這三様就是了。沒有什庅別的東西。

難客：這裡的船, 到福建去, 收在什庅地方湾泊呢?

通事：收在南台後洲新港口河下湾着, 那裡有琉球公舘一所, 名字叫做柔遠驛。船到的時節, 把那貢物行李官員人等, 都進舘安歇, 駛船那些人, 都在船上看守, 撫院題本, 等聖旨下来, 到七八月間, 這

---

8) 湾泊：1. 강이 굽이도는 곳에 배를 정박하다. 2. 정박하다. 멈추다.
9) 南台後洲：중국 청대 당시 복건성에 위치했던 곳임.
10) 安歇：1. 자리를 잡고 쉬다. 2. 편히 쉬다. 편안하게 휴식하다.
11) 撫院：1. 편히 쉬다. 편안하게 휴식하다. 2. 순무. 명明대에 조정에서 지방에 파견하여 민정・군정을 순시하던 대신. 3. 주소奏疏를 올리다.
12) 题本：중국 명청明清시기에 올리던 주소문奏疏文등의 명칭 중 하나를 말함.
13) 収拾(shōushí)：1. 정리하다, 배치하다, 정돈하다. 2. 수리하다, 수선하다. 3. 돌보다, 처리하다. 4. 징벌하다, 처리하다. 5. 삼가다, 조심하다, 수축하다. 6. 요리하다. 7. 준비하다. 8. 소멸하다, 없어지다. 9.회복시키다, 복원하다, 다스리다. 본문은 7항 "준비하다"의 의미로 쓰이고 있다.
14) 擔擱(dānge)：(시간을 지체하다가) 시기를 놓치다. 시간을 허비하다.

裡差去的官員, 収拾上京。到十二月, 纔會到京, 上了表章, 進了貢物, 還要擔擱兩三個月, 到来年三。

번역 :

통사 : 그저 유황이나 적동赤銅, 강철, 이렇게 세 가지일 뿐, 달리 특별한 건 없습니다.

객 : 이곳의 배가 복건福建에 도착하면 어느 곳에 정박합니까?

통사 : 남대후주南台後洲의 신항구하新港口河 아래쪽 굽이진 곳에 유구琉球라는 관사가 하나 있는데, 유원柔远이라는 곳입니다. 배가 복건福建에 정박하면 공물을 나르는 관원들은 그 곳에 가서 휴식을 취하고, 항해사들은 모두 배를 지킵니다. 무원이 주소奏疏를 올리고 난 뒤, 황제의 명이 내려올 때 까지 기다렸다가 7~8월이 되면, 그곳으로 파견되어 갔던 관원들이 짐을 꾸려서 황제의 도읍으로 들어가게 되는데, 12월이 되어야 황제의 도읍에 도착하게 됩니다. 그런 다음 공문을 올리는데, 공물을 황제께 올리기 까지는 2, 3개월의 시간을 더 허비해야 합니다.

三十九丁表

原文：

月時節o纔得起身回福建o等到七八月o只留一位存留通事o跟隨幾個人o在那裡看守舘驛o其餘各官人等o都上接貢船回國o讀書學官話那些人o爱回来.不爱回来o這個都隨他的便o是不拘的o　差去進貢的官員o是什庅職分呢o　耳目官[1)]o正議大夫[2)]o北京都通事o以下還有過海都通事o存留通事o大文o小文o這些官員人役o　通船共有多少人呢o　官伴水梢[3)]o共有一百多人o　我們旧年[4)]被風的時節o在洋裡漂流o差

對話：

通事：(到来年三)月時節，纔得起身回福建，等到七八月，只留一位存留通事跟隨幾個人在那裡看守舘驛，其餘各官人等，都上接貢船回國。讀書學官話那些人爱回来不爱回来，這個都隨他的便，是不拘的。

難客：差去進貢的官員是什庅職分呢?

通事：耳目官、正議大夫、北京都通事、以下還有過海都通事、存留通事、大文、小文，這些官員人役。

---

1) 耳目官(ěr mù guān)：1. 귀와 눈의 감각기관을 가리킴. 2. 임금을 곁에서 모시면서, 귀와 눈이 되어주는 신하를 말함. 3. 어사御史를 가리킴.

2) 正議大夫：문관의 명칭. 당唐 대의 문관은 여섯 개의 품계로 나누었는데, 정사품상正四品上에 해당한다.

3) 梢(shāo)：1. 선미船尾, 배의 꼬리. 2. 사공. 선부. 수부水夫. 본문은 사공, 수부의 의미로 사용되었다. 예를 들어, '梢公'은 뱃사공(집안)에 대한 존칭이며, '梢婆'는 뱃사공의 아내를 가리켰음.

4) 旧年：1. 음력 설. 2. 작년. 본문은 '작년'의 의미로 사용되었다.

難客：通船共有多少人呢?

通事：官伴水梢共有一百多人。

難客：我們旧年被風的時節，在洋裡漂流。

번역 :

통사 : 그렇게 다음해 3월이 되어야 福建으로 돌아올 수 있게 되는 거지요. 7~8월이 되면 잔류存留통사 한 명과 몇몇 따르는 자들만 그곳에 남아서 관사를 지키고, 나머지 관원들은 모두 접공선接貢船과 함께 돌아오게 되는데, 공부를 하러 갔거나 官話를 배우러 갔던 사람들의 귀국 여부는 본인의 뜻에 맡겨두고 강요는 하지 않습니다.

객 : 파견되어 가는 관원들은 어떠한 직분으로 나뉩니까?

통사 : 이목관耳目官, 정의대부正議大夫, 북경도통사北京都通事 등의 관직이 있고, 그 밑으로 항해도통사, 잔류통사存留通事, 대문大文, 소문小文 등의 관직이 있습니다.

객 : 배에 오르는 이들이 모두 몇이나 됩니까?

통사 : 관원들과 선원들을 모두 합하면 100여명이 될 겁니다.

객 : 작년에 태풍을 만나 바다를 표류하다가

三十九丁裏

原文：

(差)不多要到這裡o看見好幾個島子o也不曉得[5]那島子裡頭有人家住沒有o也是貴國所管的庅o　遠不遠呢o　也不當遠o大約有半天路的o也有一兩天路的o　想必[6]都是這裡所管的地方o　我聽見說o當日這裡有三王o南有南山王o北有北山王o這裡呌做中山王o後来都歸中山o就是如(今)的王爺週圍所管的o共有三十六島o这话是真的庅o　真マ是这样的o　貴國進貢o是從那一朝纔起的呢o　敝國進貢o是從唐朝

對話：

難客：(差)不多要到這裡看見好幾個島子，也不曉得那島子裡頭有人家住沒有，也是貴國所管的庅?

通事：遠不遠呢?

難客：也不當遠，大約有半天路的，也有一兩天路的。

通事：想必都是這裡所管的地方。

難客：我聽見說，當日這裡有三王，南有南山王、北有北山王、這裡呌做中山王。後来都歸中山，就是如(今)的王爺週圍所管的，共有三十六島，这话是真的庅?

通事：真マ是这样的。

難客：貴國進貢是從那一朝纔起的呢?

通事：敝國進貢是從唐朝(起的)。

---

5) 曉得：알다, 이해하다.
6) 想必：반드시, 틀림없이, 꼭, 필연, 필시.

번역 :

객 : 이곳에 거의 닿을 때 즈음, 섬을 여러 개 봤는데 그 곳에 사람들이 살고 있는지는 잘 모르겠지만, 그 섬들 역시 이 나라 관할입니까?

통사 : 여기서 먼 곳이었습니까?

객 : 그리 멀지는 않았습니다. 대략 반나절 정도 소요되는 곳도 있었고, 하루 이틀 걸리는 곳도 있었습니다.

통사 : 아무래도 모두 이 나라에서 관할하는 곳인 듯합니다.

객 : 제가 듣기론 그 당시 이곳은 남쪽에는 남산왕南山王, 북쪽에 북산왕北山王, 그리고 이곳의 왕은 중산왕 이었다고 하더군요. 그러다 모두 중산왕에게 귀속되었다고 들었어요. 지금 나리께서 주변에 관할하는 곳이 36개의 섬이라고 하던데, 그 말이 맞습니까?

통사 : 네, 그렇습니다.

객 : 이곳은 어느 왕조 때부터 조공을 시작했습니까?

통사 : 당唐 대 때부터 조공을 올리기 시작했습니다.

四十丁表

原文：

起的○ 貴國有漂風来的人○我們琉球○都呌他們為唐人○ 怪道這裡人○呌我們是唐山人○原来是這個緣故庅○ 那時候○我們敝國的人○從沒有見聖人的教化○也沒有聽見聖(人)的道理○中國的礼数○全マ不曉得○我們國王差幾十個人○到中國去學○後来到洪武[1]二十五年間○皇上撥[2]閩人三十六姓[3]○来這裡教導○到萬曆年間○又撥閩人六姓○也到這裡来教導○中國的礼数○纔畧マ曉得一點○ 你們的王府[4]在那裡呢○ 在

對話：

通事：貴國有漂風来的人，我們琉球都呌他們為唐人。

難客：怪道這裡人呌我們是唐山人。原来是這個緣故庅。

通事：那時候，我們敝國的人從沒有見聖人的教化，也沒有聽見聖(人)的道理。中國的礼数全マ不曉得。我們國王差幾十個人到中國去學。後来到洪武二十五年間，皇上撥閩人三十六姓来這裡教導，

---

1) 洪武：중국 명대明代의 첫 번째 연호. 그 기간은1368~1398年에 이른다. 당시 재위했던 황제는 명왕조의 개국황제인 명태조明太祖 주원장朱元璋이다.

2) 撥(bō)：1. 손가락이나 방망이 등으로 격발시키다. 들어 올리다. 2. 분급하다, (몫에 따라) 나누다. 3. 다스리다, 관리하다. 4. 반대방향으로 돌리다. 5. 양사, 다수를 이루는 것에 쓰여 그룹을 나누다. 본문에서는 따로 (내)보내다. 각각 파견하다. 분견分遣하다의 의미로 쓰였다.

3) 闽人三十六姓：명(明)왕조 때, 유구로 보내진 복건인福建人으로 서른 여섯 개의 각기 다른 성씨를 가졌다. 이들을 통칭하여 부르는 말이다.《명사・유구전明史・琉球传》에 1372년, 유구의 중산왕이 명 왕조에 조공을 올렸다라는 기록이 있다.

4) 王府：1. 제왕이 재화와 물건, 문서 등을 거두어 보관해 두었던 곳집, 창고를 가리킴. 2. 중국 봉건시기 국왕이나 군왕郡王의 집을 왕부王府라 했다.

到萬曆年間又撥閩人六姓也到這裡来教導中國的礼数, 纔畧マ曉得一點。

難客 : 你們的王府在那裡呢?

번역 :

통사 : 귀국에서 떠내려 온 사람들을 우리 유구琉球에서는 당산인唐山人이라고 부릅니다.

객 : 그런 이유 때문에 이곳 사람들이 우리를 당산인이라고 불렀던 거군요.

통사 : 그때 우리나라 사람들은 성인聖人의 가르침을 받지 못했고, 성인의 이치理致도 들어본 적이 없었습니다. 중국의 예절에 대해 전혀 몰랐지요. (그래서) 국왕께서 중국에 수십 명을 보내 그런 것들을 배우게 하셨습니다. 그러다 홍무洪武 25년에는 황제께서 각기 다른 성씨姓氏를 가진 36명의 민인闽人을 선발하여, 이곳으로 보내 우리가 교육을 받도록 해주셨습니다. 그 뒤 만력万历년간에 6명을 더 선발하여 이곳으로 보내, 중국의 예절을 가르치셨습니다. 그렇게 해서 중국의 예절을 조금이나마 익히게 되었지요.

객 : 여러분의 관부는 어디에 있습니까?

四十丁裏

原文：

首里府○ 前日[5]我們到那边去玩耍○望見那霸港口○林通事說○貢船就在那條港裡湾泊○ 正是○ 这那霸港口○也是首里府所管的広○ 不是○那霸府管的○ 通事貴居在那一府呢○ 敝居在久米府○ 首里府的人○也会講官話広○ 不會○ 他怎広不學官話呢○ 首里府的人○就像中國的滿洲人一樣○他不(做)通事○所以不學官話○久米府的人○就是明朝裡發来四十二姓的人○就像你中國漢人一樣○九有中國飄来

對話：

通事：(在)首里府。

難客：前日我們到那边去玩耍，望見那霸港口。林通事說，貢船就在那條港裡湾泊。

通事：正是。

難客：这那霸港口也是首里府所管的広?

通事：不是，那霸府管的。

難客：通事貴居在那一府呢?

通事：敝居在久米府。

難客：首里府的人也会講官話広?

通事：不會。

難客：他怎広不學官話呢?

通事：首里府的人就像中國的滿洲人一樣。他不(做)通事，所以不學官

---

5) 前日：1. 얼마 전, 지난 날. 2. 어제의 하루 앞 날. 3. 어제.

話。久米府的人就是明朝裡發来四十二姓的人。就像你中國漢人一樣。凢有中國飄來(的船)

번역 :

통사 : 首里府에 있습니다.

객 : 얼마 전, 그곳에 노닐러 갔다가 那霸항구 쪽을 보았는데, 林통사께서 贡船이 그곳에 정박해 있다고 말씀해 주셨습니다.

통사 : 네, 그렇습니다.

객 : 그럼 那霸 항구 역시 首里府에서 관할합니까?

통사 : 아닙니다, 그곳은 那霸府가 관할하는 곳입니다.

객 : 그럼, 통사님은 댁이 어디십니까?

통사 : 저는 구미부久米府에 거주하고 있습니다.

객 : 수리부首里府의 사람들도 관화官話를 할 줄 압니까?

통사 : 할 줄 모릅니다.

객 : 그 분들은 왜 관화를 배우지 않습니까?

통사 : 수리부의 사람들은 중국의 만주滿洲 사람들처럼, 통사의 일을 맡지 않기 때문에 관화를 배우지 않습니다. 구미부의 사람들은 명 왕조 때 파견되었던 42개의 서로 다른 성씨姓氏를 가진 사람들인데, 형님들과 같은 한인漢人이나 마찬가지인 사람들이지요. 중국에서 표류해 온 선박이나

四十一丁表

原文：

的船ｏ替那到中國進貢的船ｏ都是用久米府的人做通事ｏ所以要學官话ｏ纔會替國王辦得事情ｏ 這裡去中國要什庅風ｏ纔是順風ｏ 這裡去福建ｏ要東北風ｏ纔是順風ｏ去浙江地方ｏ要東南風ｏ纔是順風ｏ路遠一些ｏ総要正東東南東北ｏ這三面風ｏ纔好走ｏ 十一二月ｏ東風狠少ｏ貢船怎庅去得呢ｏ 敝國的風ｏ替貴國的風ｏ有些不同ｏ到隆冬的時候ｏ東風狠多ｏ你們大家放心ｏ 幾天會到得福建呢ｏ 有好順風ｏ五六天

對話：

通事：的船，替那到中國進貢的船都是用久米府的人做通事，所以要學官话纔會替國王辦得事情。

難客：這裡去中國要什庅風，纔是順風?

通事：這裡去福建要東北風纔是順風；去浙江地方要東南風纔是順風。路遠一些総要正東東南東北。這三面風，纔好走。

難客：十一二月東風狠少，貢船怎庅去得呢?

通事：敝國的風替貴國的風有些不同。 到隆冬的時候東風狠多你們大家放心。

難客：幾天會到得福建呢?

通事：有好順風五六天(可以到得)。

번역：

통사：중국에 공물을 올리러 가는 배들은 모두 久米府의 사람들을

통사通事로 쓰기 때문에, 관화官话를 배워야만 국왕을 위해 일 할 수 있습니다.

객 : 여기에서 중국까지 가려면, 어떤 바람이 불어야 순풍이라 할 수 있습니까?

통사 : 여기에서 福建까지는 북동풍이 불어야 순풍입니다. 그리고 절강浙江까지는 남동풍이 불어야 순풍이라 할 수 있습니다. 조금 먼 바닷길을 항해해야 하는 지역은 항상 동풍, 남동南東풍, 북동北東풍의 바람이 일어야만 순항할 수 있습니다.

객 : 11~12월에는 동풍이 매우 적은데, 공물선의 운항이 어떻게 가능합니까?

통사 : 우리나라의 바람은 귀국貴國의 바람과는 조금 달라서, 한 겨울이 되면 동풍이 자주 부니 안심하셔도 됩니다.

객 : 복건福建까지는 며칠이 걸립니까?

통사 : 순풍이 불기만 한다면 5~6일이면 도착할 수 있을 겁니다.

四十一丁裏

原文：

可以到得ㅇ沒有好順風ㅇ這就論不得[1]了ㅇ海洋事情不可測度[2]的ㅇ當日[3]康熙二十二年ㅇ皇上差[4]一位姓汪的ㅇ一位姓林的ㅇ兩位大人ㅇ過来封王ㅇ在福建椗海地方開船ㅇ只三天三夜ㅇ就到這裡ㅇ大家驚怪[5]說ㅇ從来沒有這樣快的ㅇ這都是聖天子[6]的洪福ㅇ神明的護助[7]ㅇ纔有這樣快的ㅇ不是我們人力會做得来的ㅇ 這一路上ㅇ有地方可収得庅ㅇ 有ㅇ 有什庅地方ㅇ 在那霸港開船ㅇ収馬齒山ㅇ馬齒山的柴火狠便ㅇ到那裡偹辦[8]了

對話：

通事：沒有好順風這就論不得了。海洋事情不可測度的。當日康熙二十二年皇上差一位姓汪的、一位姓林的兩位大人過来封王。在福建椗海地方開船，只三天三夜就到這裡。大家驚怪說從来沒有這樣快

---

1) 論不得 : 論 : 1. 사물의 도리를 분석하거나 판단하다. 2. 판단하다, 평가하다. 不得 : 1. 얻을 수 없다, 얻지 못하다. 2. 해서는 안 된다, 할 수 없다. 이를 연결하여 살펴보면, 확실히 단언하기 어렵다, 판단하기 어렵다의 의미로 이해할 수 있다.
2) 測度 : 1. 추측, 짐작하다. 헤아리다. 추정하다. 2. 예측하다. 예사하다. 짐작하다.
3) 當日 : [시간사] 당시.
4) 差 : 파견하다.
5) 驚怪 : 이상하다. 괴이하다.
6) 聖天子 : 聖 : 1. 옛날 인격이 가장 높고, 지혜가 보통 사람보다 뛰어난 이를 칭했음. 2. 제일 숭고한 것을 의미하며, 숭배하는 사물에 대한 존칭이다. 3. 봉건시대에 제왕을 미화한 말이다.
   天子 : 옛날에는 임금의 권한을 신에게서 부여 받는 것으로 여겼다. 이러한 까닭에 제왕을 천자라 일컬었다. 그리하여 聖天子는 황제의 의미로 쓰였다.
7) 護助(hùzhù) : 지켜주고 보살펴 보다, 보우하다.
8) 偹辦(bèibàn) : 처리하다. 준비하고 실행에 옮기다, 구입하다, 완벽히 마련하다.

的。這都是聖天子的洪福、神明的護助, 纔有這樣快的, 不是我們人力會做得来的。

難客 : 這一路上, 有地方可収得庅?

通事 : 有。

難客 : 有什庅地方?

通事 : 在那霸港開船, 収馬齒山。馬齒山的柴火狠便, 到那裡備辦了(柴火, 然後開船)

번역 :

통사 : 하지만 순풍을 만나지 못한다면 기약할 수 없겠지요. 바다에서 일어나는 일이란 게 본래 종잡을 수 없는 일이니까요. 康熙 22년에는 황제께서 汪씨 성을 가진 대인과 林씨 성을 가진 대인을 이곳으로 보내, 왕으로 책봉하셨던 일이 있었습니다. 그 때는 福建 椗海일대에서 항해를 시작하고, 딱 3일 만에 이곳에 도착했습니다. 모두들 이렇게 빠른 배는 없었다며 깜짝 놀라더군요. 그것은 모두 황제께서 내려주신 크나큰 복과 신령이 보호해준 덕분에 가능했던 일이지, 결코 인력으로 될 수 있는 일이 아니었습니다.

객 : 그 항해 노선 안에 정박할 만한 곳이 (들어)있습니까?

통사 : 있습니다.

객 : 어떤 곳입니까?

통사 : 那霸항에서 출항하면 馬齒山에 닿을 수 있습니다. 馬齒山은 땔감을 구하기 쉬운 곳이기 때문에(땔감이 풍부하기 때문에), 그 곳에서 땔감을 충분히 마련한 뒤에 다시 항해를 시작하면,

四十二丁表

原文：

柴火o然後開船o過馬齒山去o還有古米山可収o再過古米山去o進了大洋o就沒有地方可収了o路上还有四個小島子也没有抛椗[1]湾船的地方o只等望见那福建的山頭o纔収進五虎門去了o 通事請茶o 不喫茶了o 天時熱得狠o把衣裳脱吊[2]o凉快ママo 凉久了o囬去罷o 再坐マ講マ去o 我舘里還有事情o要去料裡[3]o等有閑的時節o再来敘マo你們須要[4]時マ刻マo看守朱三官o他的病勢狠重o若是危急了o就差

對話：

通事：過馬齒山去還有古米山可収。 再過古米山去進了大洋就沒有地方可収了。路上还有四個小島子，也没有抛椗湾船的地方，只等望见那福建的山頭纔収進五虎門去了。

難客：通事請茶。

通事：不喫茶了。

難客：天時熱得狠把衣裳脱吊凉快ママ。

通事：凉久了囬去罷！

難客：再坐マ講マ去。

通事：我舘里還有事情要去料裡，等有閑的時節再来敘マ。你們須要時マ刻マ看守朱三官。他的病勢狠重，若是危急了。

---

1) 抛椗(pāodìng)：닻을 내려 (배를) 고정시키다. 정박케 하다. 계류하다.
2) 脱吊：벗어 던지다.
3) 料裡：처리하다.
4) 須要：반드시 ~해야만 한다.

번역 :

통사 : 마치산馬齒山을 지나 고미산古米山에 정박할 수 있습니다. 다시 고미산을 지나 바닷길(태평양)로 들어서면 더 이상 정박할 수 있는 곳은 없습니다. 그 중간에 작은 섬이 네 개 더 있긴 하지만, 닻을 내리고 정박할 만한 곳은 없습니다. 복건에 있는 산봉우리가 보이는 곳까지 가야만 오호문五虎門으로 들어갈 수 있습니다.

객 : 통사通事님, 차 좀 드시지요.

통사 : 괜찮습니다.

객 : 날씨가 너무 덥군요. 옷을 벗고 더위 좀 식히십시오.

통사 : 이제 더위도 식혔으니, 그만 가봐야겠습니다.

객 : 잠시만 더 앉아서 얘기 나누시지요.

통사 : 관부에 처리해야 할 일이 있어서요. 짬이 날 때 다시 와서 이야기 나누도록 하겠습니다. 여러분께서는 모쪼록 한순간도 빠짐없이 주삼관朱三官을 잘 지켜봐주시기 바랍니다. 그의 병이 위독하니 혹시라도 응급상황이 발생하면,

四十二丁裏

原文：

水夫来也好○呌看門的人来也好○快マ[5]報給我知道○我好赶来看他○(呵)○曉得[6]○不送了○　朱三官的衣裳○都在那裡○拿出来預備好マ的○若有不虞[7]的事○那時候手忙脚乱擔誤了他终身之事○　水夫○朱三官沒幹[8]了○快去請通事来○　通事請坐○　(呵)○有坐○他不好[9]了広○不好了○　(嗳)○可怜ママ○你們快寫一張報故的呈子[10]○我去報知老爺○奏明[11]國王知道○好去偹辦棺材衣衾[12]○殯殮[13]埋葬的事情○呈子該怎樣寫○求通事

對話：

通事：(就差)水夫来也好, 呌看門的人来也好. 快マ報給我知道, 我好赶来看他。

5) 快マ：재빨리.
6) 晓得：알다. 이해하다.
7) 不虞：1. 예상을 벗어난 일. 2. 예측할 수 없는 일 3. 우려하지 않다. 걱정하지 않다. 원문은 "뜻밖에 일어난 일, 예상을 벗어난 일"의 의미로 사용되었다.
8) 沒幹："쓸모가 없다"의 의미. 《初刻拍案驚奇》13권에 보임. 본문은 "사람의 죽음"을 가리킴.
9) 不好：안 된다. 허락하지 않다. 좋지 않다.
10) 呈子：민간이 정부에게 혹은 하급 부서 상급에게 바친 공문.
11) 奏明：奏：1. 향락을 즐기다, 음악의 멜로디에 맞춰 악기를 연주하다. 2. 봉건시기에 신하가 황제에게 의견을 진술하거나, 일(사건)을 설명하는 것을 일컬음. 3. 나타나다, 취하여 얻다.
明：명백하다. 이해하다. 본문에서는 황제에게 자신의 의견을 진술하여 황제가 알도록 함을 말한다. 분명하게 아뢰다.
12) 衣衾：1. 옷과 이불. 2. 망자에게 입힌 옷과 홑이불.
13) 殯殮(bìnliàn)：망자에게 옷을 입혀, 관에 넣는다는 의미로, 현대 중국어의 "입관하다"를 일컬음.

難客：(呵)！曉得，不送了。

通事：朱三官的衣裳都在那裡。拿出来預備好マ的。若有不虞的事，那時候手忙脚乱擔誤了他终身之事。

難客：水夫，朱三官沒幹了。快去請通事来。

……

難客：通事請坐。

通事：(呵)！有坐。他不好了厷?

難客：不好了。

通事：(嗳)！可怜ママ。你們快寫一張報故的呈子我去報知老爺，奏明國王知道好去備辦棺材衣衾殯殮埋葬的事情。

難客：呈子該怎様寫，求通事(教導)。

번역：

통사：그 즉시 선원을 보내시든, 문지기를 보내시든 되도록 빨리 저에게 알려주십시오. 그럼 곧바로 (朱三官에게) 달려오겠습니다.

객：아! 알겠습니다. 그럼 멀리 나가지 않겠습니다.

……

통사：朱三官의 옷은 모두 저쪽에 있으니, 미리 꺼내두시는 게 좋겠습니다. 혹시라도 예상치 못한 상황이 벌어지면 허둥대다가 중요한 일을 망쳐버리게 될 테니까요.

객：(선원에게) 여보게, 주삼관朱三官은 아무래도 가망이 없을 것 같으니, 가서 통사通事님을 모셔오게나.

객：통사님, 앉으십시오.

통사：아！감사합니다. 주삼관이 잘못되었습니까?

객 : 잘못되었습니다.

통사 : 저런! 너무나 안 됐습니다. 서둘러 상소문을 하나 작성해 주십시오. 제가 가서 나리께 보고를 올려, 국왕께 아뢰어 관과 수의를 마련해, 장례(염殮에서 납관納棺, 매장埋葬까지 일련의 일)를 치르도록 하겠습니다.

객 : 국왕께 올리는 글은 어떻게 써야하는 것인지 통사님께서 가르쳐 주셨으면 합니다.

四十三丁表

原文：

教導ㅇ 也沒有別的意思ㅇ只是這樣說他的病ㅇ是幾時起[1]的ㅇ蒙[2]這裡老爺ㅇ怎広樣請醫生ㅇ替他調治[3]ㅇ総不見效ㅇ某月某日死了ㅇ求老爺奏明王爺ㅇ可怜中國異鄉人ㅇ賜下棺木埋塟ㅇ感恩不尽的意思ㅇ就是這樣寫去就是了ㅇ具[4]呈難人瞿張順ㅇ為據實報明ㅇ更乞憐憫事ㅇ切順船上水手朱三官ㅇ因去歳[5]在洋被風ㅇ艱苦受驚ㅇ染成癆症ㅇ今年三月間ㅇ在奇界島內ㅇ吐血數次ㅇ奈無[6]醫生藥治ㅇ四月初七日ㅇ到運天港ㅇ蒙該地老爺ㅇ延

對話：

通事：也沒有別的意思，只是這樣說：他的病是幾時起的，蒙這裡老爺

---

1) 起：시작하다.
2) 蒙：mēng：1. 속이다, 기만하다. 2. 혼미하다, 눈이 침침하다, 어른어른하다. 3. 멋대로 추측하다.
   méng：1. 지식이 없다. 우매하다, 어리석다. 2. 은폐하다, 가리다. 3. 받아들이다. 4. 빗방울이 작은 모습을 형용함. 5. 성씨(姓氏)
   měn：1. 중국 소수민족 중 하나. 2. 몽고의 주요민족. 본문은 "받아들이다(受)의 의미로 사용하고 있다.
3) 调制：1. 정보 전달을 위해(전보, 전화, 라디오, TV 등에서) 주기적으로 혹은 단발성 접촉 변화 등의 반송파(搬送波)나 신호의 특징(예를 들어, 진폭이나 주파수)이 만들어내는 변화. 2. 조제하다. 의사의 처방에 따라 약을 조제하는 것. 3. 치료하다. 본문은 "치료하다"의 의미로 사용하고 있다.
4) 具：[동사] 1. 마련하여 제공하다.《설문說文》2. 마련하다, 처리하다. 3. 비되어 있다. 모두 갖추다. 완전하다, 상세하고 빠짐없다. 4. 구비하다, 완비하다. 5. 판결하다. 안건을 최후 결정하다. 문맥의 전후를 함께 살펴보면, "구비하다, 완비하다"의 의미로 사용되고 있음을 알 수 있다.
5) 去岁：작년.
6) 奈無：어찌 해 볼 도리가 없다.

怎庅様請醫生替他調治。総不見效, 某月某日死了。求老爺奏明王爺可怜中國異鄉人, 賜下棺木埋塟感恩不尽的意思, 就是這様寫去就是了。

難客：具呈難人瞿張順為據實報明更乞憐憫事。 切順船上水手朱三官, 因去歳在洋被風, 艱苦受驚染成癆症。今年三月間在奇界島内吐血數次, 奈無醫生藥治。四月初七日到運天港, 蒙該地老爺延

번역 :

통사 : 별다른 것은 없고, '주삼관朱三官의 병의 증상이 언제부터 나타나기 시작했고, 이곳 나리의 도움으로 어떻게 의원을 모셔 왔으며, 그에게 치료를 시도했지만, 차도를 보이지 않았습니다. 그리하여 모월 모일에 사망하였습니다.' 그리고는 '나리께서 국왕께 아뢰어 가여운 중국의 이방인을 땅에 묻어줄 수 있도록 관을 하사해 주신다면, 망극한 은혜에 감사드리겠습니다.' 라고 쓰면 될 것 같습니다.

객 : '아뢰어 올립니다. 조난자 구장순瞿张顺은 실제 상황에 근거하여 명확히 보고를 올리며, 다시 한 번 간절히 연민의 정을 청하는 바입니다. 우리 배의 선원 朱三官은 작년 해상에서 풍랑을 만나, 온갖 고난을 겪고, 그 때의 충격으로 인해 폐병에 걸리고 말았습니다. 금년 3월 한 달 동안, 奇界岛에서 수차례 피를 토했는데, 의원의 약물 치료를 받을 방도가 없었습니다. 그러다 4월 7일, 運天港에 도착해서 이 곳 나리의 은혜를 입어,

四十三丁裏

原文：

請[7]醫生藥治o未見稍愈o本月十七日o送至泊村o又蒙本地老爺o賜下兩位醫生效脉[8]服藥o並賜人參調治o奈因病根太深o不能見效o不幸於七月初七日酉時身亡o懇乞 老爺o更加哀憐o奏知 王爺o賜棺收殮o庶免屍骸暴露o擇地埋塟o得安魂魄於泉下o顺等不勝急切待命之至o上呈 通事你看マo就是這樣罷o 寫完了庅o我拿去送給老爺o各位請了o我去就来o 我們老爺說o朱三官死

對話：

難客：(延)請醫生藥治未見稍愈。本月十七日送至泊村，又蒙本地老爺賜下兩位醫生效脉服藥並賜人參調治。奈因病根太深不能見效，不幸於七月初七日酉時身亡。懇乞老爺更加哀憐奏知王爺賜棺收殮，庶免屍骸暴露，擇地埋塟，得安魂魄於泉下。顺等不勝急切待命之至。上呈。

難客：通事你看マ。就是這樣罷。

通事：寫完了庅? 我拿去送給老爺。各位請了。我去就来。

通事：我們老爺說朱三官死(了)。

---

7) 延請：1. 초청하다, 초빙하다.《後漢書・逸民傳・龐公》"형주자사 유표(荊州刺史劉表)는 여러 차례 초청하였으나, 뜻을 굽히지 않았기에 그를 기다릴 수밖에 없었다." 2. 다른 사람에게 일을 맡기다. 본문은 "초대하다, 초빙하다"의 의미로 사용하고 있다.

8) 效脉：진맥하다.

번역 :

객 : 여러 차례 의원을 모셔 진료를 받았지만 병세는 조금도 호전되지 않았습니다. 그러다 이 달 17일, 박촌泊村으로 옮겨져, 다시 그 곳 나리의 도움으로 두 분의 의원에게 진맥을 받고 약을 복용하였으며, 보내주신 인삼으로 몸조리를 해주었습니다. 유감스럽게도 병이 너무 깊어 효과를 보지 못하고, 7월 7일 유시酉时에 사망하였습니다. 부디 나리께서 연민을 베푸시어, 국왕께 아뢰어 관을 하사해 주십사하고 청해 주시기를 간절히 바랍니다. 국왕께서 하사해주신 관으로 죽은 이의 시신을 잘 거두어서 시신이 땅 밖으로 드러나지 않도록 하고, 땅을 정해 관을 잘 매장하여 그의 영혼이 저승에서 평안하도록 해주시길 바랍니다. 속히 명이 내려지길 간절히 바라옵니다. 이에 삼가 올립니다.

객 : 통사通事님, 보십시오. 이렇게 쓰면 되겠습니까?

통사 : 다 쓰셨습니까? 제가 나리께 올리도록 하겠습니다. 이만 들어가십시오. 금방 다녀오도록 하겠습니다.

통사 : 나리께서 주삼관이 사망했으니,

四十四丁表

原文：

了ㅇ棺木[1)]埋葬[2)]的事ㅇ都是我們替他備辦[3)]ㅇ你們不必心焦[4)]ㅇ还問你們幾時殯殮[5)]他ㅇ 如今天時炎熱ㅇ明日一天辦得及[6)]庅ㅇ 大約一天也辦得及ㅇ 若辦得及ㅇ就是明日殯殮他罷了[7)]ㅇ目下[8)]熱得狠[9)]ㅇ放在家裡不便ㅇ 既是這樣ㅇ我去囬[10)]老爺去ㅇ 通事怎庅就回来了ㅇ 我纔去得忙[11)]了ㅇ忘記一件事情ㅇ老爺還問他死了ㅇ穿的衣裳有沒有ㅇ好做些衣裳給他ㅇ 他隨身穿的還有ㅇ都給他穿了ㅇ多謝老爺費心ㅇ不消[12)]做了ㅇ 我想

對話：

通事：棺木、埋葬的事，都是我們替他備辦，你們不必心焦。还問你們幾時殯殮他?

---

1) 棺木：관이나 널, 간혹 무덤을 받쳐주는 골조로 쓰이기도 하고, 관이나 관의 골조를 가리킴.
2) 埋葬：시체를 땅에 묻는 것을 말함.
3) 備辦(bèibàn)：처리하다, 준비하고 실행에 옮기다, 마련하다.
4) 心焦：마음이 다급하고 초조하다. 안절부절하다.
5) 殯殮：염을 하고 옷을 갈아입히는 일. 죽은 이를 위해 옷을 갈아 입혀 납관한 뒤 매장을 준비하는 일을 말함.
6) 辦得及：(일을)처리할 수 있다. 마무리 할 수 있다.
7) 罷了：[조사] 便了, 就是了와 같은 용법으로 쓰인다. 문장의 마지막에 놓여 긍정 혹은 허락의 어기를 나타낸다.
8) 目下：1. 목전의(눈앞에 놓인), 현재, 이때에(이즈음에) 2. 곁, 신변, 옆, 부근, 근처 3. 곧, 즉시, 바로, 금방. 본문은 "현재, 요즘"의 의미로 사용되고 있다.
9) 热得狠：매우 덥다, 너무 덥다.
10) 囬(huí)：'回'의 속자로, 보고하다, 말씀드려 알리다의 의미임.
11) 忙：급하다. 서두르다.
12) 不消(bùxiāo)：필요로 하지 않다. ~할 필요 없다.

難客 : 如今天時炎熱明日一天辦得及庅?

通事 : 大約一天也辦得及。

難客 : 若辦得及就是明日殯殮他罷了。目下熱得狠放在家裡不便。

通事 : 既是這樣, 我去回老爺去。

難客 : 通事怎庅就回来了?

通事 : 我纔去得忙了忘記一件事情。 老爺還問他死了穿的衣裳有沒有? 好做些衣裳給他。

難客 : 他隨身穿的還有都給他穿了。多謝老爺費心, 不消做了。

번역 :

통사 : 관을 마련하고, 매장하는 일은 모두 우리 쪽에서 맡아 처리할 테니, 여러분은 너무 염려치 말라고 하셨습니다. 그리고 염을 하여 납관시키는 일은 언제쯤 하실 건지도 물으셨습니다.

객 : 요새 날씨가 이렇게 무더운데, 내일 하루 안에 끝낼 수 있을까요?

통사 : 하루면 마무리 될 겁니다.

객 : 만일 예정대로 일이 마무리 된다면, 내일 모든 장례절차를 마치면 되겠군요. 요 근래 날씨가 너무 무더워서 집안에 시신을 두기가 좀 그래서요.

통사 : 그럼 저는 서둘러 나리께 가봐야겠습니다.

객 : 통사님 어찌 벌써 돌아오셨습니까?

통사 : 좀 전에 너무 서두르다보니 한 가지 일을 깜빡했지 뭡니까. 나리께서 돌아가신 분께 수의는 입혔냐고 물으시면서, 옷을 한 벌 마련해드리라고 하셨는데 말이지요.

객 : 입고 있던 옷이 있어서 입혀 주었습니다. 나리께서 마음 써주시는 건 감사하지만, 옷을 새로 준비하실 필요는 없습니다.

四十四丁裏

原文：

老爺特意呌我来問○你說不消○老爺断然13)不肯○我去回覆老爺○做一件送来○好不好呢○ 這個任憑14)尊意15)○只是我們過意不去16)○ 說那裡話17)○我就是這樣回老爺去○夜深了○明日再来○ 有劳通事○心實18)不安○ 好說○請了○ 今日我們國王發下祭禮19)○差官来祭奠20)○先来報給你們知道○ 這個如何使得21)○他是白身22)的人○怎庅受得國王的祭23)○求通事回明老爺○奏明24)國王○說他不敢當這樣大禮纔好○ 這個怎庅會辝25)得呢○

---

13) 断然：1. 뚜렷이, 분명하게, 명백하게 2. (태도・행동 등이) 단호하다. 결연(決然)하다 3. 반드시, 기필코, 의심할 바 없이 4. 완전히, 절대로. 본문은 "반드시, 기필코"의 의미로 사용되었다.

14) 任憑(rènpíng); 1. 좋을 대로 내맡기다. 맡기다. 하자는 대로 하다. 2. ~을 막론하고. ~에 관계없이, 아랑곳하지 않다. 본문은 "맡기다. 하자는 대로 하다"의 의미로 사용되고 있다.

15) 尊意：1. 임금의 의향, 바람. 2. 다른 사람의 견해에 대한 경의어. 본문은 2항의 의미로 "다른 사람의 견해에 대한 경의어"로 사용되었다.

16) 過意不去：마음이 불편하다. 송구스럽다.

17) 那裡話：[겸어사] 완곡하게 부정의 의미를 나타냄.

18) 心實：1. 내면의 돈독하고 진실한 감정. 2. 심성이 곧다, 솔직하다. 3. 내면의 편안함, 안정을 느끼다. 본문은" 내면의 진실한 감정"의 의미로 사용되었다.

19) 祭禮：제사에 사용되는 용품.

20) 祭奠(jìdiàn)：[동사]죽은 이를 추도하고, 하늘의 영기를 위로하기 위해 시행하는 의식을 하다.

21) 使得：1. ~할 수 있다, ~해도 좋다. 2. 실행할 수 있다. 처리할 수 있다. 3. 어떤 사물이 이끌어 내는 일정 수준의 결과. 본문은 1항의 의미로 사용되었다.

22) 白身人：옛날에는 평민을 가르쳤으며, 또한 공명(功名)과 관직이 없는 선비나 이미 벼슬길에 올랐으나 조정의 관리(官吏) 명부에 오르지 못한 관원을 가리키기도 함.

23) 祭：죽은 이에 대한 애도와 경의를 표하기 위한 의식.

24) 奏明(zòumíng)：四十二丁裏의 주석 참고.

25) 辝：[동사] 1. 서술하다, 진술하다. 2. 고별하다, 이별하다, 하직을 고하다. 3. 거

對話：

通事：(我想)老爺特意叫我来問，你說不消，老爺断然不肯。我去回覆老爺，做一件送来，好不好呢？

難客：這個任憑尊意，只是我們過意不去。

通事：說那裡話，我就是這樣回老爺去。夜深了，明日再来。

難客：有劳通事，心實不安！

通事：好說。請了。

難客：请慢走。

通事：今日我們國王發下祭禮，差官来祭奠，先来報給你們知道。

難客：這個如何使得！ 他是白身的人怎庅受得國王的祭？ 求通事回明老爺，奏明國王，說他不敢當這様大禮纔好。

通事：這個怎庅會辞得呢？

번역：

통사：나리께서 특별히 저를 보내 말씀 전하신 거니, 여러분이 거절하신다 해도 나리께서는 분명 안 될 일이라고 하실 겁니다. 그러니 제가 돌아가 나리께 말씀을 올려 옷을 한 벌 해오면 어떻겠습니까?

객：그 일은 통사님의 뜻대로 해주십시오. 저희는 그저 염치가 없을 따름입니다.

통사：별 말씀을 다하십니다. 그럼 저는 이만 그렇게 알고 나리께 돌아가 보겠습니다. 밤도 깊었으니 내일 다시 찾아뵙겠습니다.

객：통사님께 폐만 끼치니 마음이 영 편치 않습니다.

절하다, 물리다, 사양하여 받지 않다. 4. 파견하여 보내다 5. 해고당하다, 면직되다. 본문에서는 동사로 사용되었으며, "거절하다, 사양하다"의 의미로 사용되고 있다.

통사 : 그런 말씀 마십시오. 이만 가보겠습니다.

객 : 살펴 가십시오.

……

통사 : 오늘 우리 국왕께서 제수용품을 내리시어, 관리를 보내 제사를 지내라고 하셨다는 말씀 먼저 전해드리겠습니다.

객 : 그런 일이 어찌 가당키나 합니까! 죽은 이는 일개 평민인데 어찌 국왕의 추도追悼를 받을 수 있겠습니까. 나리를 만나 뵙게 되면, (죽은 이가) 국왕의 그러한 큰 예우를 감당할 수는 없다고 명확히 말씀 좀 올려주십시오.

통사 : 그것을 어찌 사양할 수 있겠습니까?

四十五丁表

原文：

他既死了o也要叫他魂靈[1)]得安[2)]o如今王爺差官来祭o就是王爺親自来祭一様o他是白身人o怎庅得安呢o他不得安o怎庅敢饗[3)]呢o這様的辞謝就是了o　我的愚見[4)]o不要叫官来o单把禮物収下o你們自己祭他o好不好呢o　這様還好o　既是這様好o我去替你們辞吊[5)]o　多劳ママo　感謝不盡了o　我替你們辞吊了o就是照這様的o在這裡照顧你們的老爺o也要来上祭[6)]o　這個也要借重[7)]通事o替我們辞他纔好o我都辞

對話：

難客：他既死了也要叫他魂靈得安。如今王爺差官来祭，就是王爺親自来祭一様。他是白身人，怎庅得安呢？他不得安怎庅敢饗呢？這

1) 魂靈：미신에서 인간의 몸에 붙어서 인간의 몸을 주재한다고 여기는 일종의 비물질적인 것을 말한다.
2) 安：안식하다. 편안히 쉬다.
3) 敢饗(gǎnxiǎng)："饗"잔치할[향]과 같다. 1. 술과 음식을 준비해 손님을 초대하는 것으로 사람을 초대하여 즐기고 향유할 수 있게 하는 것을 말함. 2. 제사.
4) 愚見：愚 1. 멍청하다. 우둔하다. 어리석다. 미련하다, 고지식하다. 2. 기만하다, 속이다. 3. 겸어사로 자기 자신을 가리킨다. 그러므로 본문에서는 "자신의 의견을 겸허히 낮추어 말한 것"의 의미로 사용되었다. 그러므로 본문에서는 "자신의 의견을 겸허히 낮추어 말한 것"의 의미로 사용되었다.
5) 辞吊：조문을 사사(사양)하다.
6) 上祭：제사 지내다. 제를 올리다.
7) 借重：1. 다른 사람의 명망이나 지위를 빌어, 자신의 지위를 높이는 것. 2. 다른 사람에게 도움을 청할 때 사용하는 경어(敬語)사. 3. 다른 사람의 도움이나 찬조를 얻는 것을 가리킴. 본문은 3항의 의미로 "다른 사람의 도움이나 찬조를 얻다"의 의미로 사용되었다.

様的辞謝就是了。

通事：我的愚見不要叫官来。单把禮物収下，你們自己祭他，好不好呢?

難客：這様還好。

通事：既是這様好，我去替你們辞吊。

難客：多劳ママ，　感謝不盡了。

通事：我替你們辞吊了。就是照這様的，在這裡照顧你們的老爺也要来上祭。

難客：這個也要借重通事，替我們辞他纔好。

通事：我都辞(過了)。

번역：

객　：그 사람의 육신은 이미 죽었다하더라도, 그의 영혼은 안식을 찾도록 해주어야지요. (그런데) 지금 국왕께서 사람을 보내 제사 까지 지내준다고 하시니, 이는 국왕께서 직접 찾아주시는 것과 진배없습니다. 죽은 이는 일개 평민일 뿐인데 어찌 마음이 편안하겠으며, 죽은 이의 마음이 편치 않은데 어떻게 제사를 흠향할 수 있겠습니까? 이런 말로 사양하시면 될 것입니다.

통사：제 생각은 이렇습니다. 관리는 오지 않게 하되, (왕께서 내려주신) 예물은 받아서 여러분이 직접 제사를 지내는 것은 어떻겠습니까?

객　：그렇게 하는 것도 괜찮을 것 같습니다.

통사：그렇다면, 제가 대신 가서 조문을 거절하도록 하겠습니다.

객　：수고 좀 해주십시오. 정말 감사드립니다.

통사：제가 여러분을 대신해서 조문을 거절하고, 우리가 바라던 대

로 하기로 했습니다만, 이곳 나리께서는 장례식에 참석하시겠답니다.

객 : 이번에도 통사님께서 저희 대신 거절해 주시면 좋겠습니다.

통사 : 제가 이미 거절의 말씀을 드려봤습니다만,

四十五丁裏

原文：

過了o老爺不肯o還要去到那埋葬的所在o看着下土[8)]o等老爺来o你們自己辞他罷o　我們講話o老爺不懂o还要借重通事o替我轉言[9)]o自然ママ[10)]o　我看天マ到這裡来o那學官話[11)]的人o好幾個在那边偹辦香燭東西o想必要到這裡来燒紙[12)]o　他們怎庅都知道o　我也不曉得他怎庅樣都知道o　各位先生都請坐o　(呵)o那位有病的老兄o不在[13)]了庅o　不在了o　可怜可怜o什庅時候棄世[14)]呢o　昨日酉時沒有了o我們衆

對話：

通事：老爺不肯，還要去到那埋葬的所在，看着下土。等老爺来你們自己辞他罷。

8) 下土：하관하다. 분묘 안에 관을 매장하다.
9) 轉言：轉, 1. 직접적이지 않게 중간에 다른 사람이나 다른 곳을 통하다. 2. 방향을 바꾸다. 3. 위치를 바꾸다. 4. 형세나 상황을 바꾸다. 본문은 "화자가 직접적으로 말하지 않고, 다른 사람을 통해 전달하다"의 의미를 가진다.
10) 自然ママ：당연하다.
11) 官話：원명 시기 이후에 비교적 널리 통행되었던 북방화를 가리키는데, 그 중 북경화가 중심이 된다. 관청에서 널리 사용되었던 옛 명칭이기 때문에 그 성격이 현재의 "보통화"에 상당한다.
12) 燒紙：지폐 모양의 종이를 인쇄하거나 새겨서 죽은 이를 위한 제를 올릴 때 이(紙錢)를 태운다.
13) 不在：1. 어느 곳이나 위치에 있지 않음. 2. 인간의 죽음을 완곡하게 말한 것이다. 죽음에 대한 완곡한 표현. 본문은 "죽음"을 나타냄.
14) 棄世(qìshì)：1. 인간 세상을 떠남. 인간의 죽음을 완곡하게 표현한 말. 2. 속세를 벗어나다. 속세를 등지고 홀로 고고한 삶을 살다, 세속의 삶을 버리다. 본문은 인간 세상을 떠남, 즉 죽음을 의미함.

難客 : 我們講話, 老爺不懂。还要借重通事替我轉言。

通事 : 自然ママ。　我看天マ到這裡来那學官話的人好幾個在那边倫辦香燭東西, 想必要到這裡来燒紙。

難客 : 他們怎庅都知道?

通事 : 我也不曉得他怎庅様都知道的。

難客 : 各位先生都請坐。

通事2 : (呵)那位有病的老兄不在了庅?

難客 : 不在了。

通事2 : 可怜可怜。什庅時候棄世呢?

難客 : 昨日酉時沒有了。

번역 :

통사 : 나리께서 안 된다고 하시면서, 매장하는 곳으로 행차하시어 하관(下棺)을 지켜보시겠다고 하셨습니다. 나리께서 오시면 여러분이 직접 말씀드려보십시오.

객 : 우리가 하는 말은 나리께서 알아듣질 못하시니 통사께서 대신 통역을 좀 해주십시오.

통사 : 그야 물론이지요. 보니까 매일 이곳에 오는, 그 官話를 배우는 사람들 몇몇이 저기서 향을 준비하는 것 같던데, 아무래도 여기에 와서 지전紙錢을 태우려나 봅니다.

객 : 그 분들이 어떻게 알았을까요?

통사 : 저도 그 사람들이 어떻게 다들 알고 있는지 모르겠습니다.

…

객 : 여러분 다들 앉아 주십시오.

통사2 : 병중에 있던 그 분은 여기에 안 계십니까?

四十五丁裏

객　: 이제 이곳에 없습니다.

통사2 : 안 됐네 안 됐어. 언제쯤 돌아가셨습니까?

객　: 어제 저녁 6시경 눈을 감았습니다.

四十六丁表

原文：

人o倆辦些香燭薄禮[1])o到這裡祭吊他o 承各位先生這樣費心多情[2])o真マ使弟們感念不盡o 朱三官的棺木o如今埋葬好了o老爺叫我来問o這些殯葬[3])的事情o你們意下[4])o好不好呢o 這樣狠好不過o那有不好之處o多謝老爺o並通事執事人等費心o我們还有一張道謝[5])的呈子[6])o寫得不明處的狠多o求通事看マo改正改正o轉禀[7])老爺台下[8])o甚是感謝o 好說o想来[9])你們做的o沒有個不明白o就有不明白o我也不會改o滿拿

對話：

通事2：(我們衆)人倆辦些香燭薄禮到這裡祭吊他。

難客：承各位先生這樣費心多情，真マ使弟們感念不盡。

通事：朱三官的棺木如今埋葬好了，老爺叫我来問這些殯葬的事情。你

---

1) 薄禮(bólǐ)：풍성하지 못한 예물을 뜻하는 것으로 겸손함을 나타냄.
2) 多情：감정이 풍부함, 사랑이 풍부함을 나타내는 경우가 많음.
3) 殯葬(bìnzàng)：발인(發靷)과 하관(下官)을 말함.
4) 意下：1. 어조(어투)가 누그러져 처음의 견해를 고수하지 않음. 2. 의견, 견해 3. 마음. 본문은 "의견, 견해"의 의미로 사용되고 있다.
5) 道谢：말로써 감사를 표현함.
6) 呈子：민간에서 관리들에게 올리거나, 하급 관리가 상급 관리에게 올리는 공문.
7) 轉禀(zhuǎnbǐng)：禀, 1. 받아들이다, 이어받다, 형성하다. 2. 예전에는 하급 관리가 상급 관리나 어른들에게 일이나 사건을 보고하던 것을 가리켰음. 그러므로 "다른 사람을 통해 사건이나 일을 상급관리에게 알리다"의 의미로 이해할 수 있다.
8) 台下：1. 누각樓閣이나 정각亭閣의 아래 부분 2. 옛날 사람에 대한 존칭 3. 정치 무대의 아래. 즉 집정 세력이 아닌 이들에 대한 옛날 존칭. 본문은 "나리에 대한 존칭"의 의미로 사용되었다.
9) 想来：예상하다. 짐작하다. 추측하다와 같음.

們意下好不好呢?

難客 : 這様狠好不過。那有不好之處。多謝老爺並通事、執事人等費心。我們还有一張道謝的呈子。寫得不明處的狠多, 求通事看マ, 改正改正。轉禀老爺台下, 甚是感謝。

通事 : 好說。想来你們做的沒有個不明白。就有不明白, 我也不會改。

번역 :

통사2 : 우리는 향처럼 변변찮은 물건을 들고 조문하러 왔습니다.

객 : 여러분께서 이렇게까지 마음을 써주시니 감사해서 몸 둘 바를 모르겠습니다.

통사 : 주삼관朱三官의 관은 잘 묻어 주었습니다. 나리께서 (저를 통해) 매장과 관련한 일에 관해 만족스럽지 않은 부분은 없었는지 물으셨습니다.

객 : 이미 충분히 훌륭합니다. 어디 부족한 게 있겠습니까! 나리와 통사님, 그리고 이번 일을 맡아 해주신 분들께서 마음 써주신 점 진심으로 감사드립니다. 제가 감사 서신을 한 장 썼는데, 부족한 부분이 많습니다. 통사님께서 교정을 좀 봐주신 뒤에 나리께 전해주시면 정말 감사하겠습니다.

통사 : 무슨 말씀을요. 제가 볼 때 이해가 안 되는 부분은 없을 것 같지만, 설사 그런 부분이 있다 하더라도 제가 고칠 수야 있나요.

四十六丁裏

原文：

来給我看一看ｏ是怎庅樣寫的ｏ　呈難人瞿張順為生死感德事切水手朱三官病時ｏ蒙賜醫生藥治不能見愈於本月初七日酉時身亡又蒙賜衣衾棺木祭禮銘旌[10]竹籬[11]範圍等項似此哀憐[12]扵生前周恤[13]扵死後真所謂父母之恩昊天罔極[14]不惟[15]朱某啣結莫報[16]即(順)等亦感激靡涯矣謹此[17]叩謝[18]　老爺奕世[19]腰金[20]萬代簪纓[21]切呈　就這樣狠好ｏ我替

---

10) 銘旌(míngjīng)：만장. 영구(관)의 앞에 죽은 이의 관직과 성명을 표시한 깃발을 꽂음. 주로 주홍색 천에 흰색으로 글씨를 씀.
11) 竹籬：대나무로 엮은 울타리. 대울타리.
12) 哀憐：다른 사람의 불행에 대한 동정과 연민.
13) 周恤：구제하다. 원조하다. 돕다. 부조하다.
14) 昊天罔極：원래는 하늘의 드넓고 끝없음을 의미했으나, 현재는 부모의 은혜의 한없음을 비유함.《詩經・小雅・蓼莪》"부모님의 은혜에 보답하고자 하나, 부모의 은혜는 끝이 없어라"에 보인다.
15) 不惟：1. ~뿐만 아니라, ~에 그치지 않다. 2. 어찌 ~이 아니겠는가? 3. 숙고하지 않다, 생각하지 않다. 본문은 "~뿐만 아니라, ~에 그치지 않다"의 의미로 쓰였다.
16) 啣結莫報：啣：옥환(玉環)을 물어 오다. 한 아이가 부상당한 꾀꼬리 한 마리의 생명을 구해주자, 꾀꼬리가 백옥환(白玉環) 네 개를 물어다 주었다는 이야기가 있다. 백옥환은 은혜를 베푼 사람이 대대손손 결백하고 높은 지위에 머무를 수 있도록 보호한다는 말이 있다.
    結：풀을 묶어 은혜를 갚다. 한 사대부가 아버지의 애첩을 다른 집에 시집보내고 순장시키지 않은 일이 있었는데, 그 애첩의 죽은 아버지가 찾아와, 들판의 풀을 묶어 은혜를 베푼 이의 적을 걸려 넘어지도록 하여 자기 딸이 입은 은혜를 갚았다.
17) 謹此：정중함 혹은 존경의 마음을 여기에 나타내다의 의미.
18) 叩谢：(예를 갖추어) 감사드리다. 주로 정중하게 감사를 올리는 것을 가리킴.
19) 奕世(yìshì)：1. 광명, 빛, 밝게 빛나다. 2. 포개다, 쌓아올리다, 겹겹이, 역대로. "대대로 축적해온 덕이 이전 사람들에게 부끄럽지 않다(弈世載德, 不忝前人)" 3. 크다. "작은 것이 가고, 큰 것이 온다(往小来弈)" 한・양웅漢・揚雄《태현격太玄格》. 본문은 "누대累代. 역세歷世, 대대로"의 의미로 쓰였다.
20) 腰金：고대 조정 관리의 요대(허리띠)로 품급에 따라 각기 다른 금속 장식이 상감되어 있으며, 품급이 높은 자는 순금으로 장식을 만든다. 이 때문에 나중에는 일반적으로 높은 관직에 머무른다는 의미를 나타냄.

你們送給老爺去o 各位先生o怎

對話：

通事：来給我看一看是怎庅樣寫的?

難客：呈難人瞿張順為生死感德事切， 水手朱三官病時蒙賜醫生藥治，不能見愈於本月初七日酉時身亡。又蒙賜衣衾、棺木、祭禮、銘旌，竹籬範圍等項。似此哀憐拎生前，周恤拎死後，真所謂父母之恩昊天罔極，不惟朱某啣結莫報。即(順)等亦感激靡涯矣，謹此叩謝。老爺奕世腰金萬代簪纓，切呈。

通事：就這樣狠好我替你們送給老爺去。

번역：

통사：어떻게 쓰셨는지 좀 보여주십시오.

객 ：조난자 구장순瞿张顺은 나리께서 베풀어주신 은혜에 관련한 중요한 일로 서신을 올립니다. 선원 朱三官은 병에 걸려 의원의 치료를 받았으나, 차도를 보이지 못하고, 이달 7일 저녁 6시경 사망했습니다. 또한 수의와 널감, 제수용품, 만장 등을 마련해 주시었고, 대나무 울타리로 묘비의 경계도 둘러주셨습니다. 이렇게 생전에도 동정어린 마음을 베풀어 주시고, 죽어서도 구원의 온정을 베풀어주셨으니, 이는 부모의 은혜와 같이 한없이 드넓어서, 朱三官이 결초보은하여 은혜를 갚으려 한다 해도 이루 다 갚을 수가 없을 뿐만 아니라, 한없이 감사할 것입니다. 이에 감사인사를 올립니다.

---

21) 簪缨(zānyīng)：비녀와 갓끈을 가리키며, 고관대작과 귀인들의 관을 장식했던 물건을 말함. 나중에는 이를 빌어 고관대작의 벼슬을 가리켰음.

나리 집안 대대손손이 높은 요직에 머무르시길 기원 하겠습니다. 삼가 올립니다.

통사 : 이 정도면 아주 훌륭합니다. 제가 대신 나리께 전해드리겠습니다.

四十七丁表

原文：

庅来得這様齊ㅇ 今日中秋佳節ㅇ弟們恐怕兄們這裡冷淡[1]ㅇ大家相約ㅇ偹[2]點薄酒[3]来這裡ㅇ和兄們大家解些愁悶[4]ㅇ也好賞月玩耍ㅇ 我們漂風難人ㅇ有什麼好處ㅇ承[5]各位先生屢次這樣多情ㅇ我們真マ感激不尽[6]了ㅇ 這個酒薄得狠ㅇ不當[7]好喫ㅇ請喫[8]一杯ㅇ我們心裡也快活[9]ㅇ 這個酒狠好不過的ㅇ我們喫都醉了ㅇ 那裡話ㅇ纔マ動杯ㅇ怎庅就說喫醉的話ㅇ想必[10]做客[11]了ㅇ 不是做客ㅇ小弟量淺ㅇ實在不會喫了ㅇ 先生只管放

對話：

難 客：(各位先生, 怎)庅来得這樣齊?

通事2：今日中秋佳節弟們恐怕兄們這裡冷淡, 大家相約偹點薄酒来這

1) 冷淡：쌀쌀하다. 냉담하다. 한산하다. 썰렁하다.
2) 偹(bèi)：備(bèi, 갖출 비)와 같음. 준비하다
3) 薄酒：아무렇게나 빚어서 맛이 좋지 않은 술, 자기(自己)가 남에게 대접(待接)하는 술을 겸손(謙遜)하게 이르는 말
4) 解些愁悶：근심을 털어내다. 고민을 없애다.
5) 承：1. 아래에서 받다, 받들다. 2. 담당하다, 맡다, 책임지다. 3. 받아들이다, 받다, 당하다. 4. 계속하다. 끊임없이 하다, 연거푸, 연이어. 5. 순순히 따르다, 영합하다, 비위를 맞추다. 본문은 3항의 의미로 사용되어, “받아들이다, 받다, 당하다”의 의미로 쓰였다.
6) 真マ感激不尽：정말 감사하기 그지없습니다.
7) 不當：마땅하지 아니함.
8) 喫：(음식을)먹다, (음료를)마시다.
9) 快活：마음씨나 성질(性質) 또는 행동(行動)이 씩씩하고 활발(活潑)함.
10) 想必：반드시, 틀림없이, 꼭.
11) 做客：1. 밖으로 나가 장사하다. 2. 손님이 되다, 다른 사람을 방문하다. 3. 겸손하다, 사양하다, 체면을 차리다.

裡和兄們大家解些愁悶，也好賞月玩耍。

難　客：我們漂風難人有什麽好處承各位先生屢次這様多情，我們真マ感激不尽了。

通事2：這個酒薄得狠不當好喫。請喫一杯，我們心裡也快活。

難 客：這個酒狠好不過的，我們喫都醉了。

通事2：那裡話。纔マ動杯怎庅就說喫醉的話，想必做客了。

難 客：不是做客，小弟量淺，實在不會喫了。

번역 :

객 : 여러분, 어찌 이리 많은 분들이 한꺼번에 찾아오셨습니까?

통사2 : 오늘은 중추절仲秋節이잖습니까. 형님들이 여기서 썰렁하게 보내고 계실 것 같아서, 다 같이 술을 좀 준비해 와서, 형님들과 함께 근심걱정 좀 털어버리고, 달구경도 하면서 즐기기로 했습니다.

객 : 우리 같은 조난자들에게 뭐 즐거울 일이 있겠습니까, 여러분이 이렇게 여러 번 온정을 베풀어주신 덕분에, 정말이지 너무나 감사할 따름입니다.

통사2 : 여기 이 술은 좋은 술은 아니라서 맛이 좋진 않을 겁니다. 한 잔 드셔보십시오, 그러면 우리 마음도 즐거울 것 같습니다.

객 : 술 맛이 끝내주는데요, 이러다 다들 취하겠습니다.

통사2 : 그럴리가요. 이제 막 잔을 부딪치기 시작했는데 벌써 술이 취하신다니요. 너무 사양하시는 것 아닙니까!

객 : 그게 아니라, 제가 워낙 술이 약해서, 정말 잘 못 마십니다.

四十七丁裏

原文：

心o滿喫[12)]不打緊[13)]o 怎庅講不打緊o 這個酒是敝國有名的o吽做太平酒o 怎庅吽做太平酒呢o 不論喫多少o不會醉人o故此吽做太平酒o 老兄說的o都是咲[14)]話o那裡酒有個不會醉人的道理o 這菜煮得不好o沒有味道o請喫一點送酒o 這菜煮得狠有味道o好喫不過o 老兄既不喫酒o 也不喫菜庅o 好o喫菜多了o 酒既不喫o菜要多喫一些纔是o (呵o曉得[15)]o這個沒有不從命[16)]的o你看林通事在外面o快請他進

對話：

通事2：(先生只管放)心, 滿喫不打緊。

難 客：怎庅講不打緊?

通事2：這個酒是敝國有名的, 吽做太平酒。

難 客：怎庅吽做太平酒呢?

通事2：不論喫多少不會醉人, 故此吽做太平酒。

難 客：老兄說的都是咲話, 那裡酒有個不會醉人的道理。

通事2：這菜煮得不好, 沒有味道, 請喫一點送酒。

---

12) 滿喫(mǎnchī)：“吃(chī)”과 같은 의미이다. 한 끼 배불리 먹다의 의미와, 충분히 즐기고 만끽하며 먹다의 두 가지 의미를 갖는다.

13) 打緊：중요하다. 긴요하다.

14) 咲：농담하다, 농짓거리 하다.

15) 曉得：알다, 이해하다.

16) 從命：從, 1. 따르다. 2. 따르다. 복종하다. 순종하다. 순순히 따르다 3. 참여하다. 예) 정치에 참여하다 4. 채취하다, 취하다. 예) 관대히 취하여 처리하다(관대히 처리하다). 본문은 “명령에 복종하다(순종하다). 분부에 따르다”의 의미로 사용되었다.

難 客：這菜煮得狠有味道，好喫不過。

通事2：老兄既不喫酒，也不喫菜庅？

難 客：好，喫菜多了。

通事2：酒既不喫，菜要多喫一些纔是。

難 客：(呵)。曉得。這個沒有不從命的。你看林通事在外面，快請他進(来，喫兩杯酒)。

번역：

통사2：걱정 마십시오. 얼마를 마시든지 괜찮을 겁니다.

객 ：그건 어째서인가요?

통사2：이것은 우리나라의 명주名酒인 태평주太平酒거든요.

객 ：어째서 태평주라는 이름을 붙였나요?

통사2：아무리 많이 마셔도 취하지 않는다 해서 태평주太平酒라고 부릅니다.

객 ：형님, 농담하지 마십시오, 취하지 않는 술이 어디 있답니까?

통사2：이 요리는 정말 못 만들었네, 맛이 없네요. 술이나 한 잔 드시죠.

객 ：너무 맛있는데요. 정말 맛있습니다.

통사2：술도 안마시고, 요리도 안 드실 건가요?

객 ：아닙니다. 먹고 있어요. 많이 먹었습니다.

통사2：술은 어차피 안 드신다고 했으니, 요리라도 많이 드십시오.

객 ：하하, 알겠습니다. 말씀대로 하겠습니다. 저기 밖에 임林통사님이 계시는군요. 어서 들어와서 술 한 잔 드시라고 하시죠.

四十八丁表

原文：

来ο喫兩杯酒ο 通事請進来坐ο 罷[1]ο我不進去ο 進来喫一杯酒何妨[2]ο 多謝ο我那邊還有些小事不得閑ο 豈有此理ο既然那边有事ο就不該到這裡来ο既到這裡来ο看見我們喫酒ο就推辞那边有事ο這分明是見棄[3]的話ο不爱替我們大家一堆喫就是了ο 兄們不要見怪ο我觧マ手[4]就来ο 通事快些来ο弟在這裡等著ο 列位請坐ママο不要動身ο通事這邊坐罷ο 我就在這边坐好ο 通事先罰三杯ο 做甚庅[5]

對話：

難客 ：通事請進来坐。

林通事：罷，我不進去。

難客 ：進来喫一杯酒何妨?

林通事：多謝。我那邊還有些小事不得閑。

難客 ：豈有此理，既然那边有事就不該到這裡来，既到這裡来看見我們

---

1) 罷：(bà) 1. 멎다, 서다, 멈추다, 중지하다, 정박하다, 머물다, 체류하다. 2. 관두다, 필요 없다, 면직하다, 해임하다, 그만두다. 3. 끝나다. 마치다
(ba) "吧"와 같음. 실질적인 뜻은 없으며, 문장의 끝에 놓여 어기사의 역할을 한다.
(pí) 고대에는 "疲"와 같은 의미로 쓰였음. 지치다, 피곤하다. 본문은 2항의 의미로 "그럴 필요 없습니다. 괜찮습니다."로 사용되었다.
2) 何妨(héfáng)：[동사] 1. 어찌 안 하겠는가? 2. 무슨 상관이 있겠는가. (…해도) 무방하다(괜찮다).
3) 見棄：내버려 둔 채 [관계를 끊고] 돌보지 않다.
4) 觧マ手(jiějiěshǒu)：1. 대소변을 보다. 2. 이별하다, 헤어지다. 3. 간단한 일을 처리하다. 4. 해결하는 방법. 본문은 2항의 의미로 쓰여 "금방 일처리를 하고 돌아오겠다"로 사용되었다.
5) 做甚庅：왜, 무엇 때문에, 어째서.

喫酒, 就推辞那边有事。這分明是見棄的話。不爱替我們大家一堆喫就是了。

林通事 : 兄們不要見怪, 我觧マ手就来。

難客 : 通事快些来, 弟在這裡等著。

林通事 : 列位請坐ママ, 不要動身。

難客 : 通事這邊坐罷。

林通事 : 我就在這边坐好。

難客 : 通事先罰三杯。

번역 :

객 : 통사通事님, 안으로 들어오시죠.

임통사 : 아니, 괜찮습니다.

객 : 들어와서 술 한 잔 하셔도 괜찮지 않을까요?

임통사 : 감사하지만, 저쪽에 해야 할 일이 좀 있어서 짬을 낼 수가 없습니다.

객 : 그런 법이 어디 있습니까. 저 쪽에 일이 있었으면 애초에 이쪽으로 오질 마셨어야지요. 어차피 이쪽에 와서 우리가 술 마시는 걸 보셨으면, 그쪽 일은 물려두셔야지요. 그러니 그 말씀은 분명 우리를 거절하신 겁니다. 우리와 함께 술을 드시기 싫으셨던 겁니다.

임통사 : 여러분, 너무 언짢아하지 마십시오. 가서 금방 처리하고 오겠습니다.

객 : 통사님, 서둘러 돌아오셔야 합니다. 기다리고 있겠습니다.

임통사 : 다들 앉아 계십시오. 일어나실 것 없습니다.

객　: 통사님, 이쪽으로 앉으시지요.

임통사 : 저는 이쪽에 앉겠습니다.

객　: 통사님, 벌주부터 세 잔 드십시오.

四十八丁裏

原文：

罰我o　我講来o大家公論一論o該罰就罰o不該罰就罷了o請問通事o你替我相與o是怎庅樣的o　你替我自然是好相與[6]了o　既是好相與o就要同心纔是o怎庅見我們喫酒[7]o就不進来o我們去請o又推辭那邊有事o該罰不該罰o請各位先生公論一論o　這自然該罰o　如今各位都說該罰o通事怎庅說o　弟得罪的緊o願罰ママo　通事到這裡o又是一個月了o今日可囬府庅o　今日不得囬去o剛纔鄭通事有信来o說他

對話：

林通事：(做甚庅)罰我?

難客：我講来大家公論一論。該罰就罰，不該罰就罷了。請問通事，你替我相與是怎庅樣的?

林通事：你替我自然是好相與了。

難客：既是好相與，就要同心纔是，怎庅見我們喫酒就不進来？我們去請，又推辭那邊有事，該罰不該罰？請各位先生公論一論。

難客2：這自然該罰。

難客：如今各位都說該罰，通事怎庅說?

林通事：弟得罪的緊，願罰ママ。

難客：通事到這裡，又是一個月了，今日可囬府庅?

林通事：今日不得囬去。剛纔鄭通事有信来，相與(這幾天有病，不得来換。)

---

6) 相與：[부사] 1. 서로, 함께, 같이. 2. 사귀다, 교제하다, 어울리다. 3. 친한 친구, 벗.

7) 喫酒(chījiǔ)：술을 마시다.

번역 :

임통사 : 왜 제가 벌주를 마셔야 합니까?

객 : 다 같이 상의해 보고, (사람들이) 벌주를 마셔야 한다고 하면 벌주를 드시고, 아니라고 하면 없던 일로 하겠습니다. 통사님께서는 우리들과의 만남에 대해 어떻게 생각하십니까?

임통사 : 그야 당연히 좋은 인연이라고 생각하지요.

객 : 그렇다면 우리와 똑같은 마음을 품어야 하는데, 어째서 우리가 술을 마시고 있는 걸 보고도 들어오지 않으셨습니까? 또 우리가 나가서 들어오시라고 청했는데도, 저쪽에 일이 있다며 거절하셨습니다. 벌주를 마셔야겠습니까, 안 마셔도 되겠습니까? 여러분들께서 말씀해 보십시오.

객2 : 당연히 벌주를 마셔야지요.

객 : 다들 벌주를 마셔야 한다고 하는데, 통사님은 어떻게 생각하십니까?

임통사 : 제가 결례를 범했습니다. 기꺼이 벌주를 마시겠습니다.

객 : 통사님께서 이곳에 오신지 한 달이 되었습니다. 오늘은 집으로 돌아가십니까?

임통사 : 오늘은 돌아가지 못합니다. 좀 전에 정鄭통사께서 서신을 보내왔는데, 몸이 편찮으셔서, 교대를 하지 못하실 것 같다고 하셨습니다.

四十九丁表

原文：

這幾天有病o不得来換o 有什庅病呢o 聽見說是瀉肚1)o要換一位姓梁的来替我o不知道是明日来後日来o等他来了弟纔得回去o 我們帶累通事o在這裡日夜費心o不得回家安歇o怎生報答得了o今日承2)各位先生盛情o辦這樣盛席請我o狠多謝了o小弟借花献佛3)o奉敬一杯o聊表小弟一點芹心4)o 好說o弟酒量有限o喫不去了o 通事海量o再喫兩杯不妨o 實在喫不下去o 阮先生o定菴鄭先生令祖母5)的病o好

對話：

難客 ：有什庅病呢?

林通事：聽見說是瀉肚, 要換一位姓梁的来替我。不知道是明日来後日来, 等他来了弟纔得回去。

難客 ：我们连累通事, 在这里日夜费心, 不能回家歇息。怎么报答得了? 今日承各位先生盛情, 辦這樣盛席請我, 狠多謝了。小弟借花献佛, 奉敬一杯, 聊表小弟一點芹心。

---

1) 瀉肚(xièdù)：설사하다.

2) 承：(보살핌을) 받다, 입다.

3) 借花献佛：꽃을 빌려서 부처님에게 바친다. 떡본 김에 제사 지낸다. 남의 것으로 생색을 내다.

4) 芹心：芹, [명사] 지금의 '미나리'를 말함. 다년생 초본 식물로 여름에 하얀색 꽃을 피우며, 줄기와 잎을 먹을 수 있다.
[형용사] 미약함을 비유함. 타인에게 가치가 비교적 낮은 물건을 바치는 것을 가리킨다. 미약한 마음, 자그마한 정성의 의미로 쓰인다.

5) 令祖母：상대의 부모를 높여 부르는 경어(敬語). (당신의) 조모님.

林通事：好說。弟酒量有限喫不去了。

難客 ：通事海量，再喫兩杯不妨。

林通事：實在喫不下去。

難客 ：阮先生，定菴鄭先生令祖母的病好(了沒有)?

번역 :

객 : 어디가 편찮으신 겁니까?

임통사 : 설사병이 나셨다는군요. 梁통사라는 분이 저와 교대하러 오신다고 들었습니다. 내일이나 오실지 아니면 모레나 오실지 모르겠습니다. 그 분이 오셔야 돌아갈 수 있을 것 같습니다.

객 : 저희들 때문에 통사님께서 밤낮으로 애 쓰시고, 집에 돌아가 쉬지도 못하시니 이를 어찌 보답해야 좋을런지요. 게다가 오늘 이렇게 여러분께서 정성어린 마음을 담아 극진히 대접해 주시니 얼마나 감사한지 모릅니다. 남의 떡에 설 쇤다고 이 자리를 빌려 한 잔 올리면서 제 마음을 대신하도록 하겠습니다.

임통사 : 좋지요. 저는 주량이 적어서 술은 많이 마시지 못합니다.

객 : 통사님은 주량이 세시니까, 좀 더 드셔도 괜찮습니다.

임통사 : 정말이지 더는 못 마시겠습니다.

객 : 완阮선생님, 정암定菴 정鄭선생의 할머님은 병환이 좀 호전되셨답니까?

四十九丁裏

原文：

了沒有ㅇ 已經死了一個月了ㅇ先生還不知道庅ㅇ 不曉得ㅇ他令祖母病的時候ㅇ我們沒有去請安ㅇ如今死了ㅇ又沒有去吊紙ㅇ有罪得狠ㅇ借重[6]阮先生ㅇ若是見着鄭先生ㅇ替我道罪一聲ㅇ 呵ㅇ我見着他ㅇ替先生講ㅇ各位再請幾杯ㅇ大家行個酒令[7]ㅇ猜マ拳ㅇ大家喫個盡醉罷ㅇ 酒多了ㅇ大家都醉了ㅇ實在喫不得了ㅇ把這些杯盤家伙收起罷ㅇ我們一點也喫不下了ㅇ 我也講過ㅇ這酒是太平酒ㅇ不會醉人的ㅇ酒是薄的ㅇ又沒有好菜ㅇ

對話：

阮先生：已經死了一個月了，先生還不知道庅?

難客：不曉得，他令祖母病的時候，我們沒有去請安，如今死了，又沒有去吊紙，有罪得狠，借重阮先生若是見着鄭先生替我道罪一聲。

阮先生：呵，我見着他替先生講。各位再請幾杯，大家行個酒令，猜マ拳，大家喫個盡醉罷。

難客：酒多了，大家都醉了，實在不能喝了。把这些杯盤收拾了吧。我们一点也喫不下了。

通 事2：我也講過，這酒是太平酒不會醉人的，酒是薄的，又沒有好菜，

---

6) 借重 : ~의 찬조를 얻다. 신세를 지다. 도움을 청하다.
7) 行酒令 : 술자리에서 흥을 돋우기 위한 방식, 방법을 말함.

번역 :

阮선생 : 벌써 돌아가신지 한 달이 지났는데 모르셨습니까?

객 : 몰랐습니다. 조모께서 병환 중이실 때 병문안도 못 갔는데, 돌아가신 뒤에 문상도 못 갔으니 정말이지 큰 실례를 범하고 말았습니다. 완阮선생께서 정鄭선생을 만나게 되면 대신 사죄의 말씀 좀 전해 주십시오.

阮선생 : 네, 만나 뵙게 되면 대신 말씀 전하겠습니다. 다들 몇 잔씩 더 하시죠. 권주勸酒놀이나 한 번 합시다. 숫자놀이를 해서 코가 삐뚤어질 때 까지 한 번 마셔봅시다.

객 : 이미 많이 마셨고. 다들 취했습니다. 더 이상은 못 마시겠습니다. 이제 그릇들은 정리하시죠. 이제 더는 못 먹겠습니다.

통사2 : 제가 말씀드렸지 않습니까? 이 술은 태평주라서 절대 취하지 않는다니까요. 술도 너무 약하고, 안주도 먹을 만한 게 없고,

五十丁表

原文：

兄們既不肯喫ㅇ弟也不敢相強[1]ㅇ就這裡收拾回去罷了ㅇ (呵)ㅇ請了ㅇ回去了ㅇ 再坐一會ㅇ喫杯茶去ㅇ 天黑了ㅇ不喫茶ㅇ請了ㅇ 多謝先生的高情[2] ㅇ好說ㅇ沒有什庅好東西奉敬ㅇ怠慢[3]得緊ㅇ不要見怪ㅇ 豈敢[4]ㅇ這話從那裡說起ㅇ 不消送ㅇ請留步ㅇ 那有不送的禮ㅇ 不要拘[5]ㅇ兩便[6]罷了ㅇ (呵)ㅇ從命[7]了ㅇ各位請了ㅇ 先生請坐ㅇ (呵)ㅇ有坐ㅇ你們是蘇州人庅ㅇ 正是ㅇ 那一位是船主呢ㅇ 就是小弟ㅇ 貴姓張庅ㅇ (呵)ㅇ賤姓張ㅇ先生怎

對話：

通事2：兄們既不肯喫，弟也不敢相強。就這裡收拾回去罷了！

通事　：(呵)！請了，回去了。

難客　：再坐一會，喫杯茶去。

通事　：天黑了，不喫茶，請了。

阮先生：多謝先生的高情。

---

1) 相強：강요하다, 억지로 하다, 억지쓰다, 강제로 시키다.
2) 高情：1. 높고 은미하여 세속적인 것에 구애받지 않고 초연하다. 2. 고결한 마음, 우아한 흥취 3. [경어(敬語)]두터운 감정. 본문은 “두터운 정, 호의”의 의미로 사용하고 있다.
3) 怠慢(dàimàn)：1. 냉담하다, 쌀쌀하다, 공손하지 않다. 2. [격식어]대접이 세심하지 못하여 손님에게 예를 차리지 못했다고 하는 겸손한 어투. 본문 역시 “손님을 접대할 때 사용하는 격식어”로써 사용하고 있다.
4) 豈敢：어찌 감히~ 하겠는가, 감히 ~하지 못한다.
5) 不要拘(bùyàojū)：겸손할 필요 없다. 체면 차리지 않다. 별 말씀을요.
6) 兩便：서로 편하게 하라는 인사말.
7) 從命：명령에 따르다, 당신의 뜻을 따르겠다.

難客 ：好說。沒有什庅好東西奉敬，怠慢得緊，不要見怪。

通事 ：豈敢，這話從那裡說起?

阮先生：不消送，請留步。

難客 ：那有不送的禮?

通事 ：不要拘，兩便罷了!

難客 ：(呵)從命了，各位請了。

……

難客 ：先生請坐。

通事 ：(呵)有坐，你們是蘇州人庅?

難客 ：正是。

通事 ：那一位是船主呢?

難客 ：就是小弟。

通事 ：貴姓張庅?

難客 ：(呵)賤姓張。

번역 :

통사 2 : 다들 그만 드시겠다고 하시니, 저도 더 이상 권하지 않겠습니다. 이만 자리를 정리하고 집으로 돌아가시죠!

통사 : 자! 이제 돌아들 갑시다.

객 : 잠시 앉아서 차 한 잔 드시고 가시죠.

통사 : 날도 어두워졌으니 차는 괜찮습니다. 이만 가보겠습니다.

阮선생 : (오늘 이렇게) 초대해 주신 정성어린 마음 감사드립니다.

객 : 아닙니다, 아니에요. 좋은 음식을 준비하지 못해 결례를 범하진 않았는지 모르겠습니다. 양해해 주십시오.

통사 : 별 말씀을 다하십니다. 어찌 그런 말씀을 하십니까?

阮선생 : 멀리 나오지 마십시오.

객 : 그런 법이 어디 있답니까!

통사 : 너무 격식 따지지 말고, 서로 허물없이 합시다.

객 : 그러지요. 자, 가시죠.

……

객 : 앉으십시오.

통사 : 아, 감사합니다. 여러분이 그 苏州분들이십니까?

객 : 네, 그렇습니다.

통사 : 어떤 분이 선주신가요?

선주장씨 : 제가 선주입니다만.

통사 : 혹시 張씨 성을 가지신 분입니까?

선주 장씨 : 그렇습니다만,

五十丁裏

原文：

庅曉得弟的賤姓○ 我聽見林通事講○ 先生貴姓○ 賤姓[8)]梁○ 前日聽見林通事講○如今輪着鄭通事来替換○他因偶然得病来不得換○一位梁先生来○替他做通事○可就是尊駕[9)]庅○ 就是小弟○我們老爺吩咐一件事情○借重船主○講給他們知道○不要去外頭乱走○墻頭上也不要望外頭張望○這裡百姓○不曉得什庅礼数[10)]○恐怕得罪你們○給國王知道○我們就不便了○這裡地方○毒蛇狠多○若是給他咬了○立刻就死○有

對話：

张船主：(先生怎)庅曉得弟的賤姓?

梁通事：我聽見林通事講。

张船主：先生貴姓?

梁通事：賤姓梁。

张船主：前日聽見林通事講如今輪着鄭通事来替換, 他因偶然得病来不得換, 一位梁先生来替他做通事, 可就是尊駕庅?

梁通事：就是小弟。 我們老爺吩咐一件事情, 借重船主講給他們知道,

---

8) 賤姓 : 자기 자신의 이름을 겸손하게 일컬은 말임. 賤은 본래 가격이 낮다의 의미로, "비싸다(貴)"의 상대적 의미임. 옛날에는 지위가 낮음을 가리켰다.

9) 尊駕(zūnjià) : 尊은 경칭. 駕는 상대의 수레 등을 가리킴. 고대의 수레에 대한 총칭이며, 제왕의 수레를 가리키기도 했다. 후에 "제왕"의 의미가 파생되었다. 직접적으로 상대를 호칭할 수 없기 때문에 수레로 대체하여 말한 것이다. 나중에는 일반 사람들을 대상으로 두루 사용되었다.

10) 礼数 : 1. 고대에 지위에 따라 나뉘는 예의등급, 제도. 2. 예절을 가리킴.

不要去外頭乱走，墻頭上也不要望外頭張望。這裡百姓不曉得什庅礼数，恐怕得罪你們。給國王知道我們就不便了。這裡地方毒蛇狠多，若是給他咬了立刻就死。

번역 :

선주 장씨 : 선생께서 그걸 어떻게 아셨습니까?

양통사 : 임林통사께 들었습니다.

선주 장씨 : 선생님께서는 성씨가 어떻게 되십니까?

양통사 : 저는 양梁가입니다.

선주 장씨 : 일전에 임林통사께 들으니까 본래는 정鄭통사께서 교대하러 오셔야 하는데, 갑자기 몸이 편찮아지셔서 못 오시고, 梁통사께서 대신 교대하러 오신다고 하던데, 혹시 梁통사님 이십니까?

양통사 : 네, 그렇습니다. 나리께서 제게 한 가지 분부를 내리셨습니다. 여러분늘께 함부로 밖을 돌아나니지 말고, 담장 너머 바깥을 내다보지도 말라고 전하라 하셨습니다. 이곳 백성들은 예절을 잘 모르기 때문에 만일 여러분들께 잘못이라도 저질러서, 그 일이 국왕께 알려지는 날엔 우리가 힘들어지기 때문이지요. 그리고 이곳은 독사가 많은 지역이기 때문에, 뱀에 물리면 그 자리에서 목숨을 잃게 됩니다.

五十一丁表

原文：

藥也不會救得来o各位小心要緊o 請問通事o我們從到這裡o四圍打[1)]這悶多的寫鋪o日夜看守o是為什庅事呢o 這個是我們敝國的法度o因為這裡不通[2)]買賣o恐怕有匪類[3)]的人o来這裡作怪o又恐怕歺人[4)]偷東西所以打這個寫鋪[5)]o撥人日夜看守o輪流防偹o 前日鄭通事講o今年進貢的船o要等去中國的船回来o就用這個船去o還要等到八月十五以後o若是不回来o另造一隻纔得去o如今這船不見回来o再過些

對話：

梁通事：藥也不會救得来, 各位小心要緊。

張船主：請問通事, 我們從到這裡四圍打這悶多的寫鋪, 日夜看守是為什庅事呢?

梁通事：這個是我們敝國的法度, 因為這裡不通買賣, 恐怕有匪類的人来這裡作怪, 又恐怕歺人偷東西所以打這個寫鋪, 撥人日夜看守, 輪流防偹。

張船主：前日鄭通事講, 今年進貢的船要等去中國的船回来就用這個船去。還要等到八月十五以後, 若是不回来另造一隻纔得去。如

---

1) 打：1. 치다, 두드리다 2. 구타하다, 치고받고 싸우다. 3. 공격하다, 진격하다. 4. 인쇄하다, 복사하다. 5. 찔러넣다, 주입하다. 6. 제조하다, 만들다, 세우다. 본문은 "막사를 짓다(打~寫鋪)"의 의미로 사용되었다. 寫鋪은 아래 주석 참고.
2) 不通：1. 막히다, 가로막히다. 2. 서로 왕래하지 않다. 3. 공동으로 사용하지 않다. 4. 이해하지 못하다. 본문은 "서로 왕래하지 않다."의 의미로 사용되었다.
3) 匪類(fěilèi)：1. 행동이 단정하지 못한 사람 2. 강도, 비적, 토비.
4) 歺人(èrén)：나쁜 사람, 도둑.
5) 寫鋪：비바람을 피할 수 있는 임시 천막, 막사.

今這船不見回来,

번역 :

양통사 : (그렇게 되면) 약으로도 살려내지 못하니, 다들 반드시 조심해주십시오.

선주 장씨 : 통사님, 우리가 이곳에 온 뒤로 주변에 이렇게나 많은 막사를 짓고, 밤낮으로 지키는 것은 무슨 이유 때문인지요?

양통사 : 그것은 이곳의 제도입니다. 이곳은 외부와 교역이 없는 곳입니다. 강도가 들어와 난리를 피울 수도 있고, 도적이 들어와 물건을 훔쳐갈 수도 있기 때문에 이런 막사를 지어놓고, 사람을 뽑아 교대로 돌아가며 밤낮으로 지키는 것이지요.

선주 장씨 : 일전에 정鄭통사께 들었는데, 올해 출항하는 공물선貢船은 중국으로 떠났던 배가 돌아오면, (다시) 그 배를 타고 출항해야 하는데, 그러려면 8월 15일이 지나야 한다고 하시더군요. 만일 그 배가 돌아오지 못하면 새로운 배를 건조해야만 출항할 수 있을 텐데, 아직도 배는 돌아오지 않고 있고,

五十一丁裏

原文：

時o南風少了o料想這船今年不會皿来了o不知道幾時纔得興工[6]令造o　這也定[7]不得o船在福建總要西南風o纔得皿来o如今的西南風狠少o他們把船駛到浙江地方[8]o等西北風o就要到十一月十二月o纔得皿来o這是不可知的事o只是進貢的限期o是十一二月裡起身這是改不得的o恐怕這船回来遲了o擔誤進貢的日期o故此要等到八月十五o不見回来o纔另造一隻去o 如今八月十五已過了o還不知道是幾時纔

對話：

张船主：(再過些)時南風少了，料想這船今年不會皿来了，不知道幾時纔得興工令造?

梁通事：這也定不得，船在福建總要西南風纔得皿来。如今的西南風狠少，他們把船駛到浙江地方等西北風，就要到十一月十二月纔得皿来。這是不可知的事，只是進貢的限期是十一二月裡起身這是改不得的。恐怕這船回来遲了擔誤進貢的日期。故此要等到八月十五不見回来纔另造一隻去。

张船主：如今八月十五已過了，還不知道是幾時纔(興工哩)。

---

6) 兴工(xīng gōng)：일을 시작하다, 작업을 시작하다.

7) 定：1. 움직이지 않는, 변화 없는. 2. 바꾸지 못하게 하다, 변동하지 못하게 하다. 3. 평안하다, 평정하다, 진압하다(주로 국가의 형세를 가리킴) 4. 진정하다, 안정되다, 침착하다(주로 정서나 감정을 가리킴). 5. 확실하다, 필연적이다. 반드시. 6. 사전에 미리 타당한 양을 약속해두다. 본문은 "확실하다, 반드시"의 의미로 사용되었다.

8) 地方：어느 한 지역.

번역 :

선주 장씨 : 조금만 더 늦어지면 남풍도 거의 불지 않을 텐데, 아무래도 올해 안에 배가 돌아오지 못할 듯합니다. 그러니 언제쯤 새로운 배를 건조할 수 있을지도 (날짜를) 확정할 수 없겠지요?

양통사 : 그건 말씀드리기가 어렵습니다. 배가 현재 福建에 정박해 있다면 남서풍이 일어야 돌아올 수 있습니다. 그런데 지금은 남서풍이 매우 적은 때라 浙江 일대 까지 배를 몰고 간다 해도, 북서풍이 부는 11월이나 12월이 되어야 돌아올 수 있을 겁니다. 그것도 확실히 알 수 있는 일은 아닙니다. 다만 공물을 올려야 하는 기한이 "11에서 12월 사이에 출항"하는 것으로 정해져 있고, 이것은 바꿀 수가 없는 일이라는 점입니다. 아마도 배가 돌아오는 시간이 지연된다면, 조공 기한을 지키지 못하게 될 겁니다. 그렇기 때문에 우선 8월 15일까지 기다려 보고, 배가 돌아오지 않으면 배를 새로 건조해서 가야지요.

선주 장씨 : 이제 8월 15일은 이미 지나버렸고, 작업도 언제쯤이나 시작될지 알 수가 없으니......

五十二丁表

原文：

興工哩ｏ 木料東西都便[1]了ｏ還沒有揀個好日子ｏ大約要在月尾[2]月初的光景[3]ｏ那邊住的ｏ想是福建的人庅ｏ 正是ｏ 弟還沒有見他ｏ要到那邊去拜望ｏ暫且[4]告別ｏ請了ｏ 弟失送了ｏ 通事来了ｏ好得狠ｏ今日風雨大得緊ｏ房子就要吹倒ｏ怎庅好呢ｏ 現今風雨大作ｏ也沒處動手牮正ｏ各位兄們不如暫到我那裡去躲マｏ 這様狠好ｏ 如今天時[5]好了ｏ我們回去罷ｏ在這裡打攪通(事)ｏ遭蹋[6]房主ｏ不便得狠ｏ 你們那邊住的

對話：

梁通事：木料東西都便了，還沒有揀個好日子，大約要在月尾月初的光景。

……那邊住的，想是福建的人庅?

张船主：正是。

梁通事：弟還沒有見他，要到那邊去拜望，暫且告別，請了。

张船主：弟失送了。

---

1) 便：편리하다. 여기는 준비를 모두 마쳤다는 의미로 쓰임.
2) 月尾：월말.
3) 光景：1. 해나 달의 빛. 2. 시간, 때, 시절, 세월. 3. 풍경, 경치, 정경 4. 상황, 경제적 상황. 5. 시절, 생활, 살림, 생계. 6. 추측하다, 어림잡다, 헤아리다. 대략적인 시간이나 수량을 나타냄. 정확하지 않은 시간 혹은 수량을 표시함. 본문은 6항의 의미로 "대략적인 시간"을 나타내고 있다.
4) 暫且：잠시, 잠깐, 우선.
5) 天時：기후, 날씨, 어떤 일을 하는 데 좋은 기후 조건.
6) 遭蹋(zāotà)：1. 낭비하다, 손실을 주다, 훼손시키다. 2. 모욕하다. 본문은 1항의 의미로 "(주인에게)폐를 끼치다"의 의미로 이해할 수 있다.

……

難客 ：通事来了，好得狠。今日風雨大得緊房子就要吹倒，怎庅好呢？

梁通事：現今風雨大作，也沒處動手牮正，各位兄們不如暫到我那裡去躲マ。

難客 ：這樣狠好。

……

難 客：如今天時好了，我們回去罷。在這裡打攪通(事)、遭蹋房主，不便得狠。

번역 :

양통사 : 목재와 필요한 물건은 모두 준비되었으나, 아직 적당한 날짜를 잡지 못했습니다. 대략 이달 말이나 내달 초가 될 것 같습니다.

……그런데 그쪽에 머물고 계시는 분은 福建사람 입니까?

선주 장씨 : 그렇습니다.

양통사 : 아직 그 쪽에 계신 분은 만나 뵌 적이 없습니다. 찾아가서 인사라도 잠시 드려야겠습니다. 가보겠습니다.

선주 장씨 : 멀리 배웅하지 않겠습니다.

……

객 : 통사님 오셨습니까! 마침 잘 오셨습니다. 오늘 비바람이 너무 거세서 집이 모두 쓰러질 것 같은데, 어찌하면 좋지요?

양통사 : 현재로서는 비바람이 너무 거세서 보수할 방법이 없습니다. 모두 제 거처로 옮겨서 비바람을 피하시는 게 낫겠습니다.

객　: 좋은 생각입니다.

……

객　: 이제 날씨가 개었으니 우리는 이만 돌아갑시다. 여기서 통사님께 폐를 끼쳐드리고, 집 주인을 번거롭게 해드려서 죄송할 따름입니다.

五十二丁裏

原文：

房子○那些籬笆○都刮壞了○再住兩三天○等修拾[7]好了○纔可回去罷○　你們都過来了庅○　都過来了○　你們査マ東西有甚庅不在[8]○我好去替你尋マ[9]○　都在○沒有一件少得○　如今天時冷了○國王差[10]官来問○你們有冬衣沒有○好做些来○送你們穿○　只有幾個沒有冬衣○不好開口○　這個不妨[11]○那個沒有○開個名字出来○我去稟報[12]老爺○啓奏國王○做来送你○　今日重陽○請各位出去登高玩耍○散マ悶也好○你們去不去

對話：

梁通事：(你們那邊住的)房子、那些籬笆都刮壞了。再住兩三天等修拾好了，纔可回去罷。

梁通事：你們都過来了庅?

難客　：都過来了。

梁通事：你們査マ東西有甚庅不在，我好去替你尋マ。

難客　：都在，沒有一件少得。

梁通事：如今天時冷了，國王差官来問你們有冬衣沒有? 好做些来，送你們穿。

---

7) 修拾：수리하다. 정돈하다.
8) 不在：잃다. 잃어버리다. 분실하다. 구체적인 의미는 四十五丁裏의 주석 참고.
9) 尋マ：찾다.
10) 差：파견하다. 구체적인 의미는 三十八丁表의 주석 참고.
11) 不妨：(…하는 것도) 괜찮다. 무방하다.
12) 稟報(bǐngbào)：(상황이나 관련 자료를) 종합하여 (상사나 상급에게)보고하다.

難客 : 只有幾個沒有冬衣, 不好開口。

梁通事 : 這個不妨, 那個沒有, 開個名字出来。我去稟報老爺, 啓奏國王, 做来送你。

……

梁通事 : 今日重陽, 請各位出去登高玩耍, 散マ悶也好, 你們去不去(呢)?

번역 :

양통사 : 여러분이 머물던 곳의 집과 울타리가 모두 비바람에 쓰러져 버렸습니다. 며칠 더 이곳에 머무르시다가, 보수가 끝나면 돌아가셔야 할 것 같습니다.

양통사 : 다들 오셨습니까?

객 : 모두 왔습니다.

양통사 : 없어진 물건이 없나 한 번 살펴보십시오. 저도 함께 찾아보겠습니다.

객 : 모두 그대로입니다. 잃어버린 물건은 하나도 없습니다.

양통사 : 이제 날씨가 추워졌는데, 겨울에 입을만한 옷이 있으십니까? 옷을 몇 벌 마련해다 드리겠습니다.

객 : 몇몇이 겨울옷이 없었는데, 차마 염치가 없어 말씀드리지 못했습니다.

양통사 : 그런 건 신경 쓰지 마십시오. 누가 옷이 없는지 명단을 적어 주십시오. 제가 가서 나리께 아뢰어 옷이 준비가 되면 여러분께 가져다 드리도록 하겠습니다.

……

양통사 : 오늘은 중양절重陽節이니 모두들 높은 산에 올라 노닐면서, 기분전환을 하시는 것도 좋을 듯 합니다만, 가보시겠습니까?

五十三丁表

原文：

呢o 去o 通事你看那邊洋面[1]o来了兩隻大船o是什庅船o (呀)o好像接貢船回来了o再停[2]一會o看他放砲[3]不放砲o 好了o停一會看マo 你看船上起烟o是放砲了o當真[4]接貢(船)回来了o 恭喜ママo如今接貢船既回来o聽見那霸造新船。又動工[5]了o還是用接貢的船去o還是等那新船去呢o 這也不曉得o以理論[6]来o既然動工o那有半塗而廢[7]的道理o大約[8]還是要造起新船来去哩o天要黑了o你們大家回舘[9]去罷o 通事請

對話：

難客：去。

難客2：通事你看那邊洋面，来了兩隻大船，是什庅船?

通事：(呀)好像接貢船回来了。再停一會，看他放砲不放砲。

1) 洋面：해면, 해수면.
2) 停：1. 정지하다. 멎다. 서다. 멈추다. 중지하다. 2. 세우다. 정거하다. 정박하다. 3. 머물다. 묵다. 체재하다. 체류하다. 본문은 “잠시 더 머무르다”의 의미로 “잠시 더 기다리다”로 이해할 수 있다.
3) 放砲(fàngpào)：포나 총을 쏘다. 축포를 쏘다.
4) 當真：정말로, 확실히, 틀림없이.
5) 動工：1. 토목 공사가 시작됨을 이름. 2. 시공을 시작하다, 시공하다. 본문은 “착공하다, 일을 시작하다”의 의미로 사용되었다.
6) 理論：도리, 이치, 연유, 까닭.
7) 半塗而廢：중간에 그만두다. 일을 할 때, 시작만 있고 끝이 없는 경우를 비유함.
8) 大約：대략, 아마도, 대강.
9) 舘：“館”과 같음, 숙식을 제공했던 장소. “舘”은 이체자로 집이나 건물 등의 의미를 가지고 있음을 알 수 있다. 유람, 조망, 기거, 연회, 음식의 지공 등을 위한 목적으로 사용되었으며 그 몸체가 상당히 크고, 건물의 배치가 비교적 자유롭다.

難客2：好了，停一會看マ。

通事 ：你看船上起烟，是放砲了。當真接貢(船)回来了。

難客2：恭喜ママ！如今接貢船既回来，聽見那霸造新船，又動工了。還是用接貢的船去，還是等那新船去呢?

通事 ：這也不曉得！以理論来，既然動工，那有半塗而廢的道理? 大約還是要造起新船来去哩。天要黑了，你們大家回舘去罷。

번역 :

객 : 가봅시다.

객2 : 통사님은 저기 바다 위에 보이는 두 척의 큰 배가 어떤 배인 것 같습니까?

통사 : 아마도 접공선이 돌아왔나 봅니다. 축포를 쏘는지 잠시 기다려 봅시다.

객2 : 네, 그러지요.

통사 : 배에서 연기가 일고 있습니다. 축포입니다. 역시 예물을 받으러 갔던 접공선이 돌아온 것이었군요.

객2 : 축하드립니다. 이제 접공선도 돌아왔고, 나패那霸에서도 새로운 배의 건조가 시작됐다고 하더군요. (그럼 우리는) 접공선에 오르게 되는 겁니까? 아니면 새로 건조한 배에 오르게 되는 겁니까?

통사 : 그건 아직 확실치 않습니다. 일반적으로 작업이 시작되면 중간에 그만두는 일은 없지요. 아마도 새로운 배를 건조해서 가게 될 겁니다. 날이 어두워지려하니 다들 숙소로 돌아가시지요.

五十三丁裏

原文：

進喫烟再去o 多謝ママo天要黒了o我不進去o請了o 豈敢o通事劳駕[10]了o 各位兄們恭喜了o 有什庅喜o 國王進貢的表文[11]下来了o你們豆子o也搬上船了o請各位明日就要上船o今日特来[12]替你們講一聲o先把鋪盖[13]行李[14]o収拾明白[15]o省得臨[16]起身[17]時o慌マ忙マo 曉得了o 衆位[18]先生o今日怎庅這様早来o 聽見[19]兄們今日要回國o特来親[20]送上船o 多謝ママo 你們衆位o都喫了飯庅o 喫了o 通事請坐o (呵)o告坐[21]

對話：

難客：(通事請)進喫烟再去。

通事：多謝ママ。天要黒了，我不進去，請了。

難客：豈敢，通事劳駕了。

---

10) 劳駕：[인사말]다른 사람에게 도움을 청할 때 쓰는 공손한 말. 번거롭게 해드렸습니다. 실례했습니다의 의미와 유사함.
11) 表文：1. 글을 쓰다. 2. 황제께 올리는 문서.
12) 特来：특별히 찾아오다.
13) 鋪盖(pūgài)：이불과 요를 가리킴.
14) 行李：외출 시 지니는 물건.
15) 明白：명확한, 확실한.
16) 臨："临(lín, 임할 임)"의 번체자. 장차, ~에 임하다, ~에 당해서.
17) 起身：길을 나서다. 출발하다.
18) 衆位：여러분.
19) 聽見：듣자(하)니. 듣건대. 들은 바로는 (…라고 한다).
20) 親：직접, 손수, 친히.
21) 告坐：1. 알리고 나서 앉다. 2. (상대방이 "앉으세요"라고 했을 때 대답하는 말) 감사합니다.

通事：各位兄們恭喜了。

難客：有什庅喜?

通事：國王進貢的表文下来了 。你們豆子也搬上船了，請各位明日就要上船。今日特来替你們講一聲。先把鋪盖行李収拾明白，省得臨起身時慌マ忙マ。

難客：曉得了。

……

難客：衆位先生，今日怎庅這樣早来?

通事2：聽見兄們今日要回國，特来親送上船。

難客：多謝ママ。

……

難客：你們衆位，都喫了飯庅?

通事2：喫了。

難客：通事請坐。

通事：(呵)告坐(了)。

번역：

객：들어가서 담배 한 대 태우고 가시지요.

통사：감사합니다만, 날이 어둑해지려 하니 들어가진 않겠습니다. 이만 가보겠습니다.

객：그럴 리가 있나요. 저희가 통사님을 번거롭게 해드렸습니다.

……

통사：형님들 축하드립니다.

객：무슨 좋은 일이라도 있습니까?

통사：국왕께서 공물선貢船을 보내라는 표문을 내리셨습니다. 여러분의 콩도 배에 실어두었으니 내일 바로 배에 오르시지요.

오늘 이렇게 특별히 찾아와 말씀드리는 건, 침구와 짐을 미리 정리해서 출발할 때 당황하여 허둥대는 일이 없도록 하셨으면 해서입니다.

객 : 알겠습니다.

……

객 : 그런데 선생들께서는 오늘 어찌 이리 일찍부터 찾아오셨습니까?

통사2 : 여러분께서 오늘 돌아가신단 얘기를 듣고, 직접 배웅하러 나왔습니다.

객 : 감사합니다.

……

객 : 다들 식사는 하셨습니까?

통사2 : 먹었습니다.

객 : 통사님, 앉으시지요.

통사 : 감사합니다.

五十四丁表

原文：

了ㅇ你們各位ㅇ都喫飯了沒有ㅇ 用過[1]了ㅇ 收拾起身罷ㅇ 我們還有一張謝恩[2]的呈子[3]ㅇ煩劳通事ㅇ轉禀[4]老爺ㅇ說我們漂来一年ㅇ蒙王爺各位老爺的恩德ㅇ費各位通事ㅇ並衆位執事人等的情義[5]ㅇ感念不忘ㅇ這是說不盡的ㅇ 好說ㅇ弟們愚蠢[6]ㅇ替你們做通事ㅇ前後照顧ㅇ恐怕有效力不周[7]之處ㅇ包涵[8]ママㅇ 鄭先生同列位先生ㅇ我們上船以後ㅇ若是还沒有開船ㅇ千萬[9]来船上玩マㅇ (呵)ㅇ這是自然来拜望[10]ㅇ 通事與先生ㅇ看マ這

對話：

通事：你們各位, 都喫飯了沒有?

難客：用過了。

通事：收拾起身罷。

難客：我們還有一張謝恩的呈子, 煩劳通事轉禀老爺。說我們漂来一年,

---

1) 用：식사하다.
2) 謝恩：다른 사람의 은덕에 감사하다(일반적으로 군신 관계를 말함)
3) 呈子(chéngzi)：[명사] 민간에서 관리에게, 혹은 하급관리가 상급에 올리는 공문. (백성이 관청에 내는) 청원서. 탄원서. 진정서. (하급 관아에서 상급 관아로 올리는) 정문(呈文). 상신서.
4) 轉禀：상급자에게 전하여 고함.
5) 情義：인정과 의리. 가족, 친구, 동료 간에 마땅히 있어야 하는 감정.
6) 愚蠢(yúchǔn)：사리에 어둡고 어리석다.
7) 不周：미흡하다. 주도면밀하지 못하다.
8) 包涵：너그럽게 받아들이다, 용서하다, 양해하다.
9) 千萬：반드시, 기필코.
10) 拜望：찾아뵙다, 배알하다. 다른 사람을 만나보다는 의미의 경어(敬語).

蒙王爺、各位老爺的恩德, 費各位通事、 並衆位執事人等的情義, 感念不忘, 這是説不盡的。

通事 : 好說, 弟們愚蠢替你們做通事, 前後照顧恐怕有效力不周之處, 包涵ママ。

難客 : 鄭先生同列位先生, 我們上船以後, 若是还沒有開船, 千萬来船上玩マ。

通事 : (呵)這是自然来拜望。

難客 : 通事與先生, 看マ這(張呈子)。

번역 :

통사 : 식사는 하셨습니까?

객 : 먹었습니다.

통사 : 이제 정리하고 출발하시죠.

객 : 감사 서신을 한 통 썼는데, 통사님께서 나리께 전해 주시겠습니까? 저희가 이곳으로 표류해 온 1년 동안 나리와 어르신의 은혜를 입고, 통사님과 각 관계자 여러분들의 마음을 쓰이게 하였습니다. 감사의 마음을 이루 다 말할 수가 없습니다.

통사 : 천만의 말씀입니다. 어리석고 부족한 저희들이 통사를 맡는 바람에, 일을 도와드리는데 미흡한 부분이 있었겠지만 널리 양해해 주십시오.

객 : 정 선생님과 여러 선생님들, 만일 우리가 배에 오르더라도 아직 출항 전이면, 꼭 배에 (한 번) 들르십시오.

통사 : 당연히 찾아뵈어야지요.

객 : 통사님, 이것 좀 봐주십시오.

五十四丁裏

原文：

張呈子o有不着[11]處o替弟改一改o (五十四枚)具呈[12]難人瞿張順等為[13]屢[14]蒙柔恤遠人[15]得所事切天災流行人生之遭際[16]亦所時有拯民水火登之於衽席[17]必待深仁[18](順)等因為名利[19]所牽駕扁舟而貨殖[20]他鄉不意塗遇[21]颶風隨波濤而任其飄流幸邀天眷[22]指引生路[23]於去歲十一月二十九日漂至　貴國屬地大島之內蒙該地方老爺查驗[24](順)船尚可修

---

11) 不着(buzháo)：[동사 뒤에 놓여서] ~하지 못하다.

12) 具呈：상서(공문, 정문呈文)를 준비하다.

13) 為：왜냐하면.

14) 屢(lǚ)：여러 차례.

15) 遠人：관계가 소홀한 사람을 의미하는 것으로 외부 민족이나 이방인을 가리킴.

16) 遭際(zāojì)：1. 만나다, 맞닥뜨리다, 봉착하다.《중국삼대소설가논찬中國三大小說家論贊》"천하에 특출난 인재는 혼탁한 세상을 만나, 크나 큰 생각을 품었지만." 2. 호기, 좋은 기회. 3. 인생 경험을 두루 가리키는 말.《수원시화隨園詩話》"옛 시인들의 인생 경험에는 행운도 있고, 불행도 있다" 4. 맞닥뜨린 불행한 사건이나 일.《조부적고사・노태파祖父的故事・老太婆》"갑작스레 훌쩍거리며, 그녀의 불행을 한탄하고 있었다."

17) 拯民水火, 登之於衽席：사람을 물이나 불속에서 끌어당겨 침대 위에 올려놓는다는 의미로 "사람들을 어려움과 고난 속에서 구원(구제)하다"는 의미로 비유하여 쓰임.

18) 深仁：깊고 두터운 사랑.

19) 名利：명예와 지위 그리고 재산과 녹봉, 명성과 이익.

20) 貨殖：1. 장사하여 이윤을 추구하다. 상업에 종사하여 영리를 꾀하다. 2. 장사하는 사람, 상업에 종사하는 사람. 3. 금전과 물자, 재화, 상품, 제품. 본문은 "장사하여 영리를 꾀하다, 장사하여 이윤을 추구하다"의 의미로 사용되었다.

21) 塗遇(túyù)：길에서 만나다. 길에서 조우하다. 본문은 '도중에 맞닥뜨리다'의 의미로 사용되고 있다.

22) 天眷：하늘의 보살핌.

23) 生路：1. 살 길, 활로(活路), 살아 나갈 방도를 일컬음. 2. 다시 태어나는 기회, 환생하다. 3. 생소한 방법이나 길을 의미함. 익숙한 길이나 방법과 상대되는 의미로 쓰임. 본문은 다시 태어날 수 있는 기회. 환생하다.

24) 查驗：점검하고 조사하다.

理命工匠[25]庀[26]材物[27]代為補葺[28]殘缺更賜日用飲食今歲二月

對話：

難客：張呈子，有不着處，替弟改一改。(五十四枚)

具呈。難人瞿張順等，為屢蒙柔恤，遠人得所事切天災，流行人生之遭際，亦所時有，拯民水火，登之於衽席，必待深仁。(順)等因為名利所牵駕扁舟而貨殖他鄉，不意塗遇颶風，隨波濤而任其飄流。幸邀天眷，指引生路於去歲十一月二十九日漂至貴國属地大島之內，蒙該地方老爺查驗(順)船尚可修理，命工匠庀材物，代為補葺殘缺，更賜日用飲食今歲二月。

번역：

객：왕께 올리는 서신을 펼쳐보시고, 잘 쓰지 못한 부분이 있거든 제 대신 교정을 좀 부탁드립니다. (54枚)

국왕께 아룁니다. 조난자 구장순瞿张顺 등은 여러 차례 동정어린 관심을 받았습니다. 이방인인 저희들이 천재지변을 만나 인생의 불행을 겪고, 위험과 환란에 빠져 있을 때, 때마침 저희들을 그 속에서 끌어내 편안한 곳에 안거安居하게 해주심에, 너무나 깊은 사랑을 베풀어 주셨습니다. 이익에 의해 내몰려, 자그마한 배를 타고 타국에 나와 장사를 하려 했는데, 도중에 갑작스레 태풍을 만나, 거대한 파도와 함께 이리저리

---

25) 工匠：공예가, 장인(匠人).

26) 庀(pǐ)：1. 다스리다. 2. 준비하다, 확보하다, 조달하다.(작업 조건을 갖추다, 일을 시작하다). 본문과 결합하여 살펴보면, “확보하다, 준비하다”의 의미로 사용되었다.

27) 材物：1. 완성품을 제조할 수 있는 재료. 2. 재목材木과 물품物品.

28) 補葺(bǔqì)：(건축물을) 보수하다. 수리하다. 손질하다.

五十四丁裏

표류하게 되었고, 천만다행으로 하늘의 보살핌을 받아, 다시 새 생명을 얻었습니다. (그렇게) 지난 해 11월 29일, 귀국貴國의 대도大島에 닿았는데, 이곳 나리의 보살핌으로 배가 수리가 가능한지 점검을 받고, 장인들에게 자재 조달을 명하시어, 파손된 부분을 수리하도록 해주셨습니다. 더불어 일용품과 먹거리도 함께 내려 주셨습니다.

五十五丁表

原文：

二十日遣数小舟送出港口開船放洋1)辭貴土而言歸2)揚帆萬里望故鄉而奔波3)此(順)等受柔恤之恩也詎意4)時乖運蹇5)颶風又作不能前進無奈復回於本月二十一日収至6) 貴國属地奇界島內(順)等兩沓遇難船已傷損不堪地方老爺又欲為之修理(順)等自覺7)不堪8)修理遂9)求燒化10)將(順)等送至 王都11)以作歸家12)之計乃因船隻不便難以相送又蒙起盖房屋賞給(順)等居住朝夕13)費用餽送14)不絕候至15)三月二

---

1) 放洋 : 1.배가 항구를 떠나 먼 바다를 항해하여 국외로 나가는 것을 말함. 2.배를 타고 바다로 나감. 3.옛날에는 외국 사신으로 가거나, 외국으로 유학 가는 것을 가리켰음. 본문은 "배가 항구를 떠나 먼 바다를 항해하여 국외로 가다"의 의미로 사용되었다.
2) 言歸 : 돌아가다, 회귀하다. "言"은 조사로 사용되었다. 《시경・주남・갈담詩・周南・葛覃》 "집사執事에게 말씀드리리니, 친정으로 돌아가고 싶어요."
3) 奔波 : 거센 파도.
4) 詎意(jùyì) : 어떻게 생각했겠는가.
5) 時乖運蹇(shíguāiyùnjiǎn) : 時 : 시운, 한 때의 운수, 시기. 乖 : 순조롭지 못하다. 蹇 : 한쪽 발이 절룩거리다의 의미로 순조롭지 못한다는 의미가 파생됨. 시운이 좋지 못하다, 운명이 순조롭지 못하다.
6) 収至 : 도착하다. 도달하다. 이르다.
7) 自覺 : 스스로 깨닫다.
8) 不堪 : ~할 수 없다, ~해서는 안 된다.
9) 遂 : 1. 순조롭다, 뜻대로 되다. 2. 성공하다, 실현하다. 3. 그래서, …하자마자 곧. 4. "원활하다, 막힘이 없다. 어디로 가든 막히지 않는 곳이 없다. 본문은 "그래서"의 의미로 사용되었다.
10) 燒化 : 시체, 지전(紙錢) 등을 태우는 것을 가리킴. 본문은 "배를 태우는 것"을 가리킴.
11) 王都 : 천자의 성읍, 수도.
12) 歸家 : 집으로 돌아가다.
13) 朝夕 : 살아가는데 필요한 것을 가리킴. 삶의 수요.
14) 餽送(kuìsòng) : "饋(kuì), 드릴 궤"와 같음. 선물하다, 선사하다, 드리다.
15) 候至 : (~까지) 기다리다.

對話 :

難客 : (今歲二月)二十日, 遣数小舟送出港口, 開船放洋辭貴土, 而言歸揚帆萬里, 望故鄉而奔波, 此(順)等受柔恤之恩, 也詎意時乖運蹇, 颶風又作不能前進, 無奈復回, 於本月二十一日收至貴國属地奇界島内, (順)等兩番遇難, 船已傷損不堪, 地方老爺又欲為之修理, (順)等自覺不堪修理, 遂求燒化, 將(順)等送至 王都。以作歸家之計, 乃因船隻不便, 難以相送。又蒙起盖房屋, 賞給(順)等居住, 朝夕費用, 餽送不絕。

번역 :

객 : 올해 2월 20일에는 작은 배 몇 척이 출항하여, 귀국과 작별을 하고, 돛을 올려 먼 길을 되돌아, 고국 땅이 보이는 곳에 이르렀는데, 그곳은 거센 파도가 일고 있었습니다. 우리는 하늘의 보살핌을 받아 불행이 닥칠 줄은 꿈에도 생각지 못했습니다. 그러나 또다시 거센 태풍이 일어, 더 이상 앞으로 나아갈 수가 없었습니다. (그리하여) 어쩔 수 없이 다시 배를 돌렸고, 이달 22일에 귀국의 奇界島에 이르렀습니다. 두 번의 재난을 겪은 터라 배가 심하게 망가져서, 이곳 어르신께서 다시 한 번 (우리를 위해) 배를 수리해 주고자 하셨지만, 저희들 소견으로는 도무지 더 이상의 수리는 불가능 하다고 판단되어, 배를 소각하고, 황제의 도읍으로 데려가 달라고 요청했습니다. (그곳에서) 고국으로 돌아갈 방법을 찾고자 했으나, 배편이 여의치 않아 우리를 데려다 줄 수 없었습니다. (그리하여) 또 다시 집을 지어 살 곳을 마련해 주시고, 생활비를 지급해 주셨으며, 하사품도 끊임없이 보내주셨습니다.

五十五丁裏

原文：

十三日始上寶島船隻以為得至　王都庶[16]随接貢之艘托 聖主[17]之福不数日[18]可得歸鄉矣此(順)等再受柔恤之恩也不意登舟以後又無順風遲至四月初四日始到運天港內問接貢舡[19]而接貢舡已開問護送船而護送舡又去(順)等命運之乖蹇因此而益見[20]而　王爺恩澤之浩蕩更由是而难名[21]也自運天来泊村建造廣厦[22]以安身[23]俟[24]随貢艘以還鄉病者命醫藥治死者賜棺衾埋葬夏無衣則賜衣以蔽體冬

對話：

難客：(候至三月二)十三日，始上寶島船隻，以為得至王都。庶随接貢之艘，托聖主之福，不数日可得歸鄉矣。此(順)等再受柔恤之恩，也不意登舟以後，又無順風，遲至四月初四日始到運天港內。問接貢舡，而接貢舡已開，問護送船，而護送舡又去。(順)等命運之乖蹇，因此而益見。而王爺恩澤之浩蕩，更由是而难名也。自運天

---

16) 庶(shù)：1. 아주 많다, 수많은 2. 평민, 백성 3. 종법제도 가정에서 시조(始祖)가 같은 혈족 가운데 직계에서 갈라져 나온 친계(親系). "적자(嫡)"과 상대되는 개념. 예, 서자(첩이 낳을 아들), 서모(본부인이 낳은 자녀가 아버지의 첩을 부르는 호칭) 4. 어떤 일이 발생하거나 일어났으면 하는 바람으로 예측하다. 본문은 "평민, 백성"의 의미로 사용되었다.

17) 聖主：당시 황제에 대한 존칭.

18) 不数日：며칠 안 되어.

19) 舡(chuán)：[명사][문어] '船(chuán)'과 같음. 배, 선박.

20) 益見：더욱 잘 알 수 있다.

21) 难名：설명하기 어렵다.

22) 廣厦(guǎngshà)：높고 큰 집.

23) 安身：어떤 곳에서 거주하고 생활하다. 주로 악조건 속에서의 생활을 의미한다.

24) 俟：기다리다.

来泊村，建造廣厦以安身俟随貢艘以還鄉。病者命醫藥治，死者賜棺衾埋塟。夏無衣則賜衣以蔽體，冬

번역 :

객 : 그러다 3월 23일이 되어서야 보도宝岛로 향하는 배에 올랐는데, (우리는 그 배를 타면) 황제의 도읍에 이를 수 있을 줄 알았습니다. 접공선接貢船을 타고 가는 동안, 황제의 복이 함께 한다면, 며칠 내로 고국으로 돌아갈 수 있었을 것입니다. 그러나 다시 한 번 보살핌의 은덕을 입은지라, 배에 오른 뒤에 또 다시 순풍을 만나지 못하리라고는 생각지도 못했습니다. (그래서) 4월 4일이 되어서야 운천항運天港에 닿을 수 있었습니다. (그곳에서) 접공선을 탈 수 있는지 물었지만, 이미 떠난 뒤였고, 호송선을 탈 수 있는지 물었지만 호송선 역시 이미 떠난 뒤였습니다. 이로써 운명의 불행의 그림자가 짙게 드리워지고 있음을 더욱 느끼게 되었습니다. 하지만 나리의 크나큰 은혜는 더더욱 말로 형용할 수가 없습니다. 运天港에서 박촌泊村으로 옮겨, 그곳에 높고 큰 집을 지어 편안히 머무르면서, 조공선과 함께 고향으로 돌아갈 때까지 기다릴 수 있도록 해주셨습니다. 또한 병든 자를 위해 의원을 보내주시고, 약을 구해 주셨으며, 죽은 이를 위해 관을 마련해 장례를 치러주셨습니다. 또, 여름에는 옷이 없으면, 옷을 내려 주시어 더위로부터 몸을 보호할 수 있도록 해주셨고,

五十六丁表

原文：

無衣則賜裳以禦寒[1)]似此深恩赤體號寒[2)]之苦可以無虞[3)]舉凢[4)]日用之所需者淹留[5)]数月並無一時之或缺[6)]如此委屈周全[7)]垂隣[8)]遠人真所謂父母之德昊天罔極(順)等何日忘之而又將何以報之也乎此(順)等三受柔恤之恩也今貢艘將開蒙送還鄉俟開洋之日風伯[9)]効靈[10)]舟行如飛不数日得至中國雖云托上天眷顧實皆頼　國王之洪福[11)]也(順)等蒙此覆載[12)]之恩再生之德問之於心時刻難忘欲要圖報[13)]莫能萬一惟有焚香頂祝[14)]

---

1) 禦寒：추위를 막다. 보온하다.
2) 赤體號寒：굶주림과 추위로 울부짖다. 굶주림과 추위로 인한 비참한 삶을 형용함.
3) 虞(yú)：1. 예상하다, 예측하다, 전망하다. 2. 우려하다, 걱정하다. 3. 속이다, 기만하다, 사기치다. 4. 중국 주왕조 시기의 제후국 명칭. 지금의 산서성山西省에 위치해 있다. 5. 고대에는 "娛(yú)"와 같았다. 편안하고 즐겁다. 6. 고대에 산과 못을 장관하던 관리. 7. 전설 속 중국 왕조의 이름으로 순임금이 세웠다고 함. 본문은 "근심 없이 태평무사함"의 의미로 사용되었다.
4) 举凡：1. 그 요점을 열거하다. 2. 무릇, 모든, 다, 대체로.
5) 淹留：오랜 시간 떠돌다. (외지에서)장기간 머물다, 체류하다.
6) 或缺：或, 조금, 약간. 缺, 부족하다.
7) 委屈周全：원래의 뜻을 굽히고, 일의 완벽을 기하다. 아쉬운 대로 뜻을 굽혀 일의 완벽을 꾀하다.
8) 垂隣(chuílín)：불쌍히 여기다. 연민하다. 가엾이 여기다, 동정하다.
9) 風伯：바람의 신.
10) 効靈(xiàolíng)：현령하다. 영험을 나타내다.
11) 洪福：크나큰 복.
12) 覆載：1. 위에서 덮어주고, 아래서 지탱하다의 의미로 위에서 덮어 길러주고, 포용해주다의 의미임. 2. 하늘과 땅, 천하, 세상. 육유陸遊《하증비감계賀曾秘監啟》, "몸은 머나먼 곳에 떨어져 있다하나, 이름은 온 천하에 가득하리라." 3. 제왕의 은덕을 비유함. 본문은 "제왕의 은덕"을 비유하였음. 귀유광歸有光,《걸치사소乞致仕疏》"제왕의 은덕은 보답할 길이 없어라."에 보임.
13) 圖報：보답을 모색하다.
14) 頂祝：정례수복하다. 정례. (무릎을 꿇고 두 손으로 땅을 짚은 채, 존경하는 사람의 발에 머리를 조아리는 의례로서, 상대방에 대한 최고의 공경의 표현임), 축복을 기원하다.

望闕跪[15]拜願 王爺世マ子孫享無。

對話 :

難客 : (冬)無衣則賜裳以禦寒。似此深恩, 赤體號寒之苦, 可以無虞。舉凢日用之所需者, 淹留数月, 並無一時之或缺。如此委屈周全垂隣遠人, 真所謂父母之德昊天罔極。(順)等何日忘之而又將何以報之也乎? 此(順)等三受柔恤之恩也, 今貢艘將開蒙送還鄉, 俟開洋之日, 風伯効靈, 舟行如飛, 不数日得至中國。雖云托上天眷, 顧實皆賴國王之洪福也。 (順)等蒙此覆載之恩、再生之德問之於心, 時刻難忘, 欲要圖報, 莫能萬一, 惟有焚香頂祝, 望闕跪拜, 願王爺世マ子孫享無。

번역 :

객 : 겨울에 추위를 막을 옷이 없으면, 옷을 하사하시어 (몸을) 추위를 막을 수 있도록 해주셨습니다. 이처럼 하해와 같은 은혜로 헐벗음과 추위로 울부짖는 고통을 잊어버리게 해주셨습니다. 모든 일상용품은 이곳에 체류하는 몇 달 동안, 단 한 순간도 부족함이 없도록 해주셨습니다. 이와 같이 우리 이방인들에게 보여주신 과분하고 빈틈없는 관심은, 참으로 어버이의 은혜와 같이 크나큰 것이었습니다. 어떻게 그 은혜를 잊을 수 있겠습니까? 또 언제나 그 은혜에 보답할 수 있겠습니까? 세 차례나 보살핌의 은덕을 받았고, 이제 곧 공물선이 출항하여 우리를 고향으로 돌려보내 줄 것입니다, 출항하는 날이 되어 바람의 신이 영험을 발휘한다면, 배가 항해하는 속도가 날아가는 듯 빨

15) 闕(què) : 수도, 서울, 궁전.

라서 며칠이 채 안 되어 중국에 이를 수 있을 것입니다. 비록 하늘의 보살핌에 의지한다고 말씀드리긴 했으나, 사실상 모두 국왕의 크나큰 복에 의지한 것입니다. 국왕께서 베풀어 주신 드넓은 은혜와, "새 목숨을 주신" 덕 된 소리는 저희들 마음속에서, 매순간 잊어지지 않을 것입니다. 국왕의 은혜에 보답하고자 하나, 무엇 하나 할 수 있는 것이 없습니다. 그저 향을 태워 정례수복頂禮壽福을 올리고, 궁전에서 무릎을 꿇고 절을 올리며, 대대손손 나리의 자손들이 만복萬福을 누리시길 축원祝願 드릴 따름입니다.

今　譯

一丁表

通事：大哥您是哪里人?

难客：我是山东人。

通事：山东哪个府(省)哪个县?

难客：是登州府莱阳县的。

通事：大哥尊姓?

难客：我姓白

通事：尊名?

难客：小名世芸。

通事：敢问尊号?

难客：在下号瑞临

通事：您的船是什么地方的船?

难客：是江南苏州府常熟县的

通事：大哥是山东人，怎么在他的船上?

难客：因为他的船在我们那里做买卖，所以雇他的船载了几担豆子要去江南卖，因此在他的船上。

通事：你们是什么时候在哪里开的船呢?

一丁裏

难客：是去年十二月十八日，在本省的胶州地方开的船。

通事：怎么到我们国家来了呢?

难客：我也不知道，开到大洋中间，忽然遇到暴风。把大桅、舢板、船艄、篷舵全打坏了。船裡的貨物也都掉了。那些没丢的，也被海水打烂了. 现在船上的柴、米、水都没了。这个时候还以为会死。谁想到老天保佑。十二月二十九日飘到贵国大岛那个地方。承蒙地方老爷可怜我们，天天赏给我们柴米才活下来了。

通事：你们既然是去年到的大岛，怎么今年四月才到这里呢？

二丁表

难客：说起来话长，说不完。

通事：怎么说不完？请讲。

难客：我们去年在大岛，承蒙地方老爷赏了木料等，还派了人工替□□□理船只，此恩此德怎么报答得了。直到今年二月□□日，北风大作，有一位名叫喜保世的通事说‘今日北风很好，送你们十天的伙食快点开船走吧’。我们心里想，今日受此大恩，不知何日可报，因此无奈只得收拾行李开了船。没想到命运不好，又遇到了灾难驶到最后，忽然又转成西风，想往前走却不能；想再回大岛又觉得不方便

二丁裏

难客：实在是不得已，才到了贵国的奇界岛。

通事：你们是什么时候到的奇界岛？

难客：我们是二月二十一日停到奇界岛的，　承蒙那里的老爷将小船拉进港里。这次我们的船又被风浪打坏了，特别严重。承蒙老爷恩典，要替我们修理。我们自己看了看这只船，损伤严重修理不了。拜托老爷把这船烧掉，　干脆送我们随贡船回去罢了！　老爷不放心，

亲自和通事到船上看过以后，觉得实在修不了了，才同意了我们的话。老爷看见我们在这破船上住宿不太方便，

三丁表

难客：重新盖了房屋让我们住。赏下蒲包草绳，把几担霉豆包好。每天不断送来柴米菜蔬、油盐酱醋。这样的恩惠让我们心里实在过意不去。到三月二十三日船才造好。那里的老爷又派了些马夫把小弟们的铺盖行李、霉豆等东西都送到宝岛船上。因为没有顺风，所以等到四月初二这天，才有了好风开了船。初四这天到了运天港这里。承蒙运天的老爷叫船送来。因为有这么多的阻挡障碍，因此耽搁到今天呵。

通事：原来有这么些的事故。真可怜。

难客：没想到我们的运气不好

三丁裏

难客：偏偏接贡的船又出洋了，　不能一同去。也不知道什么时候才能回家和父母妻子相见。这样的苦情，叫人怎么不心酸？

通事：请放心，不要着急。古人说得好"聚散离别，莫非前定。"还说到"大难不死，必有后福。"你们今天遭此凶险也是命中注定，何必这样悲伤？等到十一月进贡的船送你们到福建，自然就会等到回家见父母妻子的那一天了。现在在这里，就不要担心了。

难客：谢谢您的吉言。想想看，我们在这里要等到十一月，还有很长时间。

四丁表

难客：花费了国王的钱和粮食，又花费了各位老爷、通事及执事等人的心血和精力。这样的高恩厚德，不能报答，所以心里实在过意不去。

通事：十一月才能回去，这是我们国家的常规惯例，一定要到那个时候，才会有顺风。即使国王现在要送你回去，时间不对那也没有办法。接待你们的费用、上面和下面的执事辛苦些也是救灾体恤患难的道理，本来就应该这样做的，所以你们不用太在意。希望你们放开心怀，不要挂念家里。养好自己的身体更重要。

难客：您所言极是，小弟岂敢不尊。其实心里不得不

四丁裏

通事：俗话说："人生在世，常要把那不如意的事情来排解一下，没有解决不了的"还有"退一步海阔天空"的说法，你拿那些不如意的事来宽慰一下自己。我的遭遇不好，还有那遭遇不如我的呢。这样想心里自然就会宽慰了。你们遭此大难，人都平安无事吗？

难客：都平安。就是货物都丢掉了。仅剩几担豆子没丢，不过也被海水打烂了，都发霉了，没有干的。

通事：这也是命运。钱财本来都是人赚的。俗话说"留得青山在，不怕没柴烧"。

五丁表

通事：大家都得平安。以后回到家，这些东西都能赚得回来的，愁什么？

难客：虽然是这么说，只是我们在贵国花费使用的东西，都是承蒙王爷

的赏赐，怎么担当得起?等到了福建，听说福建到苏州还有三千余里，到登州还有五千多里。现在我们的货物一点也没有了。身上的路费也是分文不剩，怎么能回得去呢？就算做了乞丐，回去的路上千山万水，路途遥远，艰难重重，想象总是要做他乡的饿死鬼，怎么能叫人不伤心?

通事：老兄放心，我听说福建的官府

五丁裏

通事：还要赏赐路费，这也说不定。

难客：这些话不过是宽慰劝解的话，怎么说的准呢？官府的事情，由不得我们。可能要耽搁很长时间，怎么等得了呢?

通事：有什么能耽搁的事等不了呢?

难客：老爷要发路费，他自己不敢独行，一定要写个公文详报到上司那里去。上司看了写个奏章，奏闻皇上，然后再等皇上的旨意下来。行文得转多少个衙门才能给路费打发起身？　这个不是等很长时间就能等到的。而且一路上，还要派人解送。每逢府、县，都要投递文书、等候文书

六丁表

难客　：还不知道有什么样的艰难苦楚。你觉得我说的这话对不对？说了半天，还不知大哥贵姓，请问尊姓大名?

郑通事：免贵姓郑。名世道，字民仪。

难客　：今年多大了?

郑通事：今年十八岁。

难客　：这个地方叫什么?

郑通事：这里叫做泊村。

难客　：你家住在哪里?

郑通事：我住在久米府。听他们说你们有一位身体不舒服，是真的吗?

难客　：有一个姓朱的，身体不太好。

郑通事：是什么病呢?

难客　：是痨病。

郑通事：怎么得的呢?

难客　：他本来身体就有些不好，

六丁裏

难客　：去年在海上，又受了风寒、担惊受怕，因此得了种吐血的病。

郑通事：吃过药没有?

难客　：在连天港的时候承蒙那里的老爷派了医生把脉吃药可没有见效。来到这里又承蒙老爷，派了两位医生，天天把脉吃药。

郑通事：这几天吃药好些了吗?

难客　：还没有见好，因为他的病太严重了，不容易好，需要慢慢调养才能见效。

郑通事：你们跟他讲，既然有病就要把心放宽些才能好得快。若是再思念家乡，那病就更难好了。

难客　：我们也跟他说过，只是他思家心切

七丁表

难客：恐怕还是放不下。听了您的见教，等一会儿我再去劝劝他。

通事：各位大哥请再坐坐，小弟先告辞了。

难客：大哥再坐一会儿吧。

通事：我倒是想再坐一会儿听听大哥的教诲。因为家里还有些事儿，就不能奉陪了。请不要见怪。

难客：我被吹到这里来，心里闷得很。今天您能来访，又承蒙教诲，心里十分舒畅。正像古人说的“同君一夜话，胜读十年书。”你们在这儿坐了这么久，我也没有上一杯茶，真是多有怠慢！在下觉得很惭愧。请求大哥再多坐一会儿，抽一袋烟再走。

通事：感谢您的款待，我应当遵从

七丁裏

通事：只是小弟十分着急，不得不去。

难客：既然家里有要紧的事情，小弟也不敢强留。只是今日分别后，不知道什么时候委屈您再光临寒舍赐教，疏解小弟苦闷的思绪。

通事：好说好说。改天一定如你所愿，只是下次相见的日子定不了。只能是有空的时候再来了。各位请留步，大家都请坐，不要送了。

难客：您既然要回家，哪有不送的道理呢？

通事：不敢当，不敢当。您是客人小弟是主人，哪有客人送主人的道理？

难客：我虽然是客人，既然住在这里，就是主人了；您虽然是主人，既然来到这里就是客人了。

八丁表

难客：这样看来，我是客人中的主人，您是主人中的客人。到了外面，我才是客人，您才是主人呢。您不让远送也要送到门口，这才是礼节啊。

通事：我不常来，您这样太礼数，我心里实在过意不去。

难客：今天是第一次见面，如果再来的时候，小弟就理当从命。

通事：多谢多谢，现在到了门口，请留步。

难客：(呵)慢走。

……

难客：通事请坐。

通事：(呵)谢了，大家都请坐。我常来不要拘束。那一位姓朱的，这几天病情怎么样了？难客：还不见好？

通事：你们跟他说，他爱吃什么东西就告诉我。

八丁裹

通事：我去问了老爷，然后送来给他吃。

难客：(呵)我跟他说。刚才回去问他，他说，什么都不想吃。

通事：送来的米和小菜，够不够吃？

难客：够吃了，还吃不完。

通事：你们要用什么东西，跟我说清楚，我去跟老爷说了后送给你。

难客：我们也不用什么，只是夜里蚊子很多，睡不着觉。现在天气炎热，没有夏天的衣服，不知道怎么办才好。

通事：我回去商量看看。

难客：辛苦您了 (有劳了)

通事：我会时常来的，请留步，不必送了。

难客：(呵)那不送了。

通事：留步。

九丁表

通事：我去问过老爷了。老爷说做好蚊帐和夏天的衣服给你们送来。

难客：多谢老爷天恩。请问通事，这两天外边一直敲锣打鼓是做什么？

通事：这是在那里赛龙舟呢。

难客：你们这里的龙舟赛几天呢?

通事：我们这里的龙舟是四月二十八日下水，五月初六上岸。只有八九天的时间。你们大家要看的话，等到初四，我来带你们出去看看。也好解解闷。只是我们这里赛得粗鲁不好看，不如你们中国赛得有意思。

难客：这里的龙舟一共有几只呢?

九丁裏

通事：这里只有一只，那霸港有两只，一共三只。到了初四这天，这里的船也到那霸港口去汇拢到一起比赛。

难客：有小船跟着吗?

通事：没有

难客：这样看来和我们中国的龙船差不多一样。

通事：中国是怎样的?

难客：我们那里一只龙船就有四五只小船前后相互辅助。 白天舞旗招摇，使枪弄棒。晚上点灯结彩，弹唱跳舞。也是四月二十八号下水，五月初六上岸。

通事：那当然有意思了。

难客：还有一件事要跟通事商量，不知道可不可以?

十丁表

通事：什么事情?

难客：我们那几担豆子不知道放在哪里?

通事：放在那霸。

难客：我们回家的费用全靠这几担豆子了。虽然现在有些发霉了，不过也还有些好的。因为都是沒幹的，担心放在那儿时间长了里面会发热。求通事跟老爷商量商量，不管什么价钱都替我们卖了。小弟们将感激不尽。

通事：我们这里有规定，不能和外地漂来的船做买卖。很严谨的。谁敢故意触犯？这个豆子要卖的话肯定是不行的。

难客：不能买卖这样话我在外岛上也听说了。

十丁裏

难客：遭遇莫不可测，处理事情灵活。原定是不可以的。如果在这里住不长久的话， 这个豆子可以不卖；如果在这里住很长时间的话，这豆子若是不怕发热的东西，也可以不卖的。如今要到11月才能动身回家。这豆子是有油的东西，闷的时间太长了，发起热来怎么好呢？ 贵国的法律制度虽然很严， 但只不过是处常守经的道理。当这样的时候，遭遇如此大的变动，应该讲情理。通權達变的道理也不是不可行的。 如果是通权， 把这幾担豆子替我卖了，有多少的好處？

十一丁表

难客：一是省得日夜看守，费人的心力；二是省得装来装去，需要船只托运；三是省得发热，免得生了油气。这都是有用的东西，放在那没用的地方那不可惜了？再说，贵国也省得操心，怎么就这么行不通呢？拜托通事替我通融一下老爷，就肯定能卖出去的，我们将感激不尽。

通事：我替你跟老爷说一声，看老爷是什么意见，再回复你们。

难客：虽然是老爷作主，但还得求同时帮忙说说好话才行。

通事：这个不用吩咐也会做的，一定会尽心的。

十一丁裏

难客：谢谢通事又要为我们费心了。

通事：好说，那告辞了。

通事：你们拜托我的事， 我问过老爷过了。 老爷说怎么能不依着你们呢？因为这是国家的法制，没有人能私下里偷着帮你卖？万一怕它发热，只能叫人天天挑着出去晒。如果要卖，但还是不能违反法律，求你们见谅。我刚才听说你们国家又有人漂到这里来了。

难客：你说什么？

通事：有人漂到这里了？

难客：那现在在哪里？

通事：现在在马齿山

难客：通事怎么知道？

通事：刚才马齿山有文书来，所以知道。

十二丁表

难客：马齿山在哪里？

通事：就在这港口外边，离这不太远，可以看得见。

难客：走陆路能去么？

通事：走陆路去不了。只能走水路。

难客：哪里的船？

通事：福建的船

难客：福建什么地方的？

通事：福建厦門的

难客：他们的船还好吗?

通事：船被打坏了

难客：人都平安吗?

通事：都平安

难客：船上有多少人?

通事：加上客人一共有27人

难客：既然是福建的船，那么客人也是福建人了?

通事：有一位客人是你们那的，也是江南苏州府的人。

难客：叫什么名字?

十二丁裏

通事：我看见那文书上写的姓潘，名字忘了。

难客：最近一直都没有风。怎么能漂到这里呢? 不过也很奇怪。

通事：他们不是现在才飘过来的，他们也是去年就漂过来了的

难客：那就更奇怪了。 既然是去年就漂来了的， 这里离马齿山又不远，怎么不早来通报，好让貢船送他们回家。 怎么耽误到现在?为什么呢?

通事：他去年漂到这里的时候并不是在马齿山， 是在外岛太平山这个地方，离这儿很远。

难客：在哪个方向呢?

通事：在西南方。

十三丁表

通事：要有西南风才可以来。因为他在那里等顺风的原因，所以才耽搁

到现在。

难客：(呵)原来是这样。这样看来，　可能是太平山的船把他们送到了马齿山，马齿山的老爷才报上公文的。

通事：正是这样。

难客：请问通事，跟我们同病相怜的人就住在马齿山，他们也要被送到这儿来吗?

通事：为什么说是同病相怜的人呢?

难客：就是太平山送来的那些漂来的人哪，　他们是去年被风打到外岛的，我们也是去年被风打到外岛的；他们是最近才到这里的，我们也是才到这里的。

十三丁裏

难客：他们没有赶上接贡的船，我们也没有赶上接贡的船，这不是同病相怜么?

通事：这么说的话，还要送他们到这里来住哩。

难客：什么时候能来?

通事：大概明天就来了。

难客：有住的房子吗?

通事：还没有准备，就要开始动工盖了。

难客：来得及么?

通事：来得及。

难客：在哪里盖呢?

通事：就在这西边。和你们做邻居怎么样?

难客：好极了。我们在这里孤单得很，他来这里做伴，正好可以解解闷。

……

难客：前几天有一位姓阮的在这里说话说了半天，说得很好，可这几天没来，

十四丁表

难客：特别想他

通事：他叫什么名字？

难客：他叫崇基。

通事：那是我的亲戚。

难客：呵！是您的亲戚么！什么亲戚？

通事：是我的同门。

难客：既然是同门，要是方便的话，麻烦通事捎个口信给他，如果有空闲的时间，请他来这里坐坐。

通事：如果有顺便过去的人，我就捎口信给他。

难客：通事兄弟几位？

通事：兄弟四个。

难客：您排行老几呢？

通事：排行老二。

难客：您的兄弟怎么不到这里来玩？

通事：我的兄弟因为家里都有事，来不了。等有空的時候，就来拜见你们。大家请坐，我先回去了。

难客：再坐一会儿吧！

通事：等一会儿再来。

十四丁裏

难客 ：阮先生来了，久仰久仰，请坐！

阮通事：呵，谢坐了。这几天各位老兄都好么?

难客 ：托您的福都很好。

阮通事：那一位姓朱的病好了吗?

难客 ：这几天稍微好了些。这三位先生贵姓?

阮通事：这两位姓蔡，这一位姓郑。

难客 ：想必和郑通事、蔡通事都是一家人了，不知道怎么称呼?

阮通事：这位的字是定菴，名天保，是郑通事一家的人。这位名叫永思，字克比，是蔡通事一家的人。这个就是蔡通事的儿子，名楫字克慎，和我是大舅子关系。

难客 ：呵！蔡通事是您的岳父吗?

阮通事：是我的岳父。

十五丁表

难客 ：各位先生，我们漂到这里来不知道贵国的礼节又不懂贵国的语言得罪之处很多，还请见谅不要记怪。

阮通事：岂敢岂敢，天下总是一样的礼节。何况中国乃是礼义之邦，你们居住在中国我们居住在偏远的海边，如今你们来到这里我们正好到这里来请教，怎么说见怪呢?

难客 ：我天生笨拙，又未尝学过多少学问，也不晓得礼数，有什么可领教的呢?

阮通事：好说，老兄不必太过谦虚。

难客 ：蔡兄多大了?

蔡克慎：小生虚度了十五年了。

难客 ：好年轻啊！您父亲多大岁数了?

蔡克慎：我父亲五十一岁。

十五丁裏

难客　：我们漂到这里后，拖累了您父亲要日夜守在这里费心不能回府安心休息。我们真是千古罪人哪!

阮通事：小舅子只懂得一点点官话，你刚才说的话他听不太懂。

难客　：您小舅子既然不明白，那麻烦通事替我转达一下刚才的话。

阮通事：呵，好的。

难客　：您小舅讲的话我也不晓得，麻烦通事再告诉我。

阮通事：小舅子刚才说他的父亲身负国家要职，本来就应该因公忘私、因国忘家。辛苦一点也是他份内该做的。只是身体衰弱、办事不明，既辜负老爷的恩典又伤了朋友情义还得罪了你们，希望你们见谅。

十六丁表

难客　：蔡大哥说这样的话我们就不好意思了。请问阮先生，我们在外岛上看见那些来看守我们的值班人都轮班替换。三天或者五天一换，轮流着来。唯独两位通事没有替换。这里也是这样吗?

阮通事：这里不是这样。

难客　：这里是怎么样的呢?

阮通事：这里的通事是一个月一换。

难客　：这里的通事有人替换，外岛的通事没有人替换。是怎么回事呢?

阮通事：我也不知道。想必外岛的通事只有两个。所以才没有替换的人。

难客　：这里的通事有多少个呢?

十六丁裏

阮通事：这里的通事很多。其中等级和负责管理的不一样。你们在这里，　有负责照顾你们的通事；你们回去，　有送你们过海的通事；有留在福建馆里处理事情的通事；有跟随大老爷到北京送礼的大通事。

难客　：前几天你来这里说了半天话，让我领教了很多，不知不觉地就茅塞顿开了。您回去后，连续几天没有见面，我这心就恍惚不定，忐忑不安。正如《诗经》里所说："一日不见，如隔三秋。"正是这个意思。前些日子也曾拜托过贵同门郑通事，捎口信问候您，不知道收到了没有？

十七丁表

难客　：今日又大驾光临，真是三生有幸了。

阮通事：小弟本来喜欢天天来领教，　但因家事所拖累，　不能到这里来。昨天同门托人送来口信，深深地感到大哥的错爱。所以小弟今日撇下家事，特地来感谢。

阮通事：这些天天气炎热，夜里蚊子很多。休息不好，确实不好过。贵国也是这样吗？

难客　：我们国家不太一样。江南地区，跟这里差不多的。山东地区，比这里凉快些。　蚊子比这里也少些。　这里虽然现在天气炎热，蚊子也很多，但幸亏老爷怜悯我们没有帐子

十七丁裏

难客　：就做了些帐子赏给我们。没有夏天的衣服，就做了些夏天的衣服给我们送过来。若不是老爷这样的恩惠，　我们还不知道怎样度过哩。

阮通事：你们自从到了这里，有没有出去玩玩、解解闷呢？

难客　：前几天，有位通事邀我们出去看龙舟。为我们摆了酒席请大家喝酒。喝完了，又到庙里去玩了半天，这才回来了。

阮通事：听说贵国的龙舟很好看。这儿的龙舟没有什么好看的。

难客　：贵国的龙舟也很有意思。和这儿的龙舟稍有不同。

十八丁表

阮通事：那边盖起的房子是什么人住在里面的呢？

难客　：也是漂流来的人。就是前几天太平山送来的，你还不知道吗？

阮通事：我也听说了，但不知道他们住在这里。他们的船是商船还是哨船呢？

难客　：是商船。

阮通事：是哪里的商船？

难客　：是福建的商船。

阮通事：你们和他都认识吗？

难客　：他们是福建人，我们不认识他。

阮通事：他们都是福建人吗？

难客　：有一位是苏州府吴江县的人。我们也不认识。

阮通事：我们现在过去看看他。

难客　：你去看了他后还回来吗？

阮通事：天晚了，我去看了他

十八丁裏

阮通事：就要回去了，不来了。

难客　：既然这样，我送送您。

阮通事：前几天说过，再来就不需要送了。怎么今天又要送呢？

难客　：虽然是这么说，可今天来的蔡先生和郑先生两位都是刚到这里来的，哪能不送呢。

阮通事：不敢，小弟虽然是刚来的，可是朋友之间不拘礼节，还请留步。

难客　：呵，听您的。那明天还来吗？

阮通事：明天如果没有事情就过来，请留步。

难客　：不送了。

……

难客：通事请坐。

通事：谢坐了。

难客：各位先生都请坐。

通事：他们不懂官话，你们让他坐，他也不明白。

难客：各位先生，既不懂

十九丁表

难客：麻烦通事替我转达一下我的意思。

通事：呵，那我跟他说。说过了，他说多谢。这两位是来看你们的，今天要下班回家，特意来告辞的；这两位也是来看你们的，他们要来上班，特意来打招呼的。

难客：谢谢您的厚爱，谢谢了。各位因我们在这里而来回奔波，如此辛苦不能安闲，还要照顾我们，我们怎么承担的起？他既然来拜访我，我若是不去回访他就是没有礼貌。我应该也去拜访他。现在您回去的朋友我送不了，新来的朋友又不能去拜见，

十九丁裏

难客：求各位先生恕罪恕罪!

通事：你们说的话他们也听不懂。 他们只是替国家办事， 应该这样的。做通事的有替换，今天我也要回去了。

难客：怎么通事您今天也要回去吗?

通事：是的，今天要回去了。

难客：什么时候动身?

通事：新通事还没有来,等他到了,交代明白了才能动身。

难客：我们和通事才认识，您又要回去，叫我们怎么能舍得? 不知道今日一别什么时候才能再相见。

通事：回家住一个月，再回来给你做通事。今天要换的通事也是好人。

二十丁表

通事：你们放心。要用什么东西就跟他说，他自然会替你们办的。

难客：请问通事，新来的通事贵姓呢?

通事：姓林。

难客：想必蔡通事今天也要回去了?

通事：(呵)，今天也要回去

难客：通事家离这里不远吗?

通事：呵，不太远

难客：既然不太远，通事有空的时候来这里聊聊，不要嫌弃我们

通事：不敢不敢，如果有空当然来奉陪。还有一句话请求原谅。

难客：好说，有什么话请讲，怎么说原谅两个字呢?

通事：等一会儿林通事来得晚也好,

二十一丁裏

林通事：我还要陪他们到福建朋友那边去看看，你们大家坐着不用送了。

难客　：呵呵，那不送了。

林通事：各位老兄受惊了。

难客　：嗳，一言难尽，请坐。

林通事：呵，大家一起坐。兄弟们都是哪里人？

难客　：有山东的，有江南的，也有浙江的，都不是一起的。

林通事：船主是哪里人？

难客　：江南人。

林通事：江南哪个府哪个县的呢？

难客　：蘇州府常熟县。

林通事：姓什么？

难客　：姓张．先生您贵姓？

林通事：不敢，免贵姓林。

难客　：昨天郑通事说有一位姓林的会来做通事，替换他回家。

二十二丁表

难客　：莫非就是您？

林通事：是我。

难客　：失敬。请吸烟。

林通事：刚才吸过了。

难客　：再来一袋。

林通事：不用了。

难客　：既然您不吸烟,请喝杯茶。

林通事：多谢了。我昨天到这里应该来贵馆拜见，可是因为太晚了怕失礼,所以现在才来。因为来晚了，请原谅。

难客　：哪儿的话，怎么敢当。我不知您的驾到没有迎接。多有得罪，请通事不要见怪。

林通事：不敢。我奉老爷的命来给你们做通事，你们需要什么就跟我说。我一定会尽量报告给老爷。

二十二丁裏

林通事：只是本来就不怎么会说官话，再加上很长时间没有去中国，知道的也都忘了。现在听你们说话，我还能懂，我自己就说不出来了。还要请你们指教。俗话说得好 :“三日不念口生，三日不做手生。”又说到 :“拳不离手。曲不离口。”真的是这样的。我当年在福建的时候，耳朵所听到的、眼睛所见到的、来往接触的都是中国话，所以略微知道一些。现在回来这么久，贵国的官话礼节很长时间没有接触到了，所以都不记得了。

难客　：通事的官话说得很好。

二十三丁表

难客　：这些都是谦虚的话。我们有一件事要跟通事商量，不知道怎么样说才好。

林通事：有什么好见怪的,请说。

难客　：现在天气很热，屋子里一点风也没有。屋里暗暗的。我们的意思是想在前边房檐下开两个窗户。一是可以通些风；二是可以进些光，怎么样?

林通事：这样也好。不过太阳照进来也有些不好。不如在外边靠着房子处再盖一个凉棚。房檐下再开一个窗户。这样家里既有了风也没有太阳照进来，这样不更好吗？

二十三丁裏

难客 ：这样当然好，只是又要费你国王的钱财和粮食、办事人的心力，我心上怎么过得去呢？

林通事：你们说哪里话呀， 你们放心养好身体， 只要大家能平安回家，其他的都是小事。

难客 ：那边住的就是福建的朋友吗？

林通事：呵！正是。我过去看看他们，就回去禀报老爷。好给你们准备材料，建造凉篷，凿窗户。

难客 ：通事才来，就这样替我们费心思，真是感谢不尽。

林通事：昨天商量的事，我们老爷没有不同意的。本来今天就要来建造，偏偏那边有公事，那些做工的人没有空。

二十四丁表

林通事：木料等东西也还够用， 现在吩咐人去置备了。 等明天来修盖，可以吗？

难客 ：这件事情，没什么着急的。既然是那边有公事，只管去做。要是明天来不及就后天；后天来不及，就大后天来这里做，也绝对不碍事的。

林通事：现在有一件事，要和你商量。

难客 ：通事有什么事？

林通事：今天医生说朱三官的病吃了好多药了，但并没有见效。大概因为这里人多，日夜炒闹不得清静才不见效。这也是说不准的事情。因此想要另盖一间小房子，叫他在里头住着养病。

二十四丁裏

林通事：好不好呢?

难客　：这样很好。但还不知道朱三官愿不愿意，等我和他商量商量。

林通事：你跟他商量的时候，就说生病的人一定要静养，才能好得快，他就不会不同意。

难客　：才跟他说了。他问要在哪里另盖房子给他住。若是在这房子附近，他就同意；若是远了，我们大家来往不方便，不只是那病人不同意，就是我们大家，也肯定不同意。

林通事：我们大家一起过去看看那一块地好吗?就在这房子东头。

难客　：这里很好。

林通事：既然这里好，明天就叫工匠在这里开始盖就是了。

二十五丁表

难客　：病人朱三官有一句话，叫我和通事说。只是这一件东西很贵，又不知道日本有没有。我们本来不好开口，因为通事时常跟我们说，病人要用什么东西都跟你说，我今天才敢大胆开口。

林通事：我和你们的住处，虽然是天各一方。既然到了我们国家，我做通事，传达两边的话，经常来往咱们就像一家人了。有话不妨全说，用不着这样客气。

难客　：这里有人参吗?

林通事：有。

难客　：是本地出的吗?

林通事：没有本地出的，是从贵国买来的。

难客　：朱三官的病十分严重，

二十五丁裏

难客　：时间又久了，需要用一点人参，不知道有没有？也不知道能不能吃？求通事同老爷、医生商量商量。

林通事：现在医生不在家。

难客　：去哪里了？

林通事：有人请他看病去了。

难客　：什么时候回来？

林通事：傍晚回来。等他回来，我跟他商议。若是能用，就去回老爷。今天这个时侯天气凉爽，你们大家出去走走玩玩解解闷，好不好呢？

难客　：很好，不知道去哪里玩。

林通事：就在这旁边的庙里、山上、沿海一带。

难客　：有什么？

林通事：也沒有什么，不过散步解闷就是了。

二十六丁表

难客　：什么时候去？

林通事：随你们的便。

难客　：现在就去好吗？

林通事：也好。你们大家穿衣裳，我回去叫照顾你们的人来，陪你们大家一起去。再叫一个人拿一壶茶跟着，走得渴了，喝一杯也好。

难客　：我们并没有什么衣裳换，就穿这随身的衣裳去就是了。

林通事：既然是这样，你们稍等一会，我约他去。

难客　：通事来了，请和各位先生进来坐。

林通事：不进去了吧。

难客　：进来抽袋烟再走。

林通事：刚才抽了。现在他们都来了，大家就走吧。

难客　：(呵)通事先走，我们随后。

二十六丁裏

林通事：你们在这里是客人，还是你先走，我们不好冒犯。

难客　：好说。我们先走的话不认识路，又不知道往哪里走，还是通事走在前面的好。

林通事：既然这样，我在前头带路就是了。

难客　：我们好久都没有走路了。现在出来没有走多少路，两边大腿酸极了。在这树下歇歇喝杯茶凉快凉快再走，可不可以？

林通事：好啊。

难客　：请问通事，我们看那朱三官的病十分严重，恐怕不会好了。医生有没有说能不能治好？

林通事：医生也曾说过，他的病就是中国的医生，

二十七丁表

林通事：也很难能医得好了。天天在这里给他看病的那两位医生年轻的是这里的，年老的是首里府国王派来的。这两位都是我国最好的医生。

难客　：既然是这样，他也不太爱吃药，现在不要给他药吃了。何必浪费了国王的钱。

林通事：这可不行。我们国王爱民如子。如果儿子有病，做父母的虽明明知道医不好，但怎么肯看着他死不给他药吃呢！肯定要给他药吃，也免得今后后悔。

二十七丁裏

林通事：既然这样，他虽然不爱吃，也不得不劝他吃了。如果不让他吃，一则辜负了国王的心意；二则担心被责怪。 说我们不照顾他，不肯尽心为他治疗怪罪我们，怎么担当得起呢！

难客　：通事这些话，可见是体谅国王怜悯落难人的意思。如果是老天保佑会好的话，这是他的福气，也不枉通事费心一场。如果是命中注定不能救治，死了以后怎么给他料理后事呢？

林通事：这个你们不必担心，我们自有办法给他安排。

难客　：往年漂流过来的人有死在这里的没有？

林通事：康熙年间

二十八丁表

林通事：有一只哨船被风吹着漂过来。 船上有一个姓王的带头人得病死了。就埋在这庙前。

难客　：那边山顶上远远看见一所寺院，里面供奉的是什么神呢？

林通事：我也不太清楚。我们在这里玩了很长时间了，沿着海滩一直走，看看海上的风景慢慢玩着回去吧。

难客　：通事你看水中有几只小船，摇来摇去，是做什么的？

林通事：是捕鱼的。

难客　：山嘴那边支着篷出来的地方有两只大船，那是什么地方？

林通事：是那霸港口。将来你们回国就到那里去坐船。

二十八丁裏

难客　：进贡的船，也停在那里吗？

林通事：是的。

难客　：前天郑通事说我们那几担豆子存在那霸那边，应该就是那里了。

林通事：我也听说过，就是那里。

难客　：我们求老爷把那几担豆子在这里卖掉，免得发霉腐烂。老爷因为禁令，不能卖。替我们时常搬出去晒。现在不知道怎么晒呢！豆子是有油的东西，比不得别的货物。趁着有太阳晒了，再要等太阳落了，热气都凉了，才能收拾起来。如果收早了，正晒得热的时候，堆在一起的话，就会腐烂得更快。

二十九丁表

难客　：那豆子原来是用草包包的，要打开晒晒才可以。里面之前被雨淋湿了，如果就那样抬出去晒，怎么能晒得透呢？

林通事：这些事情我不知道，等我问明白了再来告诉你。

难客　：那一座横桥叫什么名字？

林通事：叫泊高橋。

难客　：看那横桥建得很好，上去玩玩可以吗？

林通事：可以。

难客　：这桥头靠北的那座石碑是为这桥竖的吗？

林通事：是的。

难客　：这桥是什么时候造的？

林通事：康熙年间造的。

难客　：康熙以前没有桥吗？

二十九丁裏

林通事：有。原先是木桥。年代久了，桥梁损坏了，不方便走。国王下令造了这座石桥。

难客 ：远远看着那一群人好像是阮先生和蔡先生来了。

林通事：我们看着像他们，那几位看不出来到底是谁？等他们到了，自然就能认出来了。

难客 ：各位先生来了。

阮、蔡先生：大家都在这里玩儿呢！

难客 ：多亏通事带我们出来。去山上、海边到处看了看玩了玩。一则解了愁闷，二则长了见识。等我们以后回到家，碰见亲戚朋友问起贵国的风景，我们也好称赞一番。

三十丁表

难客 ：也没白来一次。

林通事：好说。我们国家地方狭小、偏僻没有什么景致。哪儿值得看呢！哪天您回国跟乡里的亲戚朋友聊天时，谈到这里的事儿真是令人见笑呢！

难客 ：不敢不敢。日本的风景很好，我们恋恋不舍。

林通事：这又过奖了。

难客 ：各位先生这一阵怎么都没来呢？难道是我们有得罪的地方吗？

林通事：说哪儿的话呢。我因为家里有些小事来不了。得罪了得罪了。

难客 ：哪里哪里。请到我馆坐坐。

林通事：你们好久没有出来了。再玩玩去吧。

三十丁裏

难客 ：我们玩了很久了，回去吧。请！通事请进去吧。

林通事：不了。我不进去了。我要回我那儿看看。

难客 ：要是没有什么事情，就进去抽袋烟再回去吧。

林通事：我虽然没有事，但是他们陪你出来的人要回去，刚好我和他们一起回去。等一会再来抽烟吧。大家请自便。

难客　：劳了通事大驾陪我们去玩，感激不尽。也劳了这几位先生的大驾，麻烦通事替我们说声谢谢。

林通事：你们请进去吧。我跟他们说。

难客　：阮先生及各位先生请进。

蔡先生：不敢当，还是先生先请。

难客　：这可不行。

三十一丁表

难客　：你们到我这儿就是客人。我怎么能先呢?请。

蔡先生：失礼了。

难客　：家里太热了，我拿几个席子出来铺在这篷子底下，大家坐着凉快凉快好不好呢?

蔡先生：当然很好。几天没有来贵馆，收拾的和以前大不相同了。外边有这凉篷可以乘凉;里面开了窗户又见光亮非常好。

难客　：这都是老爷的恩德，可怜我们难民，所以才可以这样自在.

蔡先生：你们到这里，大概还没有吃到日本的甘蔗、红薯吧?今天我们准备了几斤,送给各位先生尝尝,不要嫌弃。

三十一丁裏

难客　：多谢您的盛情。我们遇难来到这里，各位先生不但不嫌弃还早晚来照看，教导人情世故。一则消愁解闷，减轻我们想家的心情；二则各位先生讲的话都是大道理，把我们愚昧的想法说开了。心里不胜感激。今天又受到热情的招待送来这些东西，我在这里没有一点东西回敬。如果不收下又怕见怪；若是收了自己又觉得惭愧，心里实在很过意不去。

蔡先生：说哪里话。我们在海边出生长大，孤陋寡闻。也没有良师益友给我长见识。

三十二丁表

蔡先生：各位先生都是大国有才能的人，家乡又是礼仪之邦，你们的言行举止，哪一样不是值得让人学习的？我本来希望天天到这里来请教，因为家里事情多受到牵扯，不能到这里来接受教诲，心里觉得很不安。今天稍微有些空闲，特意来到这里向各位请教。你们反倒说要请教我，这话又是从何说起呢？这一点东西不过是我们家里种的不必在意。你们又是被风浪打到这里来的，没有什么东西，我们怎么会不知道呢？我们都是知心的朋友，不要拘谨于那些礼节。我们的一点心意希望您收下，不要这样客气。

难客　：我还有一件事情要告诉您。这一次的盛情没有不接受的道理。

三十二丁裏

难客　：但从今以后，再也不要这样费心了，实在叫我心里过意不去。

蔡先生：呵！知道了。这房子东头新盖的那一间小房子是做什么用的？

难客　：这是老爷体谅那病人。因为这边人多吵闹怕病人休息不好，所以另外盖了这么一间小房子，让他住在里头养病。

蔡先生：有病的人确实需要清静，病才容易好。请问先生，那个病人这几天吃了药好些了吗？

难客　：还没有见好。

难客 ：蔡先生，您父亲在家吗？

蔡先生：呵！在家。

难客 ：一切都好吗？

蔡先生：托您的福，

三十三丁表

蔡先生：今天我来的时候，家父吩咐我给各位先生请安。

难客 ：多谢挂念。您父亲这几天怎么一直没来这里玩呢？

蔡先生：因为家里有些小事需要处理，没能来向各位请安，多多得罪。

难客 ：前日您姐夫郑通事，留在这里几本书让我点。现在点完了，蔡先生顺便带回去还给他好吗？

蔡先生：昨天我见了姐夫，他也跟我说过先生替他点书这件事。既然点完了，我带回去还给他再好不过了。我家姐夫还托付我说：有劳先生了，改日当面重谢。

难客 ：好说。麻烦跟您姐夫说一声。

三十三丁裏

难客 ：我点的错误之处很多，并不是我不尽心。只因为我的学问有限，请不要见怪。看看如果有不对的地方，请他自己改正一下。

难客 ：这几天你们看见定菴郑先生没有？

阮先生：看见他了。

难客 ：是什么时候看见他的？

阮先生：今天早上起来看见他的。

难客 ：在哪里看见他的？

阮先生：因为一点小事，到他家里去了。

难客　：到他家里有什么事情吗?

阮先生：实不相瞒他的祖母身体有病，去他那里问候一下。

难客　：什么病?

阮先生：脚后跟上生了一个疮，也不知道是什么疮，挺厉害的。

难客　：有没有请医生诊治?

阮先生：有。

三十四丁表

阮先生：正在那里上药，还没有见效。

难客　：难怪他怎么这几天没来，原来是这么一回事！ 麻烦阮先生如果再看见他，替我问候一下他祖母的疮好了没有?拜托了。

阮先生：好说。 我照先生的吩咐办就是。 天已经黑了， 我们要回去了，明天再来。

难客　：我们晚饭已经做好了，就在这里吃个便饭再回去好了。

蔡先生：多谢了。我们家里还有事，回去吃好了。

难客　：我们留你们在这里吃饭，不是因为各位家里没有饭吃。大家都是好朋友，在这里说说话一起玩玩。遇到吃饭的时候，

三十四丁裏

难客　：就在这里吃一点又有什么关系? 只是做的饭菜没有什広味道不怎么好吃，不要嫌弃。你们就是在这里吃，吃的也是贵国的东西不是我们的，说什么多谢呢！

蔡先生：虽然是这样说，我们国王送给你们吃的，就跟你们的一样。如果现在我们吃了，恐怕你们就不够了。

难客　：说得越来越离谱了，你们能吃多少我们就不够了? 国王每天送

来的东西、柴米，吃都吃不完。今晚一定要留你们在这里吃了再走，我们才能安心。

蔡先生：你们不要这样客气，

三十五丁表

蔡先生：先生好心留我怎么敢不领情呢！但现在禁止接受礼物不敢违背。我心领了。

难客：怎么说是接受礼物呢?

蔡先生：这些米等东西是国王送给你们的就算是你们的了。我国的法律制度很厉害。你们的东西不论大小多少，就是一草一木，一针一线，也不许我们要你的。如果在这里吃饭被家里守卫的人看见，报告给老爷知道的话，我们就不好办了。

难客：这样说来，你们送我的东西也是触犯禁令了?

蔡先生：不是这样。

难客：这又是怎么讲呢?

蔡先生：我们这里的规矩是只许我们送你东西。

三十五丁裏

蔡先生：不许我们收你的东西。我们送你东西，国王知道就会很高兴；如果我们收你的东西，国王知道就会发怒，恳求大哥见谅。

难客：这话我再也不愿意相信了。这个不过是吃的东西，又不是什么稀奇少有的。现在这里没有人看见，请吃一点也没关系。

蔡先生：这是掩耳偷铃的话，只能自己骗自己，骗不得别人。你没有听古人说："人间私语，天闻如雷。"又说："若要人不知，除非己莫为。"今天受到大哥的错爱，本来不应该拒绝。但现在有点儿晚了，回去路上还有一块有水的地方。

三十六丁表

蔡先生：趁这退潮的时候走，再好不过了。如果再耽搁一会儿，更晚些潮水涨满的话，那时走就不方便了。今天十分感谢，和吃过了一样。我告辞了，请不要怪罪。

难客 ：离涨潮还早，大哥们就要回去？看来还是不想在这儿吃饭。既然不肯吃，我也不敢强留，请坐下抽袋烟再回去吧。

蔡先生：不了，不抽了。各位都请坐，快用饭吧。我不陪了，请了。先生给我姐夫点的书拿给我带回去吧。

难客 ：(呵呵)蔡先生回去后，麻烦代我问候您父亲一声。

蔡先生：多谢您的深情厚意。请了，不要送了。

三十六丁裏

蔡先生：请留步。不要客气。

难客 ：(呵呵)不送了。

难客 ：你看郑通事来了，通事请坐。

郑通事：(呵呵)谢坐了，各位都请坐。

难客 ：通事这段时间身体还好吧？

郑通事：好。

难客 ：家里都平安吧？

郑通事：都平安。你们大家都好吗？

难客 ：托您的福。

郑通事：朱三官的病现在怎么样了？

难客 ：没有好转，更加重了。

郑通事：他住在哪里?
难客　：住在那边新盖的房子里头养病。
郑通事：我过去看看他。
难客　：朱三官，通事来看你啦。
朱三官：多谢你来看我。
郑通事：你躺着，不要起来。一天能吃几顿饭呢?
朱三官：也不一定。有时吃三顿。

三十七丁表

朱三官：吃两顿也没关系。
郑通事：吃干饭还是稀饭?
朱三官：吃稀饭。
郑通事：一顿能吃多少?
朱三官：有时能吃两碗，有时只能吃一碗多。
郑通事：你要安心静养，不要着急，我回去了。
难客　：通事再到那边去坐坐。喝壶茶聊聊再回去。
郑通事：我看朱三官的病很厉害，你们用心看护他更重要。
难客　：知道了。不需要通事吩咐。
难客　：林通事回家去了吗?
郑通事：回去了。昨天我来晚了，他又着急离开，所以没能来这里告别。他说对不住大哥们了，不要生气。
难客　：好说，不敢。

三十七丁裏

难客　：前两天托您小舅子送去的书，通事已经收到了吗?

郑通事：收到了。多谢您那么费心。

难客 ：哪里！ 请问通事，今年去中国的船有几只呢？

郑通事：接受贡品的一只，送你们飘来的有两只，总共三只。

难客 ：什么时候回来呢？

郑通事：大约七八月才能回来。

难客 ：今年进贡的船要等这个船回来后才能去，还是另有船去呢？

郑通事：要等到八月十五才能定。 如果这个船回来了， 就让这个船去。如果没有回来，就另造一只船去。

难客 ：按规矩几年进一回贡呢？

郑通事：两年一回。一年接贡，一年进贡。

三十八丁表

通事：一年进贡。

难客：进贡和接贡一共用几只船？

通事：三只船。进贡的船两只，接贡的船一只。

难客：什么是进贡呢？

通事：是献给皇上的贡物，派去的官员和学官话的人一起到中国去.。

难客：那什么是接贡呢？

通事：是接皇上钦赐给国王的东西。 派官员和那些学官话的人一起回本国来。

难客：从这边起身去，和从那边起身回来，都有规定的时间吗？

通事：有规定的时间，这边头一年十一月份开船过去，到那边过年后七八月份开船回来。

难客：进贡都进些什么东西呢？

通事：我们是穷国,没有什么稀奇的东西。

三十八丁裏

通事：只不过是硫磺,红铜和白钢锡这三样，没有什么别的东西。

难客：这里的船到福建去，停在什么地方呢?

通事：船停在南台后洲新港口河下，那里有一所叫琉球的公馆。名字叫柔远驿。船到的时候把那些送贡物行李的官员们请进馆里休息。驾驶船的那些人都在船上看守，各省巡抚大人上呈奏章，等待皇上旨意下来。到七八月份的时候,这里差遣过去的官员收拾行李进京。到十二月份才能到达京城,上了表章、进了贡物，还要再耽误两三个月。

三十九丁表

通事：到来年三月才能回福建。等到七八月份只留一位通事跟随几个人在那里看守馆驿，其余各位官员们都接贡的船回国。读书，学官话的那些人想不想回来都由他们自己决定，是自由的。

难客：派去的官员都是什么职位的呢?

通事：耳目官、正議大夫、北京都通事、下面还有过海都通事、存留通事、大文、小文等官员人役。

难客：船上一共有多少人呢?

通事：官员加上水手一共有一百多人。

难客：我们去年遭遇大风的时候,在大洋里漂流

三十九丁裏

难客：差不多要到这里的时候看见好几个岛，也不知道那岛上有没有人住，也是贵国所管的吗?

通事：远不远呢?

难客：也不太远。有半天路程的，也有一两天路程的。

通事：应该都是这里管的吧。

难客：我听说当时这里有三王。南有南山王、北有北山王、这里叫做中山王。后来都归中山，就是现在王爷所管的。一共有三十六个岛，这话是真的吗?

通事：真是这样的。

难客：贵国进贡是从哪一朝才开始的呢?

通事：我国进贡是从唐朝开始的。

四十丁表

通事：从贵国漂来的人，我们琉球人都叫他们唐人。

难客：难怪这里的人叫我们唐山人。原来是这样啊。

通事：那时我们国家的人都没有接受过圣人的教化，也没有听过圣人的道理。完全不知道中国的礼节。我们国王派了几十个人到中国去学习。后来到了洪武二十五年的时候，皇上派了三十六个姓氏的闽人来这里施教，到了万历年又派了六个姓氏的人也来这里教中国的礼节，这样才稍微知道了一点。

难客：你们的王府在哪里呢?

四十丁裏

通事：在首里府。

难客：前天我们到那里去玩，看见了那霸港口。听林通事说贡船就停在那里。

通事：是的。

难客：那霸港口也是首里府所管的吗?

通事：不是，是那霸府管的。

难客：通事您住哪儿呢?

通事：我住在久米府。

难客：首里府的人也会说官話吗?

通事：不会。

难客：他怎么不学官话呢?

通事：首里府的人就像中国的满洲人一样，　他不(做)通事所以不学官话；久米府的人就是明朝时那派来的四十二姓氏的人，就和你们汉人一樣。凡是从中国漂来的船

四十一丁表

通事：和去中国进贡的船都是用久米府的人做通事，所以要学官话才能为国王办事。

难客：从这里去中国刮什么风才是顺风呢?

通事：从这里去福建刮东北风才是顺风；　去浙江地区刮东南风才是顺风。路远一些的地方要正东、东南、东北方向这三面的风才好走。

难客：十一二月，东风很少，贡船怎么去得了呢?

通事：我们国家的风跟贵国的风有些不同。到隆冬的时候东风很多，请你们放心吧。

难客：到福建要几天呢?

通事：如果是顺风的话，五六天就可以到。

四十一丁裏

通事：如果沒有好順风，就说不准了。海上的事情向来不可预测。是康

熙二十二年时，皇上派一位姓汪的和一位姓林的兩位大人过来封王。在福建椗海一带开的船，只用了三天三夜就到了这里。大家都惊奇的说，从来没有这样快的船。这都是圣上的洪福、神明的保佑，才会这样快，并不是我们人力能做得到的。

难客：这一路上，有可以停留的地方吗?

通事：有。

难客：有什么地方?

通事：在那霸港开船，停在马齿山。在马齿山准备柴火非常方便，到那里备齐柴火，

四十二丁表

通事：然后开船，过了马齿山，还有古米山可以停留。再过了古米山去，进了海洋，就没有地方可呆了。路上有四个小岛，但是没有抛椗停船的地方，只有等着看到福建的山头才能停进五虎门去了。

难客：通事请喝茶。

通事：不喝了。

难客：天气很热，把衣裳脱了，凉快凉快吧。

通事：凉快好了，回去吧！

难客：再坐会儿说说话。

通事：我们还有事情要去处理，等有空的时候再来聊天。你们一定要时时刻刻照顾好朱三官。他的病很重，如果出现危急情况

四十二丁裏

通事：不论是水夫还是看门的人叫他们尽快通知我，我也好赶过来看他。

难客：呵！知道了，我就不远送了。

通事：朱三官的衣裳在哪里？ 拿出来准备好。 要是有意外的事情发生，到那时候手忙脚乱就耽误他的大事儿了。

难客：水夫，朱三官不行了，快去请通事来。

……

难客：通事请坐。

通事：呵！ 谢座了。他不行了吗？

难客：不行了。

通事：哎！ 真是可怜。你们赶快写一张汇报死亡的公文，我去报给老爷。老爷禀告国王后好去置备棺材衣裳和被子等办理殡殓埋葬的事情。

难客：公文应该怎样写？ 请通事教一下。

四十三丁表

通事：也没有其他的意思， 就是说明一下他的病情是什么时间开始的，这里的老爷怎样请医生为他治疗的。 但是一直不见效所以某月某日死了。 请求老爷奏明皇上可怜一下中国的异乡人赐给棺材用以埋塟，我们会感恩不尽等内容，这样写就行了。

难客：汇报人瞿张顺，这是以实际情况报明的，希望乞求怜悯此事。现在我们船上的水手朱三官，因去年在海上遭遇风浪，历尽艰难虽然逃生但受到惊吓染成痨病。于今年三月期间，在奇界岛内吐血数次没有办法只好请医生救治了。又于四月初七日到运天港，承蒙此地的老爷，

四十三丁裏

难客：请医生诊治了数次都没有见效。于本月十七日送到了泊村，当地

的老爷又请了两位医生给他把脉医治还送给人参调理身体。但是因为太严重都没有见效，不幸在七月七日下午六点左右去世。老爷可怜他，报给王爷送来棺材收尸，免的尸体暴露在外面。找块地埋墓下去让他得到安息，我们非常急切地等待您的指示。恭敬地递上公文。

难客：通事你看看。就这样写吧。

通事：写完了么？我拿去送给老爷。各位多谢了，我去去就来。

……

通事：我们老爷说朱三官死了，

四十四丁表

通事：埋葬的事我们都会给他操办的你们不必着急。老爷还问你们什么时候给他埋葬？

难客：现在天气炎热明天一天能办得完吗？

通事：大概一天能办得完。

难客：如果办得完，那就明天给他出殡好了。最近非常热放在家里也不方便。

通事：既然这样，我报告给老爷去。

难客：通事怎么这么快就回来了？

通事：我刚才走得急了忘记一件事情。　老爷还问他死后有没有穿的衣裳，没有的话给他做些。

难客：他随身带的还有，都给他穿了。多谢老爷费心，不必做了。

四十四丁裏

通事：我觉得老爷特意叫我来问，你说不用，老爷一定不肯。我去回复老爷，做一件送来，好不好呢？

难客：这个随您的心意，只是我们觉得不好意思。

通事：哪里的话，我就这样回老爷去了。夜深了，明日再来。

难客：辛苦通事了，心里实在不安啊！

通事：好说。走了。

难客：请慢走。

通事：今天我们国王发下了祭祀用品，派官员来祭奠，我先通知你们一声。

难客：这怎么可以啊！他是个平民，怎么受得了国王来追悼，求通事回老爷，奏明国王，说他担当不起这样大礼。

通事：这个怎么能推辞的呢？

四十五丁表

难客：他既然已经死了，也要叫他灵魂得到安息。如今王爷派官员来祭他，就和王爷亲自来一样。他是个平民，怎么能心安呢？他不能心安，怎么敢祭他呢？这样辞谢就是了。

通事：我的意见是不必要叫官员亲自来。只把礼物收下，你们自己来祭他好不好呢？

难客：这样也可以。

通事：既然这样好，我去替你们辞谢慰问吧。

难客：辛苦了，感激不尽。

通事：我替你们辞谢了。即便是这样， 在这里照顾你们的老爷也要过来祭惦。

难客：这个也要请通事来帮忙替我们辞谢了吧。

通事：我都谢过了。

四十五丁裏

通事：老爷不肯还要去那埋棺材的地方看着入土。 等老爷来你们自己推辞谢他吧。

难客：我们讲话老爷听不懂，还要请通事替我们翻译。

通事：当然。 我看天天到这里来学官话的人中好几个在那边筹备香烛什么的，可能要到这里来烧纸吧。

难 客：他们怎么知道的?

通 事：我也不知道他们是怎么都知道的。

难 客：各位先生都请坐。

通事2(学官话的人)：那位有病的兄弟不在了吗?

难 客：不在了。

通事2：太可怜了！ 什么时候去世的?

难 客：昨天下午六点左右。

四十六丁表

通事2：我们大家准备了些香烛等微礼来祭惦他。

难 客：各位先生这样费心讲情义真让我们感激不尽。

通 事：朱三官的棺材现在埋好了。 老爷叫我来问这些下葬的事情你们还有什么意见?

难 客：这样已经很好了。没有什么不好的地方。多谢老爷和通事、执事等费心了。我们还写了一封感谢信。有很多写的不好的地方请通事帮忙看看修改一下后请转交给老爷，谢了。

通 事：好说。我觉得你们写的没有什么不能理解的，即使有，我也不会修改。

四十六丁裏

通事：拿来给我看一看是怎么写的？

难客：呈上患难人瞿张顺即有关生死感恩的重要事情：水手朱三官生病的时候，虽得到了医治但没有见好，在这个月七号下午六点左右去世了。还得到了衣裳、棺材、祭礼、铭旌等用竹篱围出了墓碑的范围。生前给予同情， 死后又给予救济的恩情如同父母之恩一样浩大， 即使朱某衔环结草也不能报答， 感激不尽了。在这里拜谢，希望老爷家世世代代身居显要，敬上。

通事：这样很好，我替你们送给老爷。

四十七丁表

难 客： 各位先生怎么来的这么齐？

通事2：今天是中秋佳节， 我们担心这里太冷清， 就约好准备了些酒来这里为大家解解愁闷,也可以赏月玩耍。

难 客：我们漂流的难人哪值得各位先生屡次这样费心， 我们真的是感激不尽。

通事2：这些酒不烈不一定好喝。就请喝一杯，我们心里也高兴。

难 客：这个酒再好不过了，我们都喝醉了。

通事2：哪里的话，才动动杯怎么就说喝醉的话，一定是谦虚了。

难 客：不是客气，小弟酒量小实在不能喝了.

四十七丁裏

通事2：先生您尽管放心，喝多少都没关系。

难 客：怎么没关系呢？

通事2：这个酒是我国有名的酒，叫做太平酒。

难 客：为什么叫太平酒呢？

通事2：不论喝多少都不会醉人，所以叫做太平酒。

难 客：您这是开玩笑，酒哪有不会醉人的道理？

通事2：菜煮得不好，没味道，请喝点酒。

难 客：这菜煮得很有味道，再好吃不过了。

通事2：您不喝酒也不吃菜吗？

难 客：好，吃了很多了。

通事2：既然不喝酒，就多吃些菜吧。

难 客：呵呵，好的。这个哪能不听从呢。你看林通事在外面，快请他进来喝两杯酒吧。

四十八丁表

难客：通事请进来坐。

林通事：算了，我不进去了。

难客：进来喝杯酒有什么呢？

林通事：多谢了。我那边还有些小事要忙。

难客：哪有这样的道理？既然那边有事就不应该到这里来；既然来这里看见我们喝酒就该推掉那边的事。这分明是嫌弃我们，不想和我们一起喝酒吧。

林通事：不要见怪，我解决完事情就来。

难客：通事快些来，我们在这里等着。

林通事：各位请坐请坐，不要起身了。

难客　：通事这边坐吧。

林通事：我在这边坐就好了。

难客　：通事先罚三杯。

四十八丁裏

林通事：为什么罚我啊？

难客　：我说大家来评评理。如果该罚就罚，不该罚就算了。请问通事您和我的关系怎么样？

林通事：当然是很好的关系了。

难客　：既然关系好就要想到一起才是，怎么看见我们喝酒就不进来呢？我们去请又推辞那边有事，该不该罚？请各位先生评评理。

难 客2：当然该罚。

难客　：如今各位都说该罚，通事怎么说？

林通事：小弟是有得罪，愿意接受惩罚。

难客　：通事到这里又是一个月了，今天回家吗？

林通事：今天不能回去。刚才郑通事来信说他这几天生病，不能替换。

四十九丁表

难客　：得什么病了呢？

林通事：听说是腹泻，要换一位姓梁的来替我。不知道是明天来还是后天来，等他来了我才能回去。

难客　：我们连累通事在这里日夜费心不能回家歇息，怎么报答得了？今天承蒙各位先生盛情款待，非常感谢。小弟借花献佛敬大家一杯，表示我的一点心意。

林通事：好说。我酒量有限喝不下了。

难客　：通事海量，再喝两杯也不妨。

林通事：实在喝不下了

难客　：阮先生，定菴郑先生祖母的病好了没有？

四十九丁裏

阮先生：已经去世一个月了，您还不知道吗？

难客　：不知道。他祖母病的时候我们没有去探病，如今去世了又没有去吊纸，真是得罪了。麻烦阮先生如果见到郑先生请帮我请个罪。

阮先生：嗯，我见着他帮您说说。各位请再喝几杯，大家行个酒令、猜猜拳喝个一醉方休。

难客　：酒喝多了，大家都醉了，实在不能喝了。把这些杯盘收拾了吧。我们一点也吃不 下了。

通事2：我也说过这是太平酒不会醉人的，酒很淡又没有好菜。

五十丁表

通事2：你们既然不愿意吃，我也不能强迫。收拾一下回去吧！

通　事：呵！有请了，回去了。

难客　：再坐一会儿吧，喝杯茶再走吧。

通　事：天已经黑了，不喝茶了 。有请了。

阮先生：多谢先生的盛情。

难客　：好说。没有做什么好饭菜，难免有失礼的地方，请不要见怪。

通　事：不敢不敢，这话从哪里说起呢？

阮先生：不必远送，请留步。

难客：哪有不送的道理?

通　事：不要客气，咱们都方便嘛!

难客：呵！听您的，各位有请了。

……

难客：先生请坐。

通　事：呵！谢谢。你们是苏州人吗?

难客：是。

通　事：哪一位是船主呢?

难客：我就是。

通　事：您姓张么?

难客：呵！我姓张.

五十丁裏

张船主：您怎么知道我姓张?

梁通事：我听林通事说的。

张船主：先生贵姓?

梁通事：我姓梁。

张船主：前日听林通事说，现在轮到郑通事来替换，郑通事因为有病突然来不了，换作一位梁先生来替他做通事，就是您吗?

梁通事：是我。我们老爷吩咐了一件事情，麻烦船主告诉他们不要到外面乱走，也不要向墙外面张望。这里的百姓不懂什么礼节，怕得罪了你们。如果让国王知道了我们担当不起 。另外这个地方毒蛇很多，如果让蛇咬了，立刻就会死。

五十一丁表

梁通事：有药也救不了，请各位一定要小心。

张船主：请问通事，我们自从来到这里，周围打这么多的窝铺日夜看守着，为什么呢？

梁通事：这是我们国家的制度，因为这里不能进行物品交易，担心有匪徒来这里作乱。又怕盗贼偷东西，所以打了这几个窝铺派人日夜看守，轮流防备。

张船主：前日郑通事说今年进贡的船如果要等去中国的船回来，就用那船去。如果可是等到八月十五以后回不来，就需要另造一只才能去，到现在这船还不见回来

五十一丁裏

张船主：再过些时候南风少了，我猜这船今年可能回不来了。不知道什么时候才能开工另造呢？

梁通事：这也说不准，船在福建的话得有西南风才能回来。现在西南风很少，他们把船驶到浙江一带等西北风，要等到十一月或者十二月才能回来。这种事情定不了，但进贡的限期，是在十一二月出发这是改不了的。只是怕这船回来迟了耽误了进贡的期限，因此先等到八月十五，如果还回不来，这时再另外造一只船。

张船主：现在八月十五已经过了，不知道什么时候才能开工呢。

五十二丁表

梁通事：木料什么的都准备好了，只是没有选好日子，大概要在月底或

者月初的时候。

…… 那边住的是福建的人吗?

张船主：是的。

梁通事：我还没有见过他，要去拜访一下，先告辞了。

张船主：那就不远送了。

……

难客　：通事来了，太好了。今天风雨交加房子就要吹倒了，这可怎么办?

梁通事：现在风雨太大，没有什么办法修整，各位不如暂时到我那里去避避。

难客　：这样也好。

……

难客　：现在天气好了我们回去吧。在这里打搅通事、麻烦房子的主人，很是过意不去。

五十二丁裹

梁通事：你们那边住的房子、那些篱笆都刮坏了，再住上两三天等修理收拾好了才能回去。

梁通事：你们都过来了吗?

难客　：都过来了。

梁通事：你们查查有什么东西丢了没，我好去帮你们找找。

难客　：都在，一件也没少。

梁通事：现在天气冷了，国王派官员来问你们有没有冬天的衣服? 如果没有做些送给你们穿。

难客　：只有几个没有，所以不好意思开口。

梁通事：这个没有关系，没有的人列出名单，我去汇报给老爷启奏给国王，然后做了送给你们。

……

梁通事：今天是重阳节，请各位出去登高玩玩、散散心，你们去不去呢?

五十三丁表

难 客：去。

难客2：通事你看那边海面上来了两只大船，是什么船呀?

通 事：好像接贡船回来了。再等一会看他放不放炮?

难 客2：好，等一会看看。

通 事：你看船上起烟了，是放炮了。果然是接贡船回来了。

难客2：真是太好了！ 现在接贡船也回来了，听见那霸又动工造新船了。那是 用接贡的船去还是造了新船后去呢?

通事：这也说不准！ 按常理来讲，既然动工了，哪有半途而废的道理呢? 大概还是要造新船去呢。天要黑了，你们大家都回去吧。

五十三丁裏

难 客：通事请进去抽只烟再回去吧。

通 事：多谢了。天要黑了，我不进去了，请留步。

难 客：不敢，麻烦通事了。

通 事：各位大哥恭喜了。

难 客：有什么喜事?

通 事：国王进贡的表文下来了。你们的豆子也搬上了船，各位明天就能上船。所以今天特地来和你们说一声，先把被褥行李收拾好，免的出发时慌慌忙忙的。

难 客：知道了。

……

难 客：各位先生，今天怎么来得这么早？

通事2：听说你们今天要回国，所以特意来送送你们。

难 客：多谢了。

……

难 客：各位都吃饭了吗？

通事2：吃过了。

难 客：通事请坐。

通 事：谢谢了。

五十四丁表

通事：你们都吃饭了没有？

难客：吃过了。

通事：那就出发吧。

难客：我们还有一封感谢信麻烦通事转交给老爷。我们漂来一年了，受到王爷、各位老爷的恩惠，让各位通事、各位执事都费心了，我们的感激之心无法用语言表达。

通事：好说，我们给你们做通事，如果前后有照顾不周的地方还请多包涵。

难客：郑先生和各位先生，如果我们上船以后要是还没有开船，一定来船上玩玩儿。

通事：那当然要来看望。

难客：通事和各位先生看看这张呈文，

五十四丁裏

难客：有不太妥当的地方，请帮我改改。(五十四枚)

落难人翟张顺等多次受到关怀和安抚。 我们外国人在遭受了天灾陷入人生的不幸之时，把我们从危难中拯救出来一定会得到深深的仁爱等。因为被利益所驱，驾着小船到他乡经商，没想到路上遇到飓风，随着波涛而任其漂流。幸而受到上天的眷顾给我指了转生的活路。在去年十一月二十九日漂流到了贵国的大岛领地内。经这个地方老爷查看船还可以修理，便命令工匠备办材料替我们修补破损的地方，还提供日常用品和食物。

五十五丁表

难客：今年二月二十日派遣几只小船送出港口，开船远洋航行告别贵国而回国祖国。船开到很远很远的地方几乎可以望到故乡，然而因为波涛飘到此地。虽受到大恩大德但没有想到运气不好，又遇到飓风而不能前进，没有办法只能返回，在本月二十一日到达贵国奇界岛内。两次遇船难已经伤损得十分严重，地方老爷又要为我们修理，但我们觉得不可能再修理了于是请求烧了船，并求老爷把我们送到贵国都城想找到回家的办法。 但因船只不方便送不了我们，于是又给我们盖起了房子赏给我们生活所需的费用，馈赠不断。

五十五丁裏

难客：等到三月二十三日开始登上宝岛的船， 为可以到达贵国的都城。我随着接贡的船， 若托国王的福气， 用不了几天就能回到故乡。

再次受到抚恤的恩德，不料上船之后，又没有顺风，延迟到四月初四才到运天港内。问接贡船，而接贡船已经开走了；问护送船，护送船也已经离开了。命运的不幸更加明显，然而老爷诸多的恩惠更加难以用语言来表达。 从运天来到泊村建造高大的房子给我的宏福。国王给予再次重生的恩惠难以忘记。想要报答您的恩德，却们居住，以等待随着贡船回到故乡。为生病的人求医求药，赐给死人棺材埋葬；夏天没有衣服，则赐衣服遮挡身体。

五十六丁表

难客：冬天没有衣服抵御寒冷，则给衣服保暖。像这样的恩情我们可以不用担忧受饥饿寒冷的痛苦，向老爷提出几天所需要用的却滞留了几个月，然而没有任何不足的地方。这样关爱我们外国人，如同父母之恩，我们怎能忘记又怎样才能报答呢？三次受到抚恤的恩惠，现在将跟随贡船回到故乡，开船那天风神显灵，船行驶的速度好像飞一样快，没有几天就能到达中国。虽然托上天的眷顾，但实际上是托国王什么都做不了。只有在宫殿烧香、祈福、跪拜，祝愿王爷世世代代、子子孙孙享尽万福。

백성관화(白姓官話)

역　주 | 원효붕, 곽소명, 박유빈, 서진현, 박지숙, 마효위
펴낸이 | 서거석
펴낸곳 | 전북대학교 출판문화원

초판 1쇄 인쇄 | 2014년 8월 25일
초판 1쇄 발행 | 2014년 8월 30일

전북대학교 출판문화원
주　　소 | 전라북도 전주시 완산구 어진길 32(풍남동2가)

내용문의 | 063) 219-5321~2
구입문의 | 063) 219-5321~2
팩　　스 | 063) 219-5323

출판등록 | 2012년 8월 20일 제465-2012-000021호

ISBN 978-89-98534-37-0 93720　　**값** 20,000원